国家社会科学基金重大项目成果

主编 杜建录

西夏通志

风俗志

史金波 佟建荣 撰

人民出版社

教育部人文社会科学重点研究基地
宁夏大学西夏学研究院重大项目

目　录

序　一 ································· 1

序　二 ································· 6

序　三 ································· 11

凡　例 ································· 1

一、概论 ······························ 1

　（一）多样杂糅的风俗习惯 ··············· 2

　（二）同行并用的礼仪制度 ··············· 6

　（三）兼收并蓄的多元信仰 ··············· 7

　　小　结 ··························· 10

二、饮食习俗 ·························· 12

　（一）饮食结构与方式 ················· 12

　　1. 饮食结构 ····················· 12

　　2. 饮食器皿 ····················· 21

　　3. 饮食方式 ····················· 24

　（二）饮酒与饮茶习俗 ················· 26

　　1. 饮酒习俗 ····················· 26

2. 饮茶习俗 …………………………………………… 28

　小　结 ……………………………………………………… 29

三、服饰习俗………………………………………………… 32

　（一）服饰制度 ………………………………………… 32

　　1. 党项族服饰特点和变化 ………………… 32

　　2. 服饰制度的确立 ………………………… 33

　（二）服制形式 ………………………………………… 35

　　1. 皇帝和后妃的服饰 ……………………… 35

　　2. 贵族、官员及其眷属的服饰 …………… 37

　　3. 平民的服饰 ……………………………… 41

　　4. 僧人的服饰 ……………………………… 43

　　5. 婚服、丧服和军服 ……………………… 46

　（三）发式、佩饰 ……………………………………… 47

　　1. 发式 ……………………………………… 47

　　2. 佩饰 ……………………………………… 49

　　小　结 …………………………………………… 51

四、居室建筑习俗………………………………………… 53

　（一）居住建筑 ………………………………………… 53

　　1. 都城建筑 ………………………………… 53

　　2. 宫殿建筑 ………………………………… 54

　　3. 民宅建筑 ………………………………… 55

　（二）塔寺建筑 ………………………………………… 56

　　1. 塔寺修建 ………………………………… 56

　　2. 塔寺形制 ………………………………… 58

（三）建筑装饰和起居用具 ……………………………… 60

  1. 建筑装饰 ………………………………………… 60

  2. 居室用具 ………………………………………… 63

 小　结 …………………………………………………… 65

五、行旅习俗 …………………………………………………… 66

 （一）陆路旅行 ………………………………………… 66

  1. 交通路线 ………………………………………… 66

  2. 交通法规 ………………………………………… 67

  3. 交通工具 ………………………………………… 68

 （二）水路旅行 ………………………………………… 70

  1. 渡口 ……………………………………………… 70

  2. 水运工具 ………………………………………… 71

 小　结 …………………………………………………… 71

六、生育习俗 …………………………………………………… 72

 （一）生育观念和孕妇保健 …………………………… 72

  1. 生育观念 ………………………………………… 72

  2. 孕妇保健 ………………………………………… 73

 （二）育儿风俗和成年礼俗 …………………………… 74

  1. 育儿观念 ………………………………………… 74

  2. 育儿方法 ………………………………………… 75

 小　结 …………………………………………………… 76

七、婚姻习俗 …………………………………………………… 77

 （一）婚姻观念 ………………………………………… 78

  1. 重视婚姻 ………………………………………… 78

2. 同姓不婚 ··· 78

3. 良贱不婚 ··· 79

4. 问姿容重道德 ··· 79

5. 宽容非婚生子女 ····································· 80

（二）婚姻形式 ·· 80

1. 姑舅表婚 ··· 80

2. 一夫一妻和一夫多妻 ····························· 81

3. 婚外性生活 ·· 82

（三）婚姻程序 ·· 83

1. 媒人说合 ··· 83

2. 族亲商议 ··· 83

3. 行聘订婚 ··· 84

4. 迎娶完婚 ··· 85

（四）离婚与再嫁 ··· 86

1. 离婚 ·· 86

2. 改嫁 ·· 87

小　结 ·· 88

八、医疗习俗 ·· 89

（一）法术治病 ·· 89

（二）医药治病 ·· 91

（三）医方和医疗 ·· 92

小　结 ·· 94

九、丧葬习俗 ·· 95

（一）丧葬观念和礼仪 ···································· 95

（二）丧葬形式 ……………………………………… 97

　　1. 火葬 ………………………………………… 97

　　2. 土葬 ………………………………………… 98

（三）西夏墓葬形制 ………………………………… 98

　　1. 帝王陵 ……………………………………… 99

　　2. 贵族墓 ……………………………………… 100

　　3. 僧人墓葬 …………………………………… 101

（四）葬具、随葬品 ………………………………… 101

　　1. 葬具 ………………………………………… 101

　　2. 随葬品 ……………………………………… 102

小　结 ………………………………………………… 103

十、信仰习俗 ……………………………………………… 104

（一）自然崇拜和神鬼信仰 ………………………… 104

　　1. 自然崇拜 …………………………………… 104

　　2. 鬼神信仰 …………………………………… 105

（二）佛教信仰 ……………………………………… 107

　　1. 佛教宗派 …………………………………… 108

　　2. 佛事活动 …………………………………… 110

（三）道教信仰 ……………………………………… 116

小　结 ………………………………………………… 119

十一、岁时节日和交际礼俗 …………………………… 120

（一）历法和岁时节日风俗 ………………………… 120

　　1. 历法 ………………………………………… 120

　　2. 节气 ………………………………………… 122

3. 节日 ··· 123

（二）交际礼俗 ··· 127

　　1. 相见礼俗 ··· 127

　　2. 交友、待客习俗 ··· 127

　　3. 民间互助习俗 ··· 128

（三）称谓习惯 ··· 129

　　1. 国名称谓 ··· 129

　　2. 年号 ··· 133

　　3. 皇帝称谓 ··· 134

　　4. 家庭亲属称谓 ··· 139

小　　结 ··· 140

十二、文化习俗 ··· 142

（一）语言文字习俗 ··· 142

　　1. 党项语和西夏文 ··· 142

　　2. 汉语和汉文 ··· 146

　　3. 番汉双语互注 ··· 148

　　4. 其他语言文字 ··· 150

（二）西夏书法 ··· 151

　　1. 西夏文书法 ··· 151

　　2. 汉文书法 ··· 152

　　3. 藏文和回鹘文书法 ··· 152

　　4. 书法家和写经手 ··· 153

（三）书籍装帧 ··· 154

　　1. 卷装 ··· 155

　　2. 蝴蝶装 ··· 155

　　3. 经折装 ··· 156

4.缝缋装、粘叶装和包背装 ································· 156

5.梵夹装 ··· 157

（四）纸、笔、墨、砚 ····································· 158

1.纸 ··· 158

2.笔 ··· 160

3.墨 ··· 160

4.砚 ··· 161

（五）绘画风俗 ··· 161

1.壁画 ··· 161

2.卷轴画 ··· 165

3.版画 ··· 167

4.木板画及其他 ······································· 169

（六）音乐歌舞习俗 ······································· 170

1.歌舞习俗 ··· 170

2.戏曲和杂技 ··· 173

小　结 ··· 173

十三、西夏家庭 ··· 175

（一）家庭习俗 ··· 175

1.家庭结构 ··· 175

2.家庭观念 ··· 176

（二）姓名习俗 ··· 177

1.番姓 ··· 177

2.汉姓 ··· 181

3.命名习惯 ··· 182

小　结 ··· 183

附录　党项与西夏风俗资料汇编·················· 185

　　（一）饮食习俗 ·················· 185

　　（二）衣着习俗 ·················· 192

　　（三）居住习俗 ·················· 196

　　（四）行旅习俗 ·················· 198

　　（五）丧葬习俗 ·················· 201

　　（六）婚姻习俗 ·················· 207

　　（七）宗教信仰 ·················· 217

　　（八）岁时节日 ·················· 226

　　（九）伦理道德 ·················· 230

　　（十）其他 ·················· 241

参考文献·················· 245

　　（一）古籍文献 ·················· 245

　　（二）出土文献 ·················· 247

　　（三）研究著作 ·················· 249

后　　记·················· 252

序　一

在西夏陵入选世界文化遗产名录之际，以宁夏大学杜建录教授为首的西夏研究团队，凭借着对学术的执着追求与深厚积淀，又推出一部重磅成果——《西夏通志》。这部多年精心编纂的大型西夏史著作共 11 卷（12 册），包括《西夏史纲》（2 册）《西夏地理志》《西夏经济志》《西夏职官志》《西夏军事志》《西夏人物志》《西夏部族志》《西夏风俗志》《西夏语言志》《西夏文献志》《西夏文物志》，共 400 余万字。首卷《西夏史纲》以全景式的视角，为读者徐徐展开西夏王朝兴衰更迭的历史长卷，其余各卷则从不同维度分别展示西夏历史的一个重要侧面。

《西夏通志》为 2015 年国家社科基金重大项目成果，立项前我和建录教授多次交换意见，立项后我们的交流就更多了，我还参与《部族志》的撰写、《职官志》的审读，书稿付梓前又得以先睹，感到此书的编纂意义重大，功力深厚，贡献良多。

众所周知，宋辽夏金之后的元朝为前代修史时，只修了《宋史》《辽史》和《金史》，未修西夏史，仅在这三史的后面缀以简约的"夏国传""西夏纪""西夏传"，概略地介绍了西夏主体民族党项族和西夏建国后的大事简况，以及各自与西夏的交聘争战。历史资料的稀缺，使得人们对西夏历史和社会的认识模糊不清，感到西夏史在中国历史链条中似乎是个缺环。清代以来，有识之士拾遗补阙，先后编撰《西夏书事》《西夏事略》《西夏纪》等著作，均是对传统典籍中文献资料的编年辑录，不是一部完整的西夏史。20世纪80年代以来，学界推出多部重要的西夏史著作，尤以吴天墀《西夏史稿》影响最为深远。但一方面章节体很难容纳更多的内容，另一方面出土的文献资料特别是西夏社会文书尚未公布和释读，很难弥补元代没有编纂西夏史的缺憾。

为此，《西夏通志》在系统占有资料特别是近年公布考释的西夏社会文书的基础上，将我国古代史书中的纪传史志和近代以来的章节体专史结合起来完成的一部大型西夏史著作，如"西夏史纲"是西夏王朝兴衰更迭的历史长卷；"西夏史志"，相当于"正史"中的《志》，包括地理志、经济志、职官志、军事志、部族志、语文志、文献志、文物志等，但内容和"正史"中《志》不大相同，而是根据资料和当代学术的发展，赋予新的内容，显示出新的活力，如"经济志"中的经济关系、阶级结构和社会形态；"职官志"中蕃汉官名；"军事志"中的战略、战术与战役；"语文志"中的语音和文字；"文献志"已不是传统《艺文志》中的国家藏书，而是所有地下出土文献和传世典籍文献；"人物志"，相当于人物传记；"表"包括世袭、帝号、纪年、交聘、大事、战事、词汇以及名物制度异译对照等。由此可见，《西夏通志》在一定程度上弥补了元朝没有纂修一部西夏史的缺憾。

《西夏通志》的特点是内容丰富而平实。正如首卷《西夏史纲》在凡例中所提出的"本史纲在百年西夏学基础上，系统阐述西夏建国、发展和衰亡过程以及西夏政治、经济、军事和文化面貌，不是资料考辨和某种观点的阐述。"其他各卷也都在各自的凡例中规定，该卷是在前人研究的基础上，进行客观叙述，不是资料考辨和某种观点的阐述。这样明确的自我约定，表明了作者们的科学、客观的治学态度和大众化的表述理念，充分彰显了作者团队严谨的治学态度和致力于学术大众化传播的理念。他们十分注重吸收近些年来在西夏法律、经济、军事、文化诸多方面的最新研究成果，把认真搜罗的相关文献、文物资料展陈于前，将成熟的学术观点归纳于后，没有佶屈聱牙、艰涩难懂的争辩,只是客观地叙述历史,娓娓道来,毫无强加读者之意,却能收平易推介之功,让读者在轻松愉悦的阅读体验中,自然而然地接受西夏历史知识。这种独特的写作风格,真正实现了学术著作的传播,让高深的学术知识走出象牙塔,走进大众视野。

《西夏通志》的另一个特点是系统而全面。全卷不仅多方位地涵盖了西夏历史,即便是每一卷也都能做到在各领域中尽量搜罗各种资料,做到全面系统。如《西夏文献志》收入西夏世俗文献 167 种,出土西夏佛教文献 556 种,传统汉文典籍中的西夏文献 41 种,历代编撰的党项西夏文献 21 种,还有亡佚的西夏文献 25 种,共达 810 种之多,同时对每一种文献都有介绍,为读者提供了翔实的西夏文献盛宴,可谓西夏文献的集大成之作。

《西夏通志》还有一个亮点是多数卷的末尾附有《表》,如《史纲》卷的《世袭表》《帝号表》《纪年表》《交聘表》《大事年表》《西夏学年表》,《地理志》的《党项与西夏地名异译表》,《职官志》的《党项与西夏职官异名对照表》《西夏蕃名官号一览表》《夏汉官职异名对照表》《机构异名对照表》,《语言志》的《词汇表》等。这些《表》以简洁明了的形式,将复杂的历史信息清晰地呈现出来,如《西夏学年表》呈现出百年西夏学发展脉络,《词汇表》以 2000 条的篇幅分门别类地展示出西夏语的常用词,每条词有西夏文、国际音标和汉译文三项,非常方便读者检索使用。这些附录有的是对正文的补充,有的是对正文的提炼,有的则与正文相呼应,成为各卷不可或缺的有机组成部分,充分体现了作者对各研究领域的深入理解、长期积累以及对读者需求的贴心考量。我想,只有作者对该领域的全面了解和深耕细作才能做出这样既专业,又方便读者的附录,我们应该对作者们为读者的精细考量致以诚挚的感谢。

本书作者团队阵容强大,领衔的杜建录教授为长江学者,他一人担纲了《西夏史纲》《西夏经济志》及部分《西夏军事志》的重担。其他各卷作者均是这些年成长起来的学术带头人和学术骨干,据我所知,他们大多数主持完成两项以上国家社科基金项目，有的主持国家社科基金重大项目和国家社科基金冷门绝学团队项目。这个研究团队经过多年历练，有良好的研究基础与合作传统，十多年前也是由杜建录教授主持的4卷本《党项西夏文献研究——词目索引、注释、异名对照》（中华书局2011年出版），这个团队的大部分成员就参加了这项基础资料建设工作，使他们在对党项西夏文献整理过程中打下了坚实的基础。他们中有的还参与《西夏文物》整理出版，看得出《西夏通志》是在坚实的基础上厚积薄发，他们的学术积累得到了充分的运用和表达。

他们还有一个特点，就是多熟悉西夏文。随着近代西夏文文献的大量发现，特别是近些年来黑水城出土文献的系统刊布，使西夏文文献成为解读西夏历史文化的重要资料基础。掌握西夏文成为解读西夏历史文化的关键。熟悉西夏文译释的本书作者们凭借这一优势，在研究中可以将汉文史料和西夏文资料以及文物资料充分同时利用，相互印证，有机地融汇在一起，做出特殊的深层次解读，从而取得新的符合史实的客观认识。他们如同穿越时空的使者，借助古老的文字，与历史对话，从而得出更符合史实的客观认识。揆诸各卷内容，都不乏利用新的西夏文资料展现该卷历史内容的实例，这种在中国史研究中大量利用民族文字资料的特殊手段彰显出本书的特点，展现出作者们经过艰苦学习、训练而能熟练应用西夏文的亮丽学术风采。

最后，我要说的是《西夏通志》作者无论研究环境优劣，都能正确把握国家对"冷门绝学"长远战略，以研究西夏历史文化为己任，以彰显其在中华文明中的价值为使命，坚守岗位，坚持学术，默默耕耘、潜心研究，努力发掘西夏文化在中华文明发展中的历史性贡献，用实际行动和优秀成果推动着西夏学的发展。对他们这种难能可贵的学术坚守点赞，对他们的学术品格表示尊敬！

随着西夏陵入选世界文化遗产名录，西夏研究将愈加受到有关部门、学术界和社会的关注和重视。此重要成果的推出无疑将会给方兴未艾的西夏学增添新的热度，对关心西夏的读者们有了认识西夏历史的新途径，为读者打开西夏历史知识的全新窗口，助力大众深刻理解西夏文化在中华文明中的重要地位，对铸牢中华民族共同体意识发挥积极的作用。

史金波

2025 年 7 月 15 日

（史金波 中国社会科学院学部委员 中国社会科学院学部委员工作室专家）

序 二

　　西夏史学史研究表明，西夏学一百多年的发展史，大体经历了两个阶段。第一阶段从 20 世纪 20 年代至 80 年代。从俄国探险家掠走黑水城西夏文献开始，苏联学者因资料上的优势，率先开始了西夏文献的整理研究，出版了一批论著。日本及欧美的学者也开始了西夏文献的研究。这个阶段，我国学者在西夏文文献资料有限的情况下，开始着手对西夏语言文献、社会历史及宗教文化等方面的研究。总体来讲，这一时期国外西夏学特别是俄罗斯西夏文献研究具有十分重要的地位。第二阶段从 20 世纪七八十年代开始，中国西夏学的研究开始出现了新的变化。70 年代开始，西夏陵等一批西夏遗址的考古发掘，90 年代以来的俄、中、英、法、日等国藏西夏文献的整理出版，西夏学的主战场逐渐由国外转移到国内，西夏学的内涵从早期的黑水城文献整理与西夏文字的释读，拓展成对党项民族及西夏王朝的政治、经济、军事、地理、宗教、考古、文物文献、语言文字、文化艺术、社会风俗等全方位的研究，完整意义上的西夏学逐渐形成，和敦煌学、简牍学一样，成为一门涵盖面非常广泛的综合性学科。西夏学取得的丰硕成果，表明已开始走出冷门绝学的境地，出现了初步的繁荣局面，学界给予了更多的关注和赞誉。2007 年，在北京召开的《中国藏西夏文献》出版座谈会上，史学大师蔡美彪先生曾说，"我深切的感到 30 年来，我国西夏学、西夏史的研究取得的成绩非常大，甚至可以说，将这 30 年的中国历史学的各个领域比较起来的话，西夏的文献整理和西夏学研究的成绩，应该是最显著的领域之一"（《西夏学》第 3 辑，2008 年）。

西夏学在新的发展进程中，研究机构及学术团队的建立发展壮大，是必要的条件和基础工作。西夏故地在宁夏，宁夏大学一直把西夏学作为重点建设的学科，2001 年，宁夏大学西夏学研究中心被教育部批准为高校人文社会科学重点研究基地，2008 年教育部批准更名西夏学研究院。基地建设二十多年来，他们立足当地，着眼长远，培养队伍，积极开展具有学科发展意义的重点项目研究，已成长为国内外西夏学领域一支有科研实力、能够承担重大项目并起到领军作用的学术团队。在这个过程中，我作为亲历者和见证者，看到杜建录教授带领的基地和团队之所以能取得突出成效，缘于他们坚持正确的学术导向，具有长远的学术眼光，尊重学术发展规律，在推动西夏学学科体系建设方面采取了一系列必要的举措：

一是重视基础建设，组织文献整理、集成和出版。二十多年来，他们以教育部人文社会科学重点研究基地为平台，联合中国社会科学院西夏文化研究中心等单位，整理出版大型文献丛书《中国藏西夏文献》《中国藏黑水城汉文文献》《中国藏黑水城民族文字文献》《西夏文献丛刊》，建设大型西夏文献文物资料数据库；参与承担并完成国家社科基金特别委托项目《西夏文献文物研究》；将西夏文献研究由西夏文延伸到拓跋政权和西夏时期的汉文、西夏文、吐蕃文、回鹘文等多语种文献，拓展了西夏文献研究的深度和广度。

二是倡导"大西夏史"。跳出西夏看西夏，从唐五代辽宋夏金元大背景下研究西夏，推动多学科交叉综合研究，揭示中华民族"多元一体"格局形成的历史轨迹，揭示西夏多元杂糅的文化特点。将西夏学研究拓展到中华民族"三交"史的研究。

三是重视和推进民族史学理论建设。二十多年前建在宁夏大学西夏学研究院的中国少数民族史博士点就设立了中国民族史学理论专业方向。以"多元一体"为核心的史学理论建设推进和指导了西夏研究，专业人员的史学理论素养和分析概括能力明显提高，和近年来习近平总书记提出的铸牢中华民族共同体意识的理论创新思想紧密衔接。

四是重视学术团队建设和拓宽研究视域。宁夏大学西夏学研究已形成了有一定数量、结构配置合理的团队，研究方向涵盖了西夏历史、文化、语言、文献、文物等主要领域，近十多年迅速发展起来的西夏文化和西夏艺术研究，进一步丰富了西夏学的内涵，具有填补空白和创新的学术意义。运用中华民族史观和多学科综合研究方法，成为西夏学新的增长点。

五是重视国际合作研究，提升国际话语权。2010 年成立中俄西夏学联合研究所，开展黑水城文献合作研究，形成中俄联合研究机制。连续举办八届国际学术论坛，促进国际西夏学的交流和学术资源共享；利用国家社科基金外译项目等各种途径，组织出版西夏研究外译著作十多种。

这些举措的坚持和落实，使宁夏大学西夏学研究基地积累了经验，扩大了视野，历练了队伍，完成了一系列重大项目，展示了"西夏在中国，西夏学也在中国"的厚实基础。这也正是他们能够承担并高质量完成国家社科基金重大攻关项目《西夏通志》的主要原因。

杜建录担任主编的《西夏通志》2015 年获批国家社科基金重大项目，2022 年完成结项，2025 年正式出版，十年磨一剑，是迄今为止西夏学各个领域研究成果的集大成者。在学术指导思想上，贯穿了中华民族历史观和中华民族共同体意识；在历史资料运用上，充分吸收了迄今国内外发现刊布的各类文字资料及实物资料以及近年考古新发现；在叙述内容上，尽可能涵盖了西夏社会的各个方面和各个领域，力求全方位呈现一个真实、生动、立体的历史上的西夏；在编纂体例上，将我国传统的史志体和近代以来的章节体结合起来，作了有益的探索。从上述意义上看，《西夏通志》不仅是目前西夏学全面的创新性成果，而且是具有中国自主话语权和自主知识体系的学术成果。

在这里，特别要提到的是《西夏通志》所采用的编著体例。在中国悠久的治史传统中，不仅保留了各种记述历史的文献资料，也创造了编著史书的体例，形成了以纪传体（如《史记》为代表的二十四史）为主流以及编年体、纪事本末体等体例的史书编纂方式，与此同时形成的还有志书体例。志基本属于史的范畴，"郡之有志，犹国之有史"（宋·郑兴裔《广陵志·序》），"方志是地方之史"（白寿彝《史学概论》）。志更侧重于资料内容的分类编纂。以历史纵向为主线的"史"和以横向分类为主线的"志"，构成了中国传统史学的主要记述模式。传统史志体例作为中国历史庞大复杂内容的主要载体，数千年来不断改进完善，其功能和作用不可低估。但传统史著体例也有其历史局限性，如以王朝政治史为中心，忽视社会多元性；以儒家史观主导，难避片面性；以人物和事件描述为中心，缺乏历史发展内在联系及因果分析；史料的选择有局限，民间、地方、民族方面的史料缺失等等。上个世纪随着西方史学理论和方法的引入，史著的章节体体例渐成现代历史著作的主要形式，它以历史演进为基本线索，以科学分类和逻辑分章的形式，将传统史志的叙事方式赋予了现代学术规范，具有结构清晰、内容涵盖面广、可以跨学科综合、便于阅读和传授的特点。但史家在运用章节体书写历史中，与传统史著相比，也感到有不足之处，如对人物、典籍、制度、文化等专项内容的描述不够，一般的处理方法是简要地概括在章节的综合叙事中。白寿彝先生主编的12卷《中国通史》作了新的尝试，用传统与现代相融合的创新编纂体例，采用甲、乙、丙、丁四编结构，甲编"序说"整合文献与研究成果，乙编"综述"以时序勾勒朝代脉络，丙编"典志"解析政治经济文化制度变迁，丁编"传记"通过人物纪传体现史实。这种创新体例将专题考据与宏观叙事结合，史料评介、制度分析、人物纪传、考古发现、研究动态等在章节体中不易展开的内容都有了一定的位置呈现。

作为以断代史和王朝史为叙述对象的西夏历史，《西夏通志》大胆采用了传统史志体例与现代章节体例相融合的方式，将史、志、传、表作为基本结构，"史"为"西夏史纲"，以纵线时间脉络为主，集中阐述从党项到西夏政权的治乱兴衰和社会各方面的演进;"志"为"西夏史志",采用传统地理志、职官志、军事志、部族志、语文志、文献志、文物志等分类编纂叙述的方法,但充分运用了新资料,内容更充实,阐释更有新意;"传"即"人物志",对见于记载的西夏人物逐个立传;"表"包括世袭、帝号、纪年、交聘、大事、战事、词汇以及名物制度异译对照等。全书在中华民族史观的统领下,继承考证辨析的严谨治学方法,以现代学术规范为基本要求,充分吸收传统体例的元素,力求作到史论结合、史志结合、出土文献和实物与典籍文献结合、西夏文文献与汉文文献及其他民族文字文献结合、国内研究与国外研究结合,尽可能吸收国内外研究的新成果。这种编纂体例,虽然带有试验性,但体现了学术上守正创新的精神,体现了构建自主知识体系的积极探索。

经过 10 年的不懈努力,煌煌 12 卷 400 多万字的《西夏通志》终于呈现在读者面前,可以说,《西夏通志》的出版,在西夏学发展史上具有里程碑意义,对于西夏学的过往来讲,是一次全面的总结和收获;对于西夏学的未来来讲,是进一步研究的起点。正如编著者在"序"中所言,《西夏通志》的完成不是收官,而是起点!

陈育宁

2025 年 7 月 6 日

(陈育宁　宁夏大学教授　宁夏大学原党委书记　校长)

序　三

　　元朝修宋辽金三史，没有给西夏修一部纪传体专史，给后人留下很多缺憾。现存的资料无法编纂一部纪传体《西夏史》，当代章节体的《西夏史》又无法容纳更多内容。鉴于此，2008年就开始策划编纂多卷本历史著作《西夏通志》，2015年获批国家社会科学基金重大项目，2022年完成结项，2025年正式出版。该多卷本著作体裁介于"纪传体"断代史和"章节体"专史之间，将我国的史论和史志结合起来，在西夏史乃至中国古代史研究体例和方法上都是创新，这是本通志纂修的意义和价值所在。

　　自明、清以来，封建史家有感于西夏史的缺憾，筚路蓝缕，拾遗补阙，撰写出多种西夏专史，重要的有明代《宋西事案》、清代张鉴《西夏纪事本末》、吴广成《西夏书事》、周春《西夏书》、陈崑《西夏事略》，民国初年戴锡章《西夏纪》等等。这些著作梳理了西夏史资料，特别是参考了当时能见到、现已不存的文献资料，值得我们重视。不过从总体上来看，明、清两代学者对西夏的研究有较大的局限性：一方面采取的是传统的封建史学观点、方法和体例；另一方面黑水城文献尚未发现，西夏陵等重要考古尚未开展，所使用的资料仅限于传世典籍，因此，这些著作都不能够全面阐释西夏社会面貌。

　　20世纪70年代以来，西夏史的研究又得到学界的重视，先后出版林旅芝《西夏史》（1975）、钟侃等《西夏简史》（1980）、吴天墀《西夏史稿》（1981）、李蔚《简明西夏史》（1997）、李范文主编《西夏通史》（2005），这些成果各有所长，大大推动新时期西夏史的研究，如果从研究的全面性来看，仍有一定的局限，一是章节体例无法容纳更多历史事实，前四种都在四十万字以内，其中《西夏简史》不足10万字，即使由专家集体完成的《西夏通史》也是几十万字；二是地下出土文献尚未完全公布，特别是数千件俄藏西夏社会文书近年才公布，所利用的资料有限。因此，有必要运用新资料、新体例完成一部多卷本的西夏史。

国外西夏研究的重点集中在西夏文献，西夏历史方面的成果相对较少，主要有苏联克恰诺夫的《西夏史纲》（1968），日本冈崎精郎的《党项古代史研究》（1972），美国邓如萍的《白高大夏国：十一世纪夏国的佛教和政体》（1998），《西夏史纲》比较简略，且汉文资料使用上有较多错误；《党项古代史研究》侧重西夏建国前的历史；《白高大夏：十一世纪夏国的佛教和政体》过分强调西夏佛教的地位，国外的西夏史代表作虽有较高的参考价值，但也不能反映西夏历史全貌。此外，《中国通史》《辽宋西夏金代通史》《剑桥辽夏金史》也都有西夏史的内容。该成果或作为中国通史的一部分，或是辽金西夏断代史的组成部分。

除通史外，文献资料和专史研究也取得了很大成绩，文献资料整理研究方面，相继出版《俄藏黑水城文献》《英藏黑水城文献》《法藏敦煌西夏文文献》《中国藏西夏文献》《中国藏黑水城汉文文献》《斯坦因第三次中亚考古所获汉文文献》《日本藏西夏文文献》《西夏文物》（多卷本）。韩荫晟《党项与西夏史料汇编》，陈炳应《西夏文物研究》，史金波《西夏经济文书研究》《西夏军事文书研究》，史金波等译《天盛改旧新定律令》，杜建录等《党项西夏文献研究——词目索引、注释与异名对照》《西夏社会文书研究》等。所有这些，将西夏历史文献整理研究推向了新阶段。

西夏专史方面，史金波《西夏文化》《西夏佛教史略》《西夏社会》，白滨

《元昊传》《党项史研究》，周伟洲《唐代党项》《早期党项史》，汤开建《党项西夏史探微》，杜建录《西夏经济史》《西夏与周边民族关系史》，李华瑞《宋夏关系史》，杨浣《宋辽关系史》，陈育宁、汤晓芳《西夏艺术史》，韩小忙《西夏美术史》，鲁人勇《西夏地理考》等。这只是百年西夏学论著的一部分，还有大量论著收录在《西夏学文库》《西夏学文萃》两套大型丛书中，不一一列举。这些研究成果，为多卷本《西夏通志》的撰写奠定坚实的基础。

《西夏通志》约四百万字，从内容上看，可分为四部分，一是"西夏史纲"，包括党项内迁与夏州拓跋政权建立、西夏建国与治乱兴衰、西夏人口与社会、西夏农牧业和手工业、西夏通货流通与商业交换、西夏赋役制度、西夏社会形态与阶级结构、西夏文化、西夏遗民等。

二是"西夏史志"，相当于"正史"中的《志》，包括地理志、经济志、职官志、军事志、部族志、语文志、文献志、文物志等，但内容和方法和"正史"中《志》大不相同，而是根据资料和当代学术的发展，赋予新的内容，显示出新的活力，如"地理志"中的地的西夏地图；"经济志"中的经济关系、阶级结构和社会形态；"职官志"中蕃汉官名；"军事志"中的战略、战术与战役；"语文志"中的语音和文字；"文献志"已不是传统《艺文志》中的国家藏书，而是所有地下出土文献和传世典籍文献（含典籍中记载而已佚失的文献），既包括西夏文文献，又包括西夏时期产生汉文文献和其他民族文字文献。

三是"西夏人物志"，相当于人物传记，对目前见于记载的所有西夏人物立传，由于资料不一，每个传记多则近千字，少则数十字。

四是附表，包括《西夏世袭表》《西夏帝号表》《西夏纪年表》《西夏交聘表》《西夏大事年表》《党项与西夏地名异译表》《党项与西夏职官异名对照表》《西夏蕃名官号一览表》《夏汉官职译名对照表》《机构译名对照表》《西夏战事年表》《西夏人物异名对照表》《西夏部族名称异译表》《西夏沿边部族名称异译表》《西夏词汇表》《西夏学年表》等。

为了高质量完成书稿，课题组结合西夏文献资料特点，尽可能多重证据，将地下出土文献和传世典籍文献相结合，西夏文文献和汉文文献及其他民族文字文献相结合，《天盛律令》《亥年新法》《法则》《贞观玉镜将》等制度层面上的资料和买卖、借贷、租赁、军抄、户籍等操作层面上的资料相结合，国内研究和国外研究相结合。例如，《天盛律令》规定"全国中诸人放官私钱、粮食本者，一缗收利五钱以下，及一斛收利一斛以下等，依情愿使有利，不准比其增加。"过去对这条律令不好理解，通过和黑水城出土西夏天盛十五年贷钱文契结合研究，可知一缗收利五钱为日息，一斛收利一斛为年息。

郡为秦汉以来普遍设置的地方机构，相当于州一级，下辖县，有时是州县，有时是郡县。一般情况下县级名称不变，而州郡名称互换，如灵州与灵武郡，夏州与朔方郡，凉州与武威郡，甘州与张掖郡，肃州与酒泉郡。西夏立国后承袭前代，在地方上设州置郡，以肃州为蕃和郡，甘州为镇夷郡。这条资料出自清人吴广成《西夏书事》，由于该书没有注明史料来源，往往为史家所诟病，研究者不敢确认西夏设郡。黑水城出土西夏榷场文书明确记载镇夷郡，为西夏在地方设郡找到了确凿证据，其意义不言自明。

二是考证辨析，对异见异辞、相互矛盾的史料，加以辨正，以求其是；辨析不清者，两存其说、存疑待考。例如，《天盛律令》记载有石州、东院、西寿、韦州、卓啰、南院、西院、沙州、啰庞岭、官黑山、北院、年斜等十二个监军司，有的名称和《宋史》《续资治通鉴长编》记载相同，有的不相同，要逐一考辨清楚。还如，汉文文献中的党项西夏地名、人名、官名、族名，有的是意译，有的是用汉语音写下来，不同的译者往往用字不同，出现了大量的异译；有的在传抄、刊印过程出现讹、衍、误。以上种种现象，造成将一人误做两人，将一地误做两地，将一官误做两官，为此，在全面系统搜集资料的基础上，对汉译不同用字以及讹、衍、误逐一进行甄别和考辨，表列党项与西夏地名、人名、官名、族名异名对照。

三是分三步完成，第一步为按卷编纂"西夏通志资料长编"，将所有出土文献、传世典籍、文物考古资料，按照时间和门类编成资料长编；第二步对搜集到西夏文献资料辨析考证，完成西夏史考异，对当代专家不同的认识，也要加以辨析，有的问题两存其说；第三步在资料长编和文献考异的基础上，删繁就简、去误存真、存疑待考，完成资料详实、内容丰富、观点鲜明的多卷本《西夏通志》。

教育部西夏学重点研究基地建设伊始，确立了西夏文献整理出版、西夏文献专题研究以及西夏社会面貌阐释的"三步走"战略。《西夏通志》的纂修是该战略的重要环节，它的完成不是收官，而是起点！

杜建录

2025 年 6 月 1 日

（杜建录　教育部人文社科重点研究基地

宁夏大学西夏学研究院院长　民族与历史学院院长）

凡 例

一、本志包括饮食、服饰、居室建筑、行旅、生育、婚姻、医疗、丧葬、信仰、岁时节日和交际、文化、家庭等习俗。

二、本志在吸收前人研究成果基础上，按照通史形式撰写，不是资料考辨和某种观点的阐述。

三、本志主要依据汉文文献、西夏文文献、其他民族文字文献以及文物考古资料。西夏文文献等民族文字文献采用成熟的译本或译文，并注明出处。

四、本志文字通畅，不大段引用原文，只在关键内容注明出处；对异见异辞、相互矛盾的史料，在注文中简要辨正；辨析不清者，两存其说、存疑待考；对当代专家不同的认识，也加以辨析，有问题的两存其说。

五、本志纪年一律采用年号纪年后括注公元纪年，如夏天授礼法延祚元年、即宋宝元元年（1038）。

六、本志对西夏国主（皇帝）的姓氏采用学界通用的李姓。部族成员，则根据史料记载，或用拓跋氏，或用李氏，或用嵬名氏，不做统一要求。

七、本志依据《宋史》记载，在西夏国主（皇帝）称谓上，采用庙号加姓名的方式，如夏仁宗李仁孝。亦可简称庙号，如夏景宗、夏仁宗等。

一、概论

　　元修宋辽金三史，没有给西夏修一部纪传体专史，仅取"史所载追尊谥号、庙号、陵号，兼采《夏国枢要》等书"①以及"其臣罗世昌谱叙世次"等②纂成三史西夏纪、传。由于缺少各种"志"的记载，包括西夏风俗在内的西夏社会状况也多付诸阙如。所幸，近代出土的西夏文献和文物中包含了大量的关于西夏风俗的资料。这些资料与汉文历史文献相结合，可以构建出较为丰富的西夏风俗史实，呈现出真实而鲜活的西夏风俗。

　　西夏是一个多民族的王朝，境内除党项族外，还有汉、回鹘、吐蕃等族。其中党项族为主体民族，在政治上占有优势。汉族是西夏人口的主要构成部分，人口众多、文化发达，在经济文化和制度建设中占有优势。回鹘与吐蕃族在政治、经济上势力较弱，但在宗教的传播和发展上有一定的优势和特点。民族构成上的这种特点，加上历史上西北诸民族的融入，使西夏社会呈现出番汉并蓄、多元杂糅的风俗习惯。番汉并蓄、多元杂糅既体现在衣食住行、婚丧嫁娶、岁时节日等具体行为习惯上，更体现在番汉礼并用的风俗制度以及尊儒崇佛尚巫的意识形态上。

---

① 《宋史》卷四八六《夏国传下》。
② 《金史》卷一三四《西夏传》。

（一）多样杂糅的风俗习惯

建立西夏国的党项族本身就是一个多民族的融合体。党项族的内迁发展，其实就是一个与内迁地原有民族及周边民族不断交汇交融的过程，在交汇交融的道路上，一个不同于早期党项族的新的党项族不断地形成。与此同时，不同文化、习俗也被不断地整合、糅进原有党项族习俗当中，加上境内汉、吐蕃、回鹘等多民族的共同存在，使西夏风俗习惯呈现出多样杂糅的特点。

在饮食上，出现以食肉为主和以食粮为主两类饮食习惯。其中食粮人群主要分布在适宜稼穑的农区，既包括接受了当地汉族传统生产技术的党项族人，也包括原本世代从事农耕的当地汉人。这些人群的饮食均有明显的西北传统，如喜食胡饼、烧饼、荞麦、包子等，辅之以当地出产的羊、牛及水果蔬菜、野菜。同时受吐蕃及回鹘影响，也食用一些青稞制品及回纥瓜、大石瓜等。牧业地区以肉、奶及奶制品为主。西北的牧业生产使得党项族"烹牛羊，具酒食"的习惯得以延续，但农业区的同时存在，又让食牛肉在一定程度上被限制。

在服饰上，西夏社会有皮、毛等游牧民族服饰，也有麻布、绢帛等汉地传统纺织品，还有中原地区刚刚开始使用的棉布。文职官员服饰中有"窄袍""吊敦""幞头、靴笏""金冠""金蹀躞"等，武职官员服饰中有"旋襕""金帖起云镂冠""银帖间金镂冠""黑漆冠""金涂银束带"，配"蹀躞""结锥""短刀""弓矢鞴"等。其中的"窄袍""吊敦""旋襕""金帖起云镂冠"等极具胡戎色彩，而幞头、靴笏、蹀躞等则为唐宋装束。西夏法律明文规定，汉族臣僚必须戴汉式头巾。违律不戴汉式时，有官罚马一，庶人十三杖。[1] 幞头、裹巾、东坡帽等也见于百姓服饰中[2]。

在服饰制度上，西夏有着和汉文化中一样的等级限制，但具体的衣着颜

① 《天盛改旧新定律令》卷一二《内宫待命等头项门》。
② 魏亚丽：《西夏帽式研究》，宁夏大学2014年硕士学位论文。

色、图案、装饰又有明显的西夏习惯。元昊立国时规定"民庶青绿，以别贵贱"。① 成书于仁宗时的《天盛改旧新定律令》又规定"节亲主、诸大小官员、僧人、道士等一律赦禁男女穿戴鸟足黄（石黄）、鸟足赤（石红）、杏黄、绣花饰金、有日月及原已纺织中有一色花身，有日月的及杂色等上有一团身龙，官民女人冠子上插以真金之凤凰、龙样一齐使用。倘若违律时，徒二年"。②

在建筑装饰方面，皇家宫殿喜用大型的琉璃装饰，装饰物既有汉族传统的鸱吻、四足兽，也有佛教色彩很浓的摩羯、迦陵频伽、覆钵形的莲花座等。

在婚姻嫁娶方面，西夏也讲究"父母之命""媒妁之言"，但需征得女子本人的同意。彩礼是婚姻成立的条件，婚价由法律限定，家庭贫困者可以出劳力补偿。缔结婚姻除有汉地的说媒、纳礼、食价、婚价、嫁妆、迎媳等"六礼"程序外，还有族亲商议、饮酒食、设订婚宴等内容。从婚约成立至迎娶一般需要三年。同时，还有游牧民族抢婚习俗的痕迹。和中原汉族一样，婚后男子有"七出"的权利，但同时女子还有独特的"三不出"权利，反映出西夏从法律层面上对妇女采取一定程度的保护措施。

召巫送鬼、礼佛消病、画符箓化病、求医服药针灸等多种治病方法在西夏社会同时存在。西夏巫、卜合一，诵咒驱鬼的是巫师也是卜算师；医学书籍既有中原的《孙真人千金方》，也有在中原基础上形成的《明堂灸经》《治热病法要论》《神仙方论》，还有众多用本土药材医治本土病的偏方、验方。

人去世后或土葬，或土葬与火葬相结合。墓地选择有请巫师占卜的，也有通过堪舆、龟筮等方法选择的。葬礼程序中有巫师作咒，也有亡灵超度，超度亡灵的法事上有僧人还有道士。亲属去世要服丧、哭泣，也要弹奏起舞。

早期党项族无文字，但候草木以记岁时，内迁后四时耕作等皆用中原历法。建国后在采用中原历法制度的基础上，自制历法。传世有汉文、有西夏文、有夏汉合璧历书。历书内容有干支年月，同时注入二十四节气、二十八

---

① 《宋史》卷四八五《夏国传上》。
② 《天盛改旧新定律令》卷七《赦禁门》。

星宿、九曜星宿与该月时日的关系、六甲纳音和建除十二客，望日、沐浴、归忌，物候，神煞和选择宜忌等内容。

　　早期党项族有语言而无文字，内迁后，部分人逐渐接受汉语，使用汉文。西夏建国前夕，创制了自己的文字，被"尊为国字"。作为官方文字，西夏文（党项族文字）在官署文书、法律条令、审案记录、买卖文契、官私账目、文学著作、历史书籍、字典辞书、碑刻、印章、符牌、钱币等方面被广泛使用，大量的汉文典籍、汉文佛经、藏文佛经被译成西夏文。与此同时，西夏社会还有汉语、汉文、藏语、藏文、回鹘文等其他语言文字。其中的汉文是和番文（西夏文）并行的官方文字，在社会政治、经济各个方面被各个民族包括党项族广泛使用。为适应境内多民族多文化的国情，西夏不但有番汉对照的辞书《番汉合时掌中珠》，还有大量的夏汉合璧书籍、夏藏合璧碑文佛等。在多语的影响下，传统的党项语言也在悄然地发生着一些变化，其他语言尤其是汉语词汇及语法习惯走进了党项语言中。

　　西夏书籍装帧既有中原地区常见的卷轴装、蝴蝶装、经折装、缝缋装、粘叶装、包背装，也有源出印度贝叶装的梵夹装。还有蝴蝶装印刷经折装装订以及卷轴装改装经折装的习惯。

　　西夏有在洞窟佛寺墙壁、纸张、绢帛、雕板画、木板上绘制图画的习惯。绘制内容多为佛教题材，如佛像、说法图、经变图、菩萨像、佛教故事等；佛教故事有原生故事，也有如唐僧取经之类的民间传说故事；一些社会生产、生活场景有时也被绘入佛教图像中；图像的装饰图案有金刚杵等佛教法器，也有龙、凤、团花图案、宝相花图案、交枝卷草、波状卷云纹等，尤喜用龙、凤装饰藻井。除此外，西夏一些供养人、施主人物也被绘入壁画，并在旁边留下姓名。

　　西夏盛行歌舞。上自宫廷贵族，下到寻常百姓，小至日常生产、婚、丧、嫁、娶，大到战时出征、使臣交聘、佛事法会都有歌舞音乐。西夏社会中有番乐和汉乐两种音乐。政府行政机构中设"番汉乐人院"，包括番乐人院、汉乐人院。^①西夏灭亡后，该地的音乐被统一称为"河西乐"，成为元朝音乐的组成部分。

西夏人亲属间以"节"（音"则"）区分辈分高低和亲疏等次。一个基本家庭包括户主、配偶及未成年孩子。基本家庭与曾祖父母、祖父母、父母、未出嫁的姑，平辈未成婚的兄弟、未出嫁的姐妹，儿子、儿媳、孙子、孙女等构成大家族，家族以父系为线。西夏家庭强调"孝"，子女孝顺父母，晚辈孝顺长辈，夫妻互敬，兄弟互助、姐妹互爱。

西夏有番姓、有汉姓，同时杂以昭武九姓等其他姓氏。番姓即党项姓，早期有八大部族，以族为姓，分别为细封氏、费听氏、往利氏、破丑氏、野利氏、房当氏、米禽氏、拓跋氏等，其中以拓跋氏为最强。至西夏建国后番姓多达300余个。如此众多的番姓，除嵬名、妹轻、往利、野利、破丑等沿袭自早期八大部族外，多由唐五代以来党项部族繁衍及融合形成。

如𘜶𘝗（浪乙）、𘝗𘟙（波泥六）、𘟙𘘼（嵬迎）、𘜶𘙲（嵬狄）、𘙲𘙲（恶恶）等皆为从父系部族析出的子部落名，当一个部族发展到一定规模，其下子部落析出，冠以子名成为一个新的部落。子部落发展到一定程度又会分裂出下一级的子部落。𘜶𘟙（鲜卑）、𘝗𘙲（契丹）、𘟙𘘼（回鹘）、𘜶𘙲（回纥）、𘙲𘝗（匈奴）是历史上西部地区曾活动过的民族，𘜶𘟙（都啰氏）、𘝗𘙲（咩布）、庄浪氏、𘟙𘘼（野马）则是河西地区原有的部族，党项进入后，逐渐融入党项内部成为党项的组成部分。

西夏的汉姓有如李、梁、苏、刘、张、王、吴等传统的汉姓，也有党、浑、余等唐五代鲜卑、吐谷浑等民族曾使用过的姓氏。使用汉姓的有汉人，也有党项族人。使用汉姓的党项人一般会在姓后面缀个番名，如"梁乞埋""梁乞逋"等，呈现独特的番汉合璧特征。

西夏的命名习惯也是番汉并存。有的用"仁""忠""德""荣""茂""昌"

---

① 《天盛改旧新定律令》卷一〇《司序行文门》。

等名，与中原地区汉族人名用字没有区别；有的用狗、猪、驴等贱名，使用贱名是西北地区下层民众的普遍习俗；有的以山、月份、斤两为名，这是党项进入西北后民族融合的结果。另外，党项还有弥药、汉、羌等民族称谓和禅定、般若、佛塔、金刚等宗教词语的人名。在命名制度上，平辈中也有排行，如仁孝、仁友兄弟①，吴名革、吴名山兄弟等②。这类人名除源自汉文化命名中的行辈制度外，更多的是西夏的连名习惯所致。连名是普遍存在于西夏党项族命名中的一种现象，有父子（女）、母子（女）、兄弟等多种类型。如一户一家中父亲名字𗣼𗊱𗾔𗡛（麻藏达家茂）、母亲名字𗥔𗏵𗣀𘃊𗾔（梁氏小宝），儿子起名𗾔𗡛𗾔（达家宝），既包含父亲名字中的𗾔𗡛（达家），又包含母亲名字中的𗾔（宝）。女儿起名𗾔𗡛𗾵（达家舅），包含父亲名字中的𗾔𗡛；一户人家中兄弟可以分别命名𗤋𗼑𗾔𗡛𗗙（罗移达家山）、𗤋𗼑𘜶𘃛𗗙（罗移般若山），其中兄弟中都含有𗗙（山），汉文中的"吴名革"与"吴名山"等类人名即属于此。

　　总之，党项内迁后对各民族的接纳吸收，建国后境内汉、吐蕃、回鹘等多民族的共同存在，使得西夏社会在方方面面都呈现出多样杂糅的特点。

（二）同行并用的礼仪制度

　　多样杂糅尤其是番汉杂糅的背后是同行并用的番、汉礼仪制度。所谓"番礼"是指注重党项族自身固有习惯习俗的礼仪制度，用党项族的习惯协调处理各个部族之间的关系与利益。所谓"汉礼"，是指以汉文化为核心的礼仪制度，强调用中原汉族的礼仪规范调节统治秩序。

　　不同礼仪制度代表不同的文化倾向与不同的利益集团。西夏自立国之初就存在着番、汉礼之争，两种礼仪制度在斗争中相互融汇，最终形成了多样杂糅的西夏文化习俗。

---

① 《金史》卷一三四《西夏传》有"泰和六年三月，仁孝弟仁友子安全，废纯祐自立"。
② 《续资治通鉴长编》卷五〇五，哲宗元符二年正月甲子条。

景宗元昊为建立政权，强调番性，凸显党项部族特征，舍弃自唐以来的李姓，改姓嵬名，下令秃发，衣皮毛、制番字、立番学。毅宗谅祚亲政后，与宋修好，请求宋朝下嫁公主，派使臣上书表达仰慕中原衣冠之意，求复李姓，求赐书籍、废番礼，行汉仪。毅宗去世后梁太后掌控朝野大权，一改毅宗做法，提倡番礼，频繁侵宋。惠宗秉常喜习汉文化，对入夏汉人以礼相待，亲政后力主行汉礼，改善与宋关系。崇宗乾顺早期，大权由其母小梁太后把持。小梁太后紧步大梁太后后尘，继续推行番礼。梁太后去世后，崇宗亲政，开始着手发展汉文化。于贞观元年即宋建中靖国元年（1101），建立国学，设弟子员三百，立养贤务，以廪食之。[①]仁宗即位后，进一步推进汉学教育。人庆元年即宋绍兴十四年（1144）在皇宫内建立小学，凡宗室子孙 7 岁至 15 岁都可以入学，专门请教授讲课，仁宗和皇后罔氏也常前往训导。令各州县立学校，弟子增至三千人。第二年，又建立大汉太学，仁宗亲临太学祭奠先圣先师孔子。夏人庆三年即宋绍兴十六年（1146）尊孔子为文宣帝，设孔庙，规格同帝王，孔子被推到了前所未有的高度。儒家经典成了西夏读书人的案头卷本，更是进入仕途的敲门砖。西夏名相斡道冲，年 5 岁时以《尚书》中童子举，精通五经，译《论语注》，作《论语小义》20 卷，又作《周易卜筮断》。儒家思想更成为西夏制定法律、制度的指导思想，著名的《天盛改旧新定律令》即以儒家思想为依据。《论语》《孟子》《孝经》《礼记》等儒家经典被译成西夏文，《圣立义海》《西夏谚语》等西夏原创作品也处处贯穿着儒家的道德精神。甚至国师鲜卑宝源的著作《贤智集》也没有离开儒家的处世之道。儒家思想已成为王朝、政府、官员、百姓的主要行为依据。

（三）兼收并蓄的多元信仰

西夏建国时，党项进入西北内地已几百年，深受汉族文明的浸润，元昊

---

① 《宋史》卷四八六《夏国传下》。

建国时虽创制蕃文强调番礼，[①]但在治国理念中儒学始终占据着主导地位。将《孝经》《尔雅》等儒家经典及《四言杂字》等汉字蒙学书籍翻译成西夏文，番学成为推广儒家文化的工具[②]；崇宗乾顺后期有御史中丞薛元礼上言："士人之行，莫大乎孝廉；经国之模，莫重于儒学。昔元魏开基，周齐继统，无不尊行儒教，崇尚《诗》《书》，盖西北之遗风，不可以立教化也。"强调董仲舒的"不素养士而欲求贤，譬犹不琢玉而求文采也"的养贤论[③]。乾顺纳其言，建国学，设弟子三百，立养贤务[④]；仁宗时儒学在治理国家、规范社会秩序中的核心地位更加彰显，皇权被推上了至高无上的地位。《天盛改旧新定律令》开篇即规定："欲谋逆官家（皇帝），触毁王座者，有同谋以及无同谋，肇始分明，行为已显明者，不论主从一样，皆以剑斩，家门子、兄弟节亲连坐。"[⑤]与维护皇权相伴的是不遗余力地推行孝义，以孝治天下，把对双亲的"孝"与对皇帝的"忠"紧密联系在一起，规范着上至百官下至百姓的日常行为。"失孝德礼"为十恶之一，位在谋逆之后，宣扬"上孝帝之行也，天下扬德名，地上集孝礼，孝德遍国内，此帝之孝也。次孝臣僚，持以德忠礼，不出恶名，以帝之赏，孝侍父母，则臣之孝也。出力干活，孝侍父母，国人孝也"[⑥]。

以儒治国的同时西夏王室大力推行佛教。党项族内迁的银夏地区早有佛教流传，河西走廊是佛教东传的孔道，自凉、魏开始就寺窟林立。西夏北面的契丹、南面的宋朝、西面的回鹘早已接受佛教。西南的吐蕃在赞普朗达玛禁佛后，成为藏传佛教的中坚力量。处于汉族、契丹、回鹘、吐蕃几个信仰佛教的民族中间，党项人很快接受了佛教。太宗、景宗、毅宗、惠宗四朝曾

---

① 《续资治通鉴长编》卷一一九，仁宗景祐三年十二月辛未条。
② 《宋史》卷四八五《夏国传上》。
③ 《西夏书事》卷三一。
④ 《宋史》卷四八六《夏国传下》。
⑤ 《天盛改旧新定律令》卷一《谋逆门》。
⑥ 《圣立义海研究》原译文为"扬天下德名，集地上孝礼"（［俄］克恰诺夫著，李范文、罗矛昆译：《圣立义海研究》，宁夏人民出版社1995年版，第74—75页），今改译为"天下扬德名，地上集孝礼"。

6 次向宋求赐佛经。在求赐佛经的同时，西夏开始了持续的大规模的译经、校经活动，所译佛经包括汉传经藏、藏传经藏及梵文经藏。

在统治者的推动下，西夏境内寺庙林立、僧人众多，从寻常百姓到王室贵族的各个阶层都有佛教信徒。人去世后要有法事活动，统治者发起的佛事活动规模宏大，如仁宗"三七日"时，西正经略使在凉州护国塔作佛事上，"延请禅师、提举、副使、判使、住家、出家诸大众等三千余员"。① 仁宗去世二周年时，罗太后主持举行大型法会，其间"度僧西番、番、汉三千员，散斋僧三万五百九十员"。② 西夏中书相贺宗寿亡故后，其子在法事活动上请僧众七千余员；身体有恙，也会印施佛经，以求痊愈。天盛十九年即宋乾道三年（1167）太师上公总领军国重事秦晋国王任得敬，因疾病缠绵，日月虽多，药石无效，而印施《金刚般若波罗蜜经》。对皇帝的敬爱活动也要有僧侣参加。《圣立义海》"九月之名义"下"善月中会"条记有："九月十五贤圣聚日，禅僧兴日，君德民孝，敬爱皇王。"时令节日也多与佛教有关。每年的正月、四月、七月、十月的初一，需要全体官民礼佛，共同祈福③。元昊时专门规定四月三日为礼佛圣节，全国官民要礼佛。"善月""金刚""禅定""般若""塔"等佛教名词还见于西夏普通百姓的名字当中。

早期党项族"三年一聚会，杀牛羊以祭天"。④ 后来，有了鬼神崇拜，"笃信机鬼，尚诅祝"。⑤ "所居正寝，常留中一闲，以奉鬼神，不敢居之，谓之'神明'，主人乃坐其旁。"⑥ 生病"不用医药，召巫者送鬼"，"西夏语以'巫'为'厮'也；或迁他室，谓之'闪病'"。⑦ 人死后请巫者送葬，作咒。行军作

---

① 俄罗斯科学院东方文献研究所手稿部藏黑水城文献 Инв. No.117。
② 《俄藏黑水城文献》第 2 册，上海古籍出版社 1996 年版，第 272—273 页。
③ 《西夏书事》卷二二。
④ 《北史》卷九六《党项族传》。
⑤ 《宋史》卷四八六《夏国传下》。
⑥ （宋）沈括：《梦溪笔谈》卷一八，中华书局 2015 年版，第 8 页。
⑦ 《辽史》卷一一五《西夏外纪》。

战要占卜，战死要"杀鬼招魂"①。国遇大事要"祭地神大神"，西夏乾祐七年（1176）仁宗在甘州镇夷郡立《黑水建桥碑》，敕告镇夷郡黑水河上下"所有隐显一切水土之主，山神、水神、龙神、树神、土地诸神等"，以求"诸多灵神，廓慈悲之心，恢济渡之德，重加神力，密运威灵，庶几水患永息，桥道久长"。②

西夏也有道教流行。元昊出征常携《太乙金鉴诀》，以推演敌情。③其子宁明因"从道士路修篁学辟谷，气忤而死"④。民间常利用《六壬课秘诀》《六十四卦图歌》等书以占吉凶祸福，也有施刻《太上洞玄灵宝天尊说救苦经》、绘制悬挂《玄武大帝图》等道家经典或图像以避凶求福。

总之，作为一个多民族政权，西夏在继承发展党项族自身固有文化习俗的同时，更多地吸收了境内外其他民族文化，特别是儒学与佛教，儒家思想是其治国的基本指导思想，规范着君臣、父子、夫妇等人群行为，维护着社会秩序。佛教为国家运行提供精神慰藉，渗透到社会的各个层面，儒佛相互融合，相互补充，与鬼神信仰、巫术诅咒、迷信占卜等共同构成了西夏社会的精神家园。

小　结

西夏境内多样杂糅的风俗习惯、同行并用的风俗制度、兼收并蓄的精神信仰不仅源于境内外多样的文化，而且得益于比较宽容的民族政策和相对融洽的民族关系。

西夏没有刻意采取民族压迫政策，各民族共同参与政治生活，西夏法律规定"番、汉、西番、回鹘等共职时，位高低名事不同者，当依各自所定高

---

① 《西夏书事》卷二二。
② 杜建录：《党项西夏碑石整理研究》，上海古籍出版社 2015 年版，第 162 页。
③ 《宋史》卷四八五《夏国传上》。
④ 《续资治通鉴长编》卷一六二，仁宗庆历八年正月辛未条。

低而坐"，"名事同、位相当者，不论官高低，当以番人为上"。① 这里所说的"名事""位"，系指职官的实际任职和品位。显然，西夏官员地位的高低取决于"名事""位"，而不是民族，只是在"名事""位"相同时才强调番人的特殊地位。元昊立国前后，强调番人要衣皮毛、事畜牧、制番文，实行秃发，但并未对其他民族做出要求。仁孝时，倡导番汉民族互学对方语言，汉敬番人智者，番崇汉人贤士，编制番汉双解字典——《番汉合时掌中珠》②。同时，法律明确规定"汉臣僚当戴汉式头巾，违律不戴汉式（头巾）时，有官罚马一，庶人十三杖"③，即用法律形式有意地保留多样尤其是汉族的风俗制度。总体上来说，西夏没有出现辽代那样的民族分别治理政策，也没有出现元代人分几等的民族等级制度，西夏境内的民族矛盾、民族冲突并不明显。

另外，对待周边外来的文化，西夏也基本上采取主动吸收和拿来的态度。毅宗谅祚多次派使臣向宋求赐佛经及各类书籍。入夏的宋地文人多被以礼相待，有的甚至被委以高官厚禄。诸如来自宋朝的谋臣学士，来自回鹘、吐蕃、印度的僧侣数量都比较大。所有的这些政策、态度为西夏境内非主体民族文化习俗的保留以及各种习俗的交流、交融提供了很好的政治生态。

---

① 《天盛改旧新定律令》卷一〇《司次行文门》。

② 《番汉合时掌中珠》"序"指出："今时人者，番汉语言可以俱备，不学番言则岂和番人之众；不会汉语则岂入汉人之数。番有智者，汉人不敬，汉有贤士，番人不崇，若此者，由语言不通故也。"参见《俄藏黑水城文献》第 10 册，上海古籍出版社 1999 年版，第 2 页。

③ 《天盛改旧新定律令》卷一二《内宫待命等头项门》。

二、饮食习俗

西夏境内既有农区又有牧区，有党项族还有汉族及吐蕃、回鹘等民族。其饮食既受经济结构影响，又受各民族固有习惯影响，呈现区域与民族特色杂糅的特点。除此外，还存在着贵族与百姓社会等级差别以及僧、道、俗身份上的区别。

农区以植物性食料——粮食为主，喜食胡饼、烧饼、荞麦、包子等，辅之以当地出产的羊、牛及水果蔬菜或野菜。同时受吐蕃及回鹘影响，也食用一些青稞制品及回纥瓜、大石瓜等。牧区以动物性食料——乳肉类食品为主，多食肉、奶及奶制品，同时受农业生产的影响，食牛肉受到一定程度的限制。

（一）饮食结构与方式

1.饮食结构

（1）粮食食品

西夏地区农作物种类有谷类、麦类及豆类等。谷类主要有水稻[①]、粟（小米）、糜（穄）、术米（秫米）、稗子、黍、黄谷、赤谷、青稞等。

其中水稻产区主要在兴灵灌区，有粳稻、糯稻等品类。一般春播灌水，

---

① 《宋史》卷四八五《夏国传上》。

八九月收稻①。

粟，为旱地农作物，西夏人熟悉其成熟较晚、生长周期长等特点②，在西夏境广泛种植，产量较大，除日常生活外，有一定的贮备，以备战事与饥荒。大安十一年即宋元丰七年（1084），银、夏州等地发生严重旱灾，粮食缺乏，西夏政府下令运甘、凉诸州粟以赈济灾民。

麦，西夏境内广泛种植，东起黄河，西至玉门都有。品类有小麦、大麦、青稞、荞麦、燕麦等。早期党项，不事稼穑，土无五谷。西北的汉人、吐蕃人都有种植和食麦类的悠久历史。党项内迁后，逐渐学会了种植与收获麦类。麦也是西夏人交纳的主要税收物。依区域不同，或收小麦或收大麦③。

"《杂字》"（俄罗斯科学院东方文献研究所收藏）

豆类有豌豆、绿豆、大豆、小豆、豇豆、荜豆、红豆、黑豆、青麻、麻

---

① ［俄］克恰诺夫著，李范文、罗矛昆译：《圣立义海研究》，宁夏人民出版社 1995 年版，第17、53 页。

② 《碎金》中有"来牟豆长大，粟黍秫熟迟"。参见聂鸿音、史金波《西夏文本〈碎金〉研究》，《宁夏大学学报（社会科学版）》1995 年第 2 期。

③ 《天盛改旧新定律令》卷一五《催租缴门》规定"麦一种，灵武郡人当交纳。大麦一种，保静县人当交纳"。史金波《西夏农业租税考一　西夏文农业租税文书译释》（《历中研究》2005 年第 1 期）指出租税文书中缴纳物品中有"大麦""小麦"。

《番汉合时掌中珠》(俄罗斯科学院东方
文献研究所收藏)

子、黄麻等。① 其中的荜豆、青麻是主要的军粮②。豆类也是经常买卖和借贷的物品之一③。

西夏总称食品为"食馔"④，主要有面食类与米食类两大类。

面食类有把粮食蒸或煮熟后食用的食品，也有将谷物碾磨成面粉做成面食煮食，也可蒸、炸、烙、烤等制成各种饼类食品，有的食品还有各种馅，品类很丰富。

煮食面类有细面、汤面、炒面。其中的"细面"应是现在面条一类的食品⑤。炒面，主要将青稞等麦类磨粉后炒制⑥，炒面也是出行携带的方便食品。

饼类有油饼、胡饼、蒸饼、干饼、烧饼、花饼、油球、盏锣、馒头、荞饼。其中荞饼，即以荞麦为原料的饼子，以横山为核心的银夏故地、河西走

---

① 《番汉合时掌中珠》《俄藏黑水城文献》第 10 册，上海古籍出版社 1999 年版，第 8 页；聂鸿音、史金波：《西夏文〈三才杂字〉考》，《中央民族大学学报》1995 年第 6 期，第 81—88 页；史金波：《西夏汉文本〈杂字〉初探》，载《中国民族史研究》(二)，中央民族学院出版社 1989 年版，第 179 页。

② 《西夏书事》卷九记"粮馈止于大麦、荜豆、青麻子之类"。

③ 杜建录、史金波《西夏社会文书研究》(上海古籍出版社 2010 年版，第 71—72 页) 中收录有多件买卖豆类的文书，涉及的豆类有"豌豆""荜豆"等。

④ 西夏文写作"厖薇"，见《番汉合时掌中珠》，《俄藏黑水城文献》第 10 册，上海古籍出版社 1999 年版，第 8 页。

⑤ 细面，西夏文写作"嬾狨"，第一字"面"意，但它不是粮食加工成粉末状的"面"字，而是另外一个字。从文字构成看，此字是经过摇揉和成的面。第二字"细"意，从文字构造看，它由"线"和斤两的"两"合成。

⑥ 俄 Д x 2822《杂字·斛斗部》中有"麦麨"，可能是炒面，见《俄藏黑水城文献》第 6 册，上海古籍出版社 2000 年版，第 139 页。

廊一带皆盛产荞麦，荞饼因而也成为当地党项人喜食食品[1]，荞麦制品在今天陕北、河西地区的饮食中依然占有着相当的比重。干饼、烧饼、胡饼等不易腐坏，也是西夏时期人们出行的携带食品。

馅类食品有角子[2]。"角子"也就是饺子[3]，西夏同中国古代一样，也将"角子"等馅类食品归为饼类。置于面食中的馅有酸馅、甜馅等不同口味[4]。也有肉馅即将肉剁烂加工成馅[5]。

米也是西夏的主食之一。外出公干的检校官提供米曲一升，其中米一升，随从童仆、案头、司史、行仗等每人供给米一升。[6]

西夏的米类食品有稻米、秫米、黍米。稻谷磨掉外壳以后成米，米加水煮成米饭或蒸熟成蒸米或将米炒熟成炒米，然后再以水泡食。也可以做成半生半熟的糯米。

秫米、黍米可以制成粘米饭和糕类食品。

---

① 油饼，西夏文写作"𗧁𗣜"，第一字是香味的"味"字，第二字"饼"意。应是一种味道很香的饼；胡饼，西夏文二字，第一字与"烤"同音，并以烤字的一部分构成，第二字"饼"意。西夏的胡饼应是烤饼或烙饼。中国古代将撒上芝麻的烤饼叫胡饼，又称麻饼。一般从北方少数民族传过来的食品前面冠以"胡"字，西夏的胡饼或许从西域地区传来；蒸饼，西夏文二字，第一字"气"意，第二字"饼"意。应是将面食放在蒸锅里，下面烧水成汽，蒸熟而成；干饼、烧饼、花饼，都是西夏文二字，第一字分别是枯干的"干"字、烧火的"烧"字、花草的"花"字，第二字都是"饼"意。它们在火炉鏊上烤成，其特点和区分除字面的含义外，尚不能作出进一步的解释。顾名思义干饼应是烤得很干的饼，也许是类似现在西北地区少数民族喜食的烤馕之类；油球，西夏文二字，第一字"圆球"意，第二字"饼"意，这应是一种圆球状的食品；盏饦，西夏文二字，第一字是瓶盏的"盏"，第二字"饼"意。这一食品名称和器皿有关，是否在制作时置于盏上加工而成；另，聂鸿音、史金波《西夏文本〈碎金〉研究》（《宁夏大学学报（社会科学版）》1995 年第 2 期）指出《碎金》中有句可译为"山讹嗜荞饼"。"山讹"，指居横山一带的党项人。
② 《番汉合时掌中珠》，《俄藏黑水城文献》第 10 册，上海古籍出版社 1999 年版，第 17 页。另有"乳头"待考。
③ 西夏文写作"𗣜𗧁"，第一字是"角落"的"角"字，第二字也是"饼"意。
④ 《番汉合时掌中珠》"酸馅""甜馅"，西夏文分别写作𗣜𗣜、𗣜𗣜。"酸馅"的第一字为"酸""甘"意，第二字为"碎"意。"甜馅"中的第一字为"甜"意、第二字也是"碎"意。
⑤ 史金波、白滨、黄振华：《文海研究》，中国社会科学出版社 1983 年版，第 444 页。
⑥ 《天盛改旧新定律令》卷一九《校畜磨勘门》记"大校七日一屠，每日米曲四升，其中有米一升。二马食中一七升，一五升。一僮仆米一升。案头、司吏二人共十五日一屠，各自每日米一升。一马食五升。一人行杖者每日米一升"。

西夏还有粥食。有的熬米而成，有的将麦、豆类破碎后再煮熬[1]，还有麦麸[2]。

西夏各种豆类，也是既可以粒食，也可以粉食。

（2）肉乳类食品

早期党项肉类以羊、牛、牦牛、猪为主[3]，内迁后逐渐丰富，同时还有乳制品。

肉制品。西夏可提供食用的牲畜有羊、牛、骆驼、马、骡、驴、猪、狗等。

牛、羊历来是西北牲畜的大宗，其中的羊繁殖率高，更在牲畜中占有相当的比重。加上羊肉味美，富有营养，性温热，皮毛又是牧民御寒穿着的主要原料，正好抵御西北寒冷的气候，是西北地区的传统肉食。西夏进入西北后，继承了当地的养羊技术，也继承了喜食羊肉的饮食习惯。羊肉是平日的主要肉类，尤其是官员、贵族的重要食品，外出公干人员按级别身份，也要供给相应数量的羊肉[4]。羊肉也是宴请宾客的必要食品、祭祀神灵的主要贡品。[5]西夏政府有专门的买羊库、买肉库[6]，法律规定对盗羊且杀而食肉者要处罚十杖[7]。至今西夏故地宁夏、甘肃等地仍以盛产肉味鲜美、皮毛质高的羊著称。

---

①　粥，西夏文写作"𫘦𪍠"二字，第一字"食"意，第二字"粥"意，没有第一字只用第二字意义相同。"粥"字由西夏文"煮"和"米"二字合成，且西夏语中"煮"与"粥"同音，"粥"应是从"煮"字引申而来。俄 Д x 2822《杂字》又有"糁子"麦𪍠，它以麦、豆类的原粮破碎为渣，糁子也是煮粥的原料；麦𪍠，可能是麦料熬成的粥。见《俄藏黑水城文献》第6册，第139页。

②　俄 Д x 2822《杂字·斛斗部》中的"麦𪍠"可能是"麦麸"。见《俄藏黑水城文献》第6册，第139页。

③　《北史》卷九六《党项传》记"党项羌，三苗之后……养牦牛、羊、猪以供食"。

④　《天盛改旧新定律令》卷一九《校畜磨勘门》记"大校七日一屠，每日米曲四升，其中有米一升。二马食中一七升，一五升。一僮仆米一升。案头、司吏二人共十五日一屠，各自每日米一升。一马食五升。一人行杖者每日米一升"。

⑤　《西夏谚语》中有"祭神有羊番地梁，设宴祭神宰羔羊"。参见陈炳应《西夏谚语——新集锦成对谚语》，山西人民出版社1993年版，第7页。

⑥　《天盛改旧新定律令》卷一七《库局分转派门》。

⑦　《天盛改旧新定律令》卷一七《库局分转派门》。

西夏的羊有山羊、绵羊和黄羊，数量可观，有时一次战役就损失万头牛、羊。

牛肉与羊肉一样也是西夏的主要肉食，西夏有在九五过后宰杀春牛的习俗[①]。除此之外，骆驼、马、骡、驴等也是肉食来源。不过出于保障农业生产和军事畜力的考虑，西夏禁止宰吃大牲畜，特别是牛、骆驼和马，其次是骡、驴。若杀吃自家的牛、骆驼、马，不论大小，杀一个徒四年，杀二个徒五年，杀三个以上一律徒六年[②]；若盗窃牛、骆驼、马且杀而食肉者，徒两年；盗窃骡、驴且杀而食肉者，杖十三[③]。

但大牲畜病死后，肉可以出售食用。其中官马病死注销后，熟马肉价一缗，生马肉价五百钱，骆驼、牛肉价一律五百钱，大牲畜的仔、犊和大羊一百钱，小羊五十钱。[④]

除饲养的牲畜外，西夏还捕猎各种野生动物作为肉类的补充，包括牦牛[⑤]、鹿、虎、野马、野驴、狼、豹、黄羊、野狐、野兔以及飞禽等[⑥]。西夏一般会在七月设网、八月拉线，九十月伺鹊、捕兽，十月射雕、围猎黄羊。元昊每遇出征，先率部落首领围猎，有捕获则下马环坐，饮酒且食鲜肉[⑦]。九五过后，放养鱼仔，至十月捕鱼[⑧]。另外，猪、鸡也是肉食品之一[⑨]。

---

① 《圣立义海》"九月"条指出"寒冷的（九五）之后，开始放养鱼仔，宰杀春天的牛"，参见〔俄〕克恰诺夫著，李范文、罗矛昆译《圣立义海研究》，宁夏人民出版社1995年版，第19页。

② 《天盛改旧新定律令》卷二《盗杀牛骆驼马门》。

③ 《天盛改旧新定律令》卷一七《库局分转派门》。

④ 《天盛改旧新定律令》卷一九《畜患病门》。

⑤ 《月月乐诗》记"在这个国家里，到处是潺潺流水，蓝猫葱绿，人们在山上猎杀野牦牛"。参见〔日〕西田龙雄《西夏语〈月月乐诗〉研究》，日本京都大学文学部研究纪要第二十五，1986年版。

⑥ 杨蕤：《西夏地理初探》，复旦大学2005年博士学位论文，第157页。

⑦ 《宋史》卷四八五《夏国传上》记"每举兵，必率部长与猎，有获，则下马环坐饮，割鲜而食，各问所见，择取其长"。

⑧ 《圣立义海》"九月份"中记"寒冷的（九五）之后，开始放养鱼仔，宰杀春天的牛"，"十一月份"中记"错过了五天连小鱼也找不到"，说明到迟下十一月份，就没鱼可捕了。参见〔俄〕克恰诺夫著，李范文、罗矛昆译《圣立义海研究》，宁夏人民出版社1995年版，第19页。

⑨ 《天盛改旧新定律令》卷一七《库局分转派门》规定"刺射、斫杀羖羊、狗、猪"要接受一定的处罚，所以，猪也是家养食用畜类之一。

乳制品。奶类食物包括直接饮食牛奶、羊奶等奶品类及奶制品。乳制品有乳糜、乳头[1]、乳酪、乳酥、乳渣。乳畜主要是母牛、母羊和母骆驼。其中牛多为牦牛，羊包括山羊和绵羊。

不仅牧民食用乳类食品，官家（皇家）也食用，政府有专门的买酥库、罗油、马连油库等。[2] 官家（皇家）的乳类食品由牧民提供，御供的母畜要由专人放牧[3]。

酥是乳熬制后在表皮结的一层油酥，即"煮乳时洒除酪渣则为酥"[4]，味美而有营养。西夏有买酥库，因为酥含有较多水分，长期放置会缩水，所以库中酥的耗减量较多，达到十分之二[5]。乳熬熟后酿制成酪[6]。乳渣，即漏除奶酪浆为，除酥之为渣也[7]。西夏将士战场上有斩获首级者，获赐酥酪数斤。[8]

（3）蔬菜和水果

蔬菜。西夏人食用的蔬菜以栽培为主辅之以野菜。

栽培蔬菜主要有香菜、芥菜、薄荷、菠菱、茵蔯、百叶、蔓菁、萝卜、瓠子、茄子、蔓菁菜、苦藁、芸苔、胡萝卜、汉萝卜、半春菜、马齿菜、吃兜芽、瓜、韭（菜）、茄瓠、笋蕨、萝蒲、荆芥、蓼子、兰香、越瓜、春瓜、

---

① 聂鸿音、史金波《西夏文〈三才杂字〉考》（《中央民族大学学报》1995年第6期）考《三才杂字》中有"乳糜、乳头"，《番汉合时掌中珠》中有"乳头"。

② 《天盛改旧新定律令》卷一七《库局分转派门》。

③ 《天盛改旧新定律令》卷一九《畜利限门》。

④ 史金波、白滨、黄振华：《文海研究》，中国社会科学出版社1983年版，第555页。

⑤ 《天盛改旧新定律令》卷一七《物离库门》记"种种酥十两中可耗减二两""油酥一斛中可耗减一斗"等。

⑥ 《文海宝韵》中"酪"注释"乳酪也，酿乳熟酪也"，同页还有一乳制品，"乳中散洒令混之谓也"，不知何谓，暂例于此。参见史金波、白滨、黄振华《文海研究》，中国社会科学出版社1983年版，第453页。

⑦ 《文海宝韵》中"乳渣"注释"漏除奶酪浆为，除酥之为渣也"，参见史金波、白滨、黄振华《文海研究》，中国社会科学出版社1983年版，第453、537页。

⑧ （宋）李刚：《梁溪集》卷一四四《御戎论》，清文渊阁四库全书补配文津阁四库全书本，第3页。

冬瓜、南瓜①。这些蔬菜大部分在中原地区已有了很久的种植和食用历史，有小部分从西域地区传过来。西夏人一般在二月份开始为种植蔬菜做准备，六月份青菜花开，八九月蔬菜成熟，在收获食用的同时，会利用晒干、腌制等方法为冬天做储备②。

采集的野菜，春天主要有鼓子蔓、碱蓬子；夏天主要有苁蓉苗、小芜荑；秋天主要有席鸡子、地黄叶、登厢草；冬天蓄备沙葱、野韭、拒霜、灰条子、白蒿、碱松子等③，除此外，一些畜草如"稗"④也会成为必要的补充。

水果。西夏水果多为北方水果，直接食用果肉或食果仁。食果肉的时令水果有栗、杏、梨、檎、樱桃、胡桃、蒲桃、李子、柿子、橘子、枣、石榴、桃、林檎、木瓜、乌枚、杏梅、桃梅、南枣、锡果、梨梅。⑤食果仁的有榛子、杏仁。一般八月份桃、栗、榛、蒲桃等熟，九月份栗子、胡桃、李子熟。

西夏还通过贸易等方式得到少量的南方水果，如龙眼、荔枝、橘子、甘蔗等。

---

① 《番汉合时掌中珠》，《俄藏黑水城文献》第10册，第25—26页；亦见于 Д x 2822 汉文《杂字》，《俄藏黑水城文献》第6册，第139—140页。

② 《圣立义海》记："二月里，杜鹃声声，在给自己找寻竹丛——预示着'黄色食物'和夏季菜蔬的丰盛。""六月里，泥泞的洼地泛着蓝色，青菜开花……。""八月里，储干菜，瓜熟冷食。""九月里，各种蔬菜都已经成熟。日常饮食中最需要的几种蔬菜，都以各种方法储备过冬。"参见［俄］克恰诺夫著，李范文、罗矛昆译《圣立义海研究》，宁夏人民出版社1995年版，第14—18页。

③ 《西夏书事》卷九。

④ 《文海宝韵》"稗"注释为"大麦、小麦中杂草籽子之谓"，参见史金波、白滨、黄振华《文海研究》，中国社会科学出版社1983年版，第398页；西夏文《三才杂字》将"蒿稗"归为谷类，参见聂鸿音、史金波《西夏文〈三才杂字〉考》，《中央民族大学学报》1995年第6期。西夏汉文本《杂字》"稗子"亦在食品类，参见史金波《西夏汉文本〈杂字〉初探》，载《中国民族史研究》（二），中央民族学院出版社1989年版。

⑤ 以上水果名称见于《番汉合时掌中珠》，《俄藏黑水城文献》第10册，第8页；亦见于 Д x 2822《杂字》，《俄藏黑水城文献》第6册，第139—140页。另，"锡果"待考。

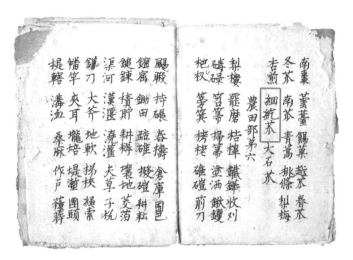

《杂字》，（俄罗斯科学院东方文献研究所收藏）

还有一些品种引自西域、中亚，如回纥瓜、大石瓜等。

除直接食用时令水果外，有的熬或榨成汁，[①]有的晒干食用或储备留用[②]，如胡桃、桃条、杏煎等。

（4）调味品

西夏调味品有食盐、酱、醋、茴香、花椒、食油等。西夏盛产池盐，境内有很多盐池，著名者有乌、白二盐池，盐质高价格廉，深受西夏及周边诸人群喜爱，因而也是边民的主要走私品。[③]盐池之处一般都设有池税院，其负责人与盐池巡检共同监护盐池。[④]西夏允许食盐买卖，盐税是西夏重要的税收之一。其中乌池盐，一斗收一百五十钱，其余各池一斗收一百钱等，如若出

---

① 《圣立义海》"八月之名义"下记："果木熟时，桃、栗、榛、蒲桃等熟，取熟麻熬落果、做汁。""九月之名义"下记："果木熟时：栗子、胡桃、李子熟也。"参见［俄］克恰诺夫著，李范文、罗矛昆译《圣立义海研究》，宁夏人民出版社1995年版，第52—53页。

② 《圣立义海》"八月之名义"下"月末储藏"条记载，"八月末，储干菜，瓜熟冷食。"参见［俄］克恰诺夫著，李范文、罗矛昆译《圣立义海研究》，宁夏人民出版社1995年版，第53页。

③ 《宋史》卷一八一《食货志》记："青白盐出乌、白两池，西羌擅其利。"

④ 《天盛改旧新定律令》卷一七《库局分转派门》。

现偷税之事，则所逃之税数以偷盗法判断。[①] 盐除直接调制食品外，还与粮食加工调制成专门的酱[②]。

除此外，西夏还有葱、蒜、香菜等调鲜味品，花椒等调香味品，胡椒、干姜、芜荑等调辛辣味品[③]，醋等调酸味品，蜜等调甜味品[④]。

以上调味品中有些为自产，如葱、蒜、香菜、醋、蜜；有些则来自邻邦，如胡椒、干姜等。

食油也是一种调味品。西夏有麻子。除调味外，油还用于烹调，炒、煎、炸都需要食油。

2. 饮食器皿

西夏文器皿写作"𗉘𘝵"，有木制、瓷器、金属器、金银器及玉器等几类材质，种类有水器、食器、炊具、储品及茶酒具等[⑤]。

其中水器有瓶、壶、扁壶、罐、桶等；食器有箸、匙、肉叉、盆、钵、碗、盘、碟、注碗等；炊具有甑、锅、铛、铛盖、鼎、杓、锅铲、笊篱、火炉鏊、火炉、火箸、火杴、火栏、笼床、纱罩、肉叉等；储器有瓮、桌盘、盍、缸、酱橛等；茶酒具有茶铫、茶臼、急随钵子、酒樽、盏、檠子、觚、

---

① 《天盛改旧新定律令》卷一八《盐池开闭门》。

② "酱橛"见于汉文 Дx 2822《杂字》,《俄藏黑水城文献》第 6 册，第 142 页；史金波《西夏社会》指出"酱橛应是盛酱的器皿，可知西夏有酱"。(上海人民出版社 2007 年版，第 646 页)

③ 《碎金》记载的西夏调味有"盐巴椒芜荑"。参见聂鸿音、史金波《西夏文本〈碎金〉研究》,《宁夏大学学报（社会科学版）》1995 年第 2 期。

④ 《文海宝韵》蜜，注释为"蜜蜂作业，采诸花，味混为蜜汁，甜也"。参见史金波、白滨、黄振华《文海研究》，中国社会科学出版社 1983 年版，第 413 页。其他调味品名见于《番汉合时掌中珠》,《俄藏黑水城文献》第 10 册，第 8 页。

⑤ 参见宁笃学、钟长发《甘肃武威西郊林场西夏墓清理简报》,《考古与文物》1980 年第 3 期；甘肃武威文物队《武威出土一批西夏瓷器》,《文物》1981 年第 9 期，第 89—91 页；其中《武威出土一批西夏瓷器》指出 1977 年甘肃省武威县西郊林场西夏墓和武威县南营乡分别出土了两只木瓶、一个木碗、六双木筷。另𘈩（椀）、𘊝（匙）、𘋚（盍）、𘋱（盘）、𘈇（甑）、𘈈（盏）、𘈉（桶）、𘇊（罐）等都以𘈩"木"字的上部"艹"和另一个字的一部分组合而成，这些文字是党项使用木制饮食器皿的反映。银碗、金觚、玉竿，见于俄 Дx 2822《杂字》；银钵，出土于宁夏灵武县横山地区。史金波、白滨、吴峰云《西夏文物》指出内蒙古自治区林河县高油房西夏城址出土了金莲花盏托、金碗。(文物出版社 1988 年版，图 213、图 214、图 215、图 203、图 204）

斝①等。有些器皿上会刻有西夏文或汉文人名②。

西夏黑釉瓷（陕西省榆林市榆阳
区文物管理委员会办公室藏）

西夏文瓷瓶
（上海博物馆藏）

西夏白釉画花瓷碗（乌审旗文物管理研究所藏）

---

　　① "罐"，见于《文海宝韵》，其下注释"汲水时井中拔水用之谓"。"杓"，见于《文海宝韵》，其下注释"盛食、分食用也"。"火炉鏊"，见于《文海宝韵》，其下注释"烧烤花饼、干饼等用也"。"桌盘"，见于《文海宝韵》，其下注释"放食馔处也"。以上分别参见史金波、白滨、黄振华《文海研究》中国社会科学出版社1983年版，第441、490、436、439页；"急随钵子"，见于《番汉合时掌中珠》。段玉泉《〈番汉合时掌中珠〉"急随钵子"考》（《敦煌学辑刊》2018年第3期，第126—129页）指出"急随钵子"即传世文献中的"急须"，是一种茶具或温酒器。"随"，在《番汉合时掌中珠》记作"须"，是唐宋间西北方音中止摄字与遇摄字混读的反映；"盏"，见于《文海宝韵》，其下注释"瓶盏也，杯盏饮茶酒用也"；"斝子"，见于《文海宝韵》，其下注释"布酒宴钵形器，小杯之谓，汉语'斝子'亦谓也"。以上参见史金波、白滨、黄振华《文海研究》，中国社会科学出版社1983年版，第465、517页。
　　② 史金波《西夏社会》指出，近年在绿城新发现刻有西夏文"刘宝"二字的瓷缸残片。（上海人民出版社2007年版，第649页）

西夏木碗（武威市博物馆藏）

上述食器中，碗、盘、壶、盏出土较多。党项早期，曾大量地使用木碗，内迁定居后，渐用瓷器。普通百姓使用以白色、黑色和褐色为主的陶瓷。官营作坊中多为细白釉的瓷器，[①] 皇室使用的碗有白瓷高圈足碗、白瓷宽底碗、白瓷鼓腹碗、青瓷斜壁碗、白釉刻花碗、灰瓷小碗[②]。此外，还有银碗、金碗。

盘，可以盛各种饭菜，亦可盛汤。党项早期使用木盘，西夏时既有瓷器盘，亦有金属盘，还有铜盘。皇室使用的盘有白瓷深腹盘、六格菊纹盘、葵纹盘等[③]。

壶用来盛茶、酒或水等液体。西夏人外出放牧、狩猎以及西夏军队作战都要随身携带壶，所以，西夏壶以扁壶为主，壶身两侧有耳穿绳。

盏用来饮茶，配有茶托，金银茶盏包括托盏、托盘、圈足等部分，造型

---

① 王建保：《贺兰山腹地的两处西夏瓷窑遗址》，《中国文物报》2010 年 12 月 31 日。
② 许成、杜玉冰：《西夏陵》，东方出版社 1995 年版，第 113 页。
③ 许成、杜玉冰：《西夏陵》，东方出版社 1995 年版，第 110 页。

也有如莲花之类复杂者①。

3. 饮食方式

食品加工方式。党项早期有"割鲜而食"的习惯，立国后增加了熟食和热食比重。做饭的方法有烤、烙、烧、蒸、煮、熬、炒等②。

烤，直接将食物原料加热至熟的方法，西夏肉食多用此方式加工。即用叉叉肉置火上至熟③。

烙，把谷物面食放在烧热的火炉鏊、铛等金属灶具上加热而致熟。花饼、干饼等多种"饼"就是通过烙制作而成的④。西夏人喜食烧饼，也有人专门经营烧饼房⑤。

煮，把食物放在有水的炊具里加热至熟。面食、米饭、粥类需要煮⑥。西夏煮食的炊具有铁锅和铜锅。

炒，西夏炒食有两种方法。一为先将食料放在锅里加水煮半熟，然后用

① 图版见史金波、白滨、吴峰云《西夏文物》图213、图214、图215、图203、图204，文物出版社1988年版。另，路思贤等《内蒙古临河高油坊出土的西夏金器》（《文物》1987年第11期）指出"甘肃武威墓中出有木茶盏，下部已损，看不出造型，内蒙古临河县高油坊出土有金莲花茶盏托"。其中金莲花盏托由托盏、托盘、圈足三部分组成，均为莲瓣形，如盛开莲花。托盘、圈足呈倒置喇叭状，托盏外沿均錾刻缠枝草叶纹，托盘内边缘和盘中心、圈足外沿亦饰缠枝草叶纹。盏托中空无底。托盘边缘有三处残损。整个盏托制作十分精美。金碗敞口浅腹，喇叭口小圈足，也很精致。

② 《文海宝韵》中有"烤熟""熬""烙""饼"等；其下分别有注释"烧熟也，火上置使烤熟之谓也""熬煮也，煮沸使熟之谓也""谷物火上烧烤烙作之谓""谷物先经烤，饼已熟之名是也"。"烤"和"饼"这两个字音相同，是动词引申出由动作产生的物品名词的结果。参见史金波、白滨、黄振华《文海研究》，中国社会科学出版社1983年版，第480、502、510、514页。

③ 《文海宝韵》中"叉"解释为"此者烧肉用也"。"烤熟"解释为"烧熟也，火上置使烤熟之谓也"。参见史金波、白滨、黄振华：《文海研究》，中国社会科学出版社1983年版，第480页。

④ 《文海宝韵》中"烙"解释为"谷物火上烧烤烙作之谓"。参见史金波、白滨、黄振华《文海研究》，中国社会科学出版社1983年版，第514页；苏冠文《西夏膳食述论》（《宁夏社会科学》1999年第2期）指出"火炉"解释为"此者火炉鏊也，花饼、干饼等烧烤用也"。

⑤ 杜建录、史金波《西夏社会文书研究》（上海古籍出版社2010年版，第44页）指出黑水城地区出土有李春狗扑卖烧饼房的契文，其中有炊具炉鏊、铛。

⑥ 《文海宝韵》中"煮"解释为"煮熬使熟之"。参见史金波、白滨、黄振华《文海研究》，中国社会科学出版社1983年版，第502页。

金属灶具搅拌至熟，西夏炒米多用此方法，食用时加水①。二为直接将食物炒熟食用。炒面、炒豆等多用此方法。

蒸，隔水加热，利用蒸汽使食物变熟。馒头、蒸米、蒸饼多用此方法。

熬，加水沸腾使食物变熟②。西夏会用此方法熬熟果③。

拌，即用调味品对水果、蔬菜稍加调制，相当于今天的凉拌。

熟食和热食的燃料以柴为主，除此外还有炭。炭有两种，一种是木炭，另一种是石炭，也就是煤④。

西夏食品加热的工具有火炉、火箸、火锹、火栏、铛、鼎、火炉鏊、甑、铮等⑤。加工食品的地方称为"厨庖"⑥。

饮食方式及禁忌。西夏人饮食时有饭桌，将面、米等粮食加工成细面、饭、粥、饼等主食，再把肉类和蔬菜等加工成各种副食，将加工好的饭菜用勺、铲等盛在碗、盘、盆、钵、注碗等器皿中，放在桌上，用箸（筷子）、匙、肉叉食用。若饮酒则以瓶、壶、扁壶、注碗等盛酒，用酒樽、盏、檠子、觥等斟酒饮用。用肉叉食肉、饮食乳酪等⑦。这是贵族饮食，普通百姓粗茶淡饭，只有简单的碗筷。

在设宴、下葬宴、招待重要客人等宴席上，不能有完整的尻骨，如果出

---

① 《文海宝韵》中"炒"解释为"此者已煮未熟用也"。参见史金波、白滨、黄振华《文海研究》，中国社会科学出版社 1983 年版，第 541 页；《西夏谚语》中有"食干米时要加水"。参见陈炳应《西夏谚语——新集锦成对谚语》，山西人民出版社 1993 年版，第 8 页。

② 《文海宝韵》中"熬"解释为"熬煮也，煮沸使熟之谓也"。参见史金波、白滨、黄振华《文海研究》，中国社会科学出版社 1983 年版，第 502 页。

③ 《圣立义海》"八月之名义"下记"取熟麻熬落果"。参见［俄］克恰诺夫著，李范文、罗矛昆译《圣立义海研究》，宁夏人民出版社 1995 年版，第 52 页。

④ 《文海宝韵》"炭"字条下注释："焚木使闷，炭，燃料也，又石炭之亦谓。"参见史金波、白滨、黄振华《文海研究》，中国社会科学出版社 1983 年版，第 507 页。

⑤ 《文海宝韵》中"火炉鏊""鏊"下分别注释"烧烤花饼、干饼等用也""制干饼等用之谓"。参见史金波、白滨、黄振华《文海研究》，中国社会科学出版社 1983 年版，第 436、523 页。

⑥ 《番汉合时掌中珠》中"厨庖"写作"甂薉"，两西夏文的汉字字面意思分别为"饭""室"。《俄藏黑水城文献》第 10 册，第 12 页。

⑦ 西夏文《碎金》中记有西夏人的饮食习惯即为"铛鼎器皿盏，碗匙筷子勺"。参见聂鸿音、史金波《西夏文本〈碎金〉研究》，《宁夏大学学报（社会科学版）》1995 年第 2 期。

现此情况，鼓励人举报，给举报人钱五缗，饮食者不治罪。如果是食者强行让放置，则给举报者的钱由食者出，主人不治罪[①]。

（二）饮酒与饮茶习俗

1. 饮酒习俗

西夏人尤其是党项人，吃饭前有先饮酒的习惯[②]。酒也是放牧、生产、娱乐等活动中必不可少的饮品[③]。不仅男人爱好饮酒，妇女也能喝酒，[④]有专门售酒的酒肆。[⑤]

西夏白釉高足瓷杯
（中国社会科学院考古研究所藏）

党项族早在原居住地时，自己无农业，没有酿酒原料，便向当时吐蕃求大麦，以酿酒[⑥]。内迁后，酿酒的原料有粟、麦、豆、奶等。酒的种类有麦酒、粟酒、小曲酒、醅酒、嗜酒（芦酒）、马奶酒、葡萄酒、普康酒等种类[⑦]。在日

---

① 《天盛改旧新定律令》卷二〇《罪责不同门》中有"诸人设宴、下葬、家来大口客等，其间行饮食时，不许将臀部尻骨全置。若违律置者，当出钱五缗，以予举报者，食者勿治。其中主人不愿，食者强以令置之者，举赏由食者出，主人勿治"。

② 西夏文《碎金》中有"烟友茶酒先，近食米面堪"。参见聂鸿音、史金波《西夏文本〈碎金〉研究》，《宁夏大学学报（社会科学版）》1995 年第 2 期。

③ 《西夏谚语》中有"到处娱乐牧或饮"。参见陈炳应《西夏谚语——新集锦成对谚语》，山西人民出版社 1993 年版，第 8 页。

④ 榆林窟第 3 窟西夏壁画《酿酒图》中绘有二妇人，其中一人在酿酒，另一人在品酒。参见敦煌研究院编《中国石窟艺术·榆林窟》，江苏美术出版社 2014 年版，第 146 页。

⑤ 《西夏书事》卷一四记：元昊时期中原地区书生张元、吴昊入西夏境内"相与诣酒肆，剧饮终日，引笔书壁曰'张元、吴昊饮此'"，反映出西夏有酒肆。

⑥ 《通典》卷一九〇《边防六·党项》记党项"求大麦于他界，酝以为酒"。

⑦ 杜建录：《西夏酒的生产与征榷》，《宁夏社会科学》2002 年第 2 期。

常餐食之前会有酒①、商议出征等重大事情前要围猎，围猎有获后下马环坐而饮②，将士战场上斩获首级者可获赐酒一杯③，复仇时会具酒食趋仇家④，盟誓要饮酒发誓，国主宴会上饮酒起乐，婚丧宴席上有酒食⑤，招待来使、节日庆典、娱乐活动等情况下都要饮酒⑥。外出公干的检校官要每人日供给米曲4升。⑦

西夏喜酒，社会对酒醉后的行为较宽容。法律规定酒醉时持拿他人财物，只要酒醒后送还就可以了，也不许别人再举告、接状。但若酒醒后隐匿不告，不送还财物，才按假托酒醉盗持他人财物判罪。⑧酒醉时即便喊要杀官家（皇帝）也可减罪⑨。

西夏喜酒但在一些场合下也禁酒，限酒。如皇宫内御前近处是不能饮酒的，若御前近处待命者自己胡乱饮酒，未乱言事，有官罚马一，庶人十三杖。高声乱语，一律徒一年。若所说有所碍，则视情节处分。在内宫当差值勤更不准喝酒⑩。

---

① 西夏文《碎金》中有"烟友茶酒先，近食米面堪"。参见聂鸿音、史金波《西夏文本〈碎金〉研究》，《宁夏大学学报（社会科学版）》1995年第2期。

② 《宋史》卷四八五《夏国传上》"每举兵，必率部长与猎，有获，则下马环坐饮，割鲜而食，各问所见，择取其长"。

③ （宋）李刚《梁溪集》卷一四四《御戎论》记"夏人之法战胜而得首级者不过赐酒一杯、酥酪数斤"。文渊阁四库全书补配文津阁四库全书本，第3页。

④ 《隆平集》卷二○记"不能复者，集邻族妇人，烹牛羊，具酒食，介而趋仇家，纵火焚之"。

⑤ 《天盛改旧新定律令》卷八《为婚门》规定"诸人为婚时已予应允，酒食已饮者，嫁资未转传则不算换为婚。嫁资多少已取，则多少一律算实为婚。其中为婚非乐意，则不许彼此强令食婚酒食，予大小聘资"。《续资治通鉴长编》卷一一一，仁宗明道元年十一月壬辰条记"德明卒，宋命开封府判官、度支员外郎朱昌符为祭奠使"，"赐赙绢七百匹、布三百匹，副以羊、面、上尊酒"。

⑥ 杜建录：《西夏酒的生产与征榷》，《宁夏社会科学》2002年第2期。

⑦ 《天盛改旧新定律令》卷一九《校畜磨勘门》记"大校七日一屠，每日米曲四升，其中有米一升。二马食中一七升，一五升。一僮仆米一升。案头、司吏二人共十五日一屠，各自每日米一升。一马食五升。一人行杖者每日米一升"。

⑧ 《天盛改旧新定律令》卷三《妄劫他人畜驮骑门》。

⑨ 《天盛改旧新定律令》卷一四《殴打争门》。

⑩ 《天盛改旧新定律令》卷一二《内宫待命等头项门》。

同时，社会中也把饮酒看成是不良的嗜好，没有饮酒不剩之类的要求与规矩，也不有意识地去培养孩子的饮酒习惯。[①] 政府允许酿酒但也限制酿酒、惩治私自酿酒[②]。

2. 饮茶习俗

饮茶也是西夏饮食的重要内容[③]。畜牧在西夏经济结构中占有相当比例，与其他游牧一样西夏多肉食、奶乳制品，作为消解油腻、减轻肠胃负担的茶饮，在其饮食中也占有相当的地位，甚至出现无茶可饮时，民众不满、社会动荡的情况[④]，宋朝也数次利用茶来制约西夏。西夏仓库中有储存茶钱库。[⑤]

西夏对诸司任职三年期满且称职的官员、有战功的军人都会奖励一定的茶。其中任职满三年的官员，除中书、枢密、经略使等别计官赏，其他人员按上、中、下、末等级高低，赏赐中分别有茶十坨、四坨、三坨、二坨。[⑥]巡检官员在追及1—10个逃跑者时，两位巡检官员可以得到一坨茶。军队中作战勇敢、立功的将帅，其奖赏中也有茶。其中正将斩杀敌人一名可加一官，得三十两银碗，衣服一袭七带，五两银腰带一条，茶、绢各五十份。[⑦]

西夏所属地区不产茶叶，所需茶叶皆仰仗中原王朝地区供应。李德明归附宋朝后，被封为西平王，宋朝每年赐给李德明银万两、绢万匹、钱三万贯、茶二万斤。[⑧]元昊时期宋朝每年赐给西夏茶三万斤。[⑨]后来又增加至五万

① 《西夏谚语》中有"饮剩余酒不多心，该学不学学饮酒，该教不教教赌博"。参见陈炳应《西夏谚语——新集锦成对谚语》，山西人民出版社1993年版，第8页。
② 杜建录:《西夏酒的生产与征榷》,《宁夏社会科学》2002年第2期。
③ 茶，西夏文写作"蕧"，读音同"药"。
④ 《西夏书事》卷一六记"庞籍代知延州，乃言诸路皆传元昊为西蕃所败，野利族叛、黄鼠食稼，天旱，赐遗、互市久不通，饮无茶，衣帛贵，国内疲困，思纳款"。
⑤ 《天盛改旧新定律令》卷一七《库局分转派门》。
⑥ 《天盛改旧新定律令》卷一〇《续转赏门》。
⑦ 陈炳应:《贞观玉镜将研究》,宁夏人民出版社1995年版，第71—75页。
⑧ 《宋史》卷四八五《夏国传上》。
⑨ 《宋史》卷四八五《夏国传上》。

斤①。此外，西夏还要在双方市场贸易中买进不少茶叶，通常茶数斤可易羊一口②。

西夏的茶具中有茶臼、茶钵、捣棒、茶铫、滤器。西夏饮茶是将茶叶煎煮然后饮用。在茶臼中用捣棒将茶捣碎，放在茶铫中加水煮熬，再用滤器滤过，倒在茶钵中饮用。

小　结

作为西夏主体民族的党项民族，原来是游牧民族，饮食上具有游牧民族食乳肉、饮茶酒的习惯，迁入西北地区后，原有的饮食结构发生了变化。受自然环境与当地汉族传统生产技术影响，一部分人改为以粮为主的饮食结构，米、面成了主食，荞麦、荞饼等西北食品成为党项人的喜爱食物。同时，受吐蕃及回鹘影响，也食用一些青稞制品及回纥瓜、大石瓜等。

具体到社会阶层，不同阶层其饮食结构及饮食方式有所不同。在西夏立国前期，党项贵族的饮食被服多粗恶③，立国后随着社会的发展，其饮食生活渐与中原达官贵人接近。贵族官僚食品丰富，饮食时要有乐、有酒④，餐具豪华考究，有银钵、银碗、金莲花盏、金碗、金觥、玉箏等。皇室不但有专门的庖师，其食品及制作标准也被写进了法典，即"御供之食馔、其他用度等应分取准备者，当速分之，好好制作，依数准备。迟缓、盗减、制不精等

---

① 《宋史》卷一一《仁宗纪》。

② 《续资治通鉴长编》卷一四九，仁宗庆历四年五月甲申条记（西夏）"西北连接诸蕃，以茶数斤，可以博羊一口"。

③ 《续资治通鉴长编》卷三七，太宗至道元年三月己巳条记"戎人皆贫窭，饮食被服粗恶"。《续资治通鉴长编》卷五六，真宗景德元年二月戊午条记宋朝诏谕德明诸部"能率部下归顺者，授团练使，赐银万两，绢万匹，钱五万缗，茶五千斤，其军主职员外郎，将校补赐有差，其有自朝廷叛去者并释罪甄录"。

④ 《番汉合时掌中珠》记"富贵具足，取乐饮酒，教动乐……，乐人打诨，准备食馔……设宴已毕"。见《俄藏黑水城文献》第10册，第17页。

时",将依法处以 1—3 年徒刑。^① 对在皇帝的食品中混入杂物者,要按"十恶罪"的"大不恭"处以极刑。^② 西夏皇帝一直有饮乳的习惯。群牧司直接管理的御供圈牧者专门负责供给皇帝乳制品,皇帝出行时要在圈牧者中派遣若干,跟随皇帝及时供给皇帝食用。^③ 至仁宗后期,豪华考究的风气日益严重,致使仁宗于天盛十五年即宋隆兴元年(1163)下令禁奢侈。^④ 不过,也有少部分贵族,如濮王仁忠及家人日食就很简单。^⑤

普通百姓一般的食物为菜粥搭配,在无主食时,以蔬菜、野菜、野草果腹^⑥。其中的野菜是普通百姓四季不可缺少的补充食物。困难时一些畜草如"稗"^⑦ 也会成为必要的补充。由于食物缺乏,西夏强调女子要平时节俭食物^⑧,社会中行乞者也较多。^⑨

---

① 《天盛改旧新定律令》卷一二《内宫待命等头项门》规定"御供之食馔、其他用度等应分取准备者,当速分之,好好制作,依数准备。迟缓、盗减、制不精等时,罪依以下判断。一等:御供之用度分取准备迟者,当比贻误文典罪情各加一等。一等:制作御膳中选择不精及贡献中种种不足等,徒二年。不依时节供奉、迟缓及味道不美、所验不精等,一律徒一年。御膳已毕,经过远路往进,运输中盗减时,无论多少,徒六年。钱价甚多,则与盗减御供用度罪比较,从重者判断。一等:所准备御供用度,管事处已领时盗减者,当比内宫内外行盗各种罪情再加一等。御供之膳、药、酒等种种器中,不许他人饮用。若违律,是现用器则徒三年,是备用器则徒一年。和御供膳及和御药等中,不好好拣选、器不洁净等,一律徒二年"。

② 《天盛改旧新定律令》卷一《大不恭门》中有"御食混撒杂物时,不论主从当以剑斩,自己妻子及同居子女等当连坐,入牧农主中。妇人之子女勿连坐"。

③ 《天盛改旧新定律令》卷一九《畜利限门》。

④ 《宋史》卷四八六《夏国传下》。

⑤ 《西夏书事》卷三六记"己与家人日食粗粝而已"。

⑥ 《西夏谚语》中有"夫妻食馔菜粥混""无甜食吃蔬"。参见陈炳应《西夏谚语——新集锦成对谚语》,山西人民出版社 1993 年版,第 8、10、23 页。

⑦ 《文海宝韵》中"稗"下注释"大麦、小麦中杂草稗子之谓"。参见史金波、白滨、黄振华《文海研究》,中国社会科学出版社 1983 年版,第 398 页;西夏文《三才杂字》将"蒿稗"归为谷类,参见聂鸿音、史金波《西夏文〈三才杂字〉考》,(《中央民族大学学报》1995 年第 6 期;夏汉文本《杂字》"稗子"亦在食品类,参见史金波《西夏汉文本〈杂字〉初探》,载《中国民族史研究》(二),中央民族学院出版社 1989 年版。

⑧ 《西夏谚语》中有"女俭食,从前未俭煮时俭,测未及"等句。参见陈炳应《西夏谚语——新集锦成对谚语》,山西人民出版社 1993 年版,第 18 页。

⑨ 《西夏谚语》中有"乞者同来难得食"。意思是乞丐同到一处乞讨难以得到食物,从侧面反映出西夏乞丐较多。参见陈炳应《西夏谚语——新集锦成对谚语》,山西人民出版社 1993 年版,第 11 页。

　　借粮度荒在西夏百姓中时有发生。度荒借粮的时间一般出现在四五月份，利率皆在50%以上，有的高达80%甚至达到或超过100%。^①因为借贷会给下一季度或年度的生活带来更大的压力，所以西夏社会中流传有"二月三月，不吃借食，十月至腊月，不穿贷衣"的谚语^②。遇大的饥荒还出现将子女卖到辽朝、吐蕃等邻邦或邻近地区以换取食品的情况^③。

　　西夏的官吏、官营手工生产者靠国家供给，这些人凭领单领取往年库存的陈粮，如果仓吏徇私给了新粮，则发粮者和领粮者都要受到相应的处罚。^④城中的手工业者、商人等非农牧业人口和餐馆通过市场交换粮食。

　　西夏实行亦兵亦农或亦兵亦牧，士兵平时耕牧，战时出征，自备粮食，不过皇室的卫队由国家每月供给米二石^⑤，吃、用、养家全从二石米中支出。

　　僧人、道士一般素食，粮食和蔬菜是他们的主要食物^⑥。西夏僧人和道士多不从事生产，不交纳租税，不服劳役和兵役，其食品主要靠寺院田产^⑦和政府、百姓供给布施。还可以自己经营钱粮借贷，获取利息^⑧。

---

　　①　史金波：《西夏粮食借贷契约研究》，《中国社会科学院学术委员会集刊》第1辑，社会科学文献出版社2005年版。

　　②　陈炳应：《西夏谚语——新集锦成对谚语》，山西人民出版社1993年版，第13—14页。

　　③　《西夏书事》卷三〇记夏天祐民安八年（1097）"国中大困，民鬻子女于辽国、西蕃以为食"，道光五年小岘山房刻本，第500页。

　　④　《天盛改旧新定律令》卷一五《纳领谷派遣计量小监门》记"诸官民等执领单来领粮食时，依次当先予旧粮食，不许予新粮食、徇情及索贿等"。

　　⑤　《宋史》卷四八五《夏国传上》记"选豪族善弓马五千人迭直，号六班直，月给米二石"。

　　⑥　西夏藏传佛教僧人是否荤食，待考。

　　⑦　史金波《西夏佛教史略》（宁夏人民出版社1988年版，第252页）指出，官作户即寺庙所属的农户，是类似农奴性质的为寺院耕作的农户。

　　⑧　黑水城文献中出现多件寺院放贷钱粮的文书，参见史金波《西夏经济文书研究》，社会科学文献出版社2017年版。

三、服饰习俗

（一）服饰制度

1. 党项族服饰特点和变化

早期党项衣食住行和畜牧业息息相关，居住的帐篷覆盖牦牛尾和羊毛织品，穿着有裘皮、毛褐、毡毯等。[①] 立国后农牧并重，从事牧业的部族，甚至一些农业人口，仍旧穿着皮毛衣服，皮毛制品在西夏穿着中一直占有很大的比重。具体的服饰有枕毡、褐衫、靴、短鞠、长鞠、皮裘、毡帽、袄子裘、毛毯、白帐毡、苦皮[②]、生牛皮靴[③] 等。不过从整个社会来看，至迟在德明时穿戴已经发生了很大变化。这种变化首先起于王室贵族对中原地区华美衣服的选择与追求。宋景德元年（1004）德明即位后与宋朝和好，每逢正旦、圣节、冬至等时节都要派牙校出使宋朝进贡马匹和土特产品，换取宋朝绫罗绸

---

① 《旧唐书》卷一九八《党项羌传》记"男女并衣裘褐，仍披大毡"。
② 《番汉合时掌中珠》中有"帐毡、枕毡、褐衫、靴、短鞠、长鞠、皮裘、毡帽、马鞍、马毡、马毯"等，见于《俄藏黑水城文献》第 10 册，第 13、14 页；TK49P《西夏天庆年间裴松寿典麦契》中有"袄子裘、新皮裘、次皮裘、旧皮裘、毛毯、白帐毡、苦皮"，见于《俄藏黑水城文献》第 2 册，第 37—38 页。
③ 《甘肃武威发现一批西夏遗物》（《考古》1974 年第 3 期）中有"生牛皮靴"。

缎和其他生活用品。[①]加上自己本身生产的，服饰种类丰富多样，从材质上看，有绫罗、有纱线、有段匹、有金线、有透贝、有川纱、有锦贝、有毛皮，棉布、有毛草。种类有披袄、袄子、襜襕、袜肚、汗衫、布衫、衬衣、裙、裤、祜、腰绳、背心、背子、掩心、衬衣、罗衫、皮袴、披毡、睡袄、皮袄、褐衫、绰绣、领襟、束带、皂衫、手帕、冠冕、凉笠、暖帽、头巾、幞头、丝鞋、木履、草履、毡袜，还有耳环、耳坠、腕钏耳坠、腕钏等装饰[②]。同时也有了初步的服饰制度，官有朝服、僧有僧服、百姓有百姓服，男有男服、女有女服[③]。

2. 服饰制度的确立

西夏立国后，随着社会的发展和服饰品种的增加，服饰制度逐渐地发生了变化。元昊效法中原地区，制定了明确的服饰制度。[④]文职官员衣"幞头、靴笏"；武职官员戴"金帖起云镂冠、银帖间金镂冠、黑漆冠，衣紫旋襕，金涂银束带，垂蹀躞，佩解结锥、短刀、弓矢韣"。便服"则紫皂地绣盘球子花旋襕，束带"。[⑤]元昊的改革让西夏服饰有了身份标志，不同阶层的人着不同的服饰，同时也让西夏官服出现了不同于宋朝的样式，所以，出使宋朝的西夏使臣，一般先着本国服，至汴京东华门时，再换去。[⑥]

毅宗谅祚、惠宗秉常及崇宗乾顺前期等受"蕃礼"和"汉礼"之争，西

---

① 《宋史》卷四八五《夏国传上》记宋赐德明"袭衣五，金荔支带、金花银匣副之"。《续资治通鉴长编》卷一一一，仁宗明道元年十一月壬辰条记"吾族三十年衣锦绮衣，此圣宋天子恩，不可负也"。

② 以上服饰见《番汉合时掌中珠》，《俄藏黑水城文献》第 10 册，第 13、14 页。亦见于Д x 2822 汉文《杂字》，《俄藏黑水城文献》第 6 册，第 138—139 页。

③ 西夏文《三才杂字》中有"男服""女服"类。"男服"项下有 26 种，"女服"项下有 19 种。见于《俄藏黑水城文献》第 10 册，第 46 页。

④ （宋）江少虞《宋朝事实类苑》卷七五记"景祐末，夏羌叛，潜号于其境，改易正朔、冕服制度，遣使来上旌节。旧制：羌人来朝，悉服胡衣冠。既至，有司命易之，使者曰：'奉本国命来见大国，头可断，冠服不易'"。

⑤ 《宋史》卷四八五《夏国传上》。

⑥ 《续资治通鉴长编》卷一二三，仁宗宝元二年正月辛亥条。

夏官员的服饰也发生了一些变化。毅宗谅祚时，改用"汉礼"，采用中原地区服饰制度[①]。惠宗秉常、崇宗乾顺时，大小两梁氏反对"汉礼"，恢复"蕃礼"，服饰蕃服特色略有加强，但总体上，西夏服饰不断地向汉式服装靠拢。西夏内宫中有西夏皇宫御用的"裁量匠"。[②]

西夏在接受汉族服饰的同时，服装的质地材料也发生着显著的变化。纺织品逐渐代替皮毛，成为主要的服饰材料。不但汉族穿用纺织品，党项等其他少数民族也多穿用纺织品。富者穿起了绢帛绸缎，贫者穿褐布，还有中原地区早已流行的麻布以及刚刚出现的用棉花纺织成的棉布。

西夏中期礼仪更加效法中原王朝，服饰也更加制度化，从颜色、衣服种类、装饰花样和贵重饰物等方面对西夏帝王、后妃、官员、僧道、民庶都作了详细的规定。

从颜色上看，普通百姓穿青绿色，官员穿紫、绯色[③]，节亲主、诸大小官员、僧人、道士等无论男女一律禁止穿戴鸟足黄（石黄）、鸟足赤（石红）、杏黄等颜色，违律者，徒两年[④]。

从种类上看，帝王、后妃、官员服饰有法服、朝服、常服、时服之别[⑤]，其中法服是礼法规定的服饰，大抵用于祭祀、典礼等隆重而正式的场合。

朝服主要用于上朝朝会及献祭。常服和时服则是平时随季节变化的常用服装。大小臣僚来朝不服朝服要受处罚。节亲、宰相一次不服朝服罚三缗，两次不服朝服罚五缗，三次以上不服朝服罚七缗。[⑥]

---

① 《续资治通鉴长编》卷一九五，仁宗嘉祐六年十一月己巳条记"本国窃慕汉衣冠，今国人皆不用蕃礼。明年欲以汉仪迎待朝廷使人"。

② 《天盛改旧新定律令》卷一二《内宫待命等头项门》。

③ （宋）孟元老《东京梦华录》卷六《元旦朝会》中记录的夏国大使、副使皆穿"绯窄袍"。

④ 《天盛改旧新定律令》卷七《敕禁门》。

⑤ 《圣立义海》第八卷目录有"皇太后、皇帝法服，皇后法服，太子法服，嫔妃法服，官宰法服，朝服，常服，时服"。按:该书将目录中的"服"多误译为"藏"。参见［俄］克恰诺夫著，李范文、罗矛昆译《圣立义海研究》，宁夏人民出版社1995年版，第48页。

⑥ 《天盛改旧新定律令》卷一二《内宫待命等头项门》。

从佩饰上看，大小官员、僧人、道士、诸人等不许有金刀、金剑、金枪、金骑鞍、玉骑鞍等金质配饰。

从花样和装饰上看，节亲主、诸大小官员、僧人、道士等无论男女一律禁止绣花饰金，禁止使用有日月图案的一色布料，有日月图案的杂色布料上不能有团龙，禁止官民女子冠上插戴真金的凤凰、龙样装饰。

节亲主、夫人、女、媳、宰相本人、夫人及经略、内宫骑马、驸马妻子等可穿戴鎏金、绣金线等服饰，其他人禁穿。若违反法律，物品要交官，举报者赏五缗钱，并由穿戴者出给①。另外，诸人在进入内宫或相互礼拜时，不许服丧服、披发、头中有白及冬天冠凉笠等。违律者，官罚马一匹，庶人十三杖。②

政府设织绢院、衣服库、毛库、绫罗库等专门储存和发放衣物及布料的库藏③，为政府特殊的需要服务。"裁量匠"负责皇宫御用衣服。④

（二）服制形式

1. 皇帝和后妃的服饰

皇帝服饰。皇帝服饰有法服、朝服、常服等之分，鸟足黄、鸟足赤、杏黄、绣花饰金、

西夏王妃供养图（敦煌莫高窟第409窟，图片出自《中国石窟·敦煌莫高窟》第5卷，第134页）

---

① 《天盛改旧新定律令》卷七《敕禁门》。
② 《天盛改旧新定律令》卷一二《内宫待命等头项门》。
③ 《天盛改旧新定律令》卷一七《库局分转派门》。
④ 《天盛改旧新定律令》卷一二《内宫待命等头项门》。

《西夏皇帝及随员图》（俄罗斯圣彼得堡艾尔米塔什博物馆）

有日月、团龙、金凤等颜色和花样为国主御用。窄衫、袍服是国主常见服装，袍服上绣大型团龙、圆领窄袖，从腰际开衩，有衬里。下着长裤，腰束革带，上悬多种饰物，足穿毡靴；[①] 或圆领内衣，外着右衽交领、宽袖、腰系大带、革带；[②] 或圆领窄袖红里白长袍，无花饰，腰束有团花图案的带[③]。

元昊立国之初，戴红里毡冠，冠顶后垂红结绶[④]。后有白毡尖顶高冠，冠缨结于颔下[⑤]。西夏惠宗秉常参加安全国师白智光译经场时，头戴尖顶冠，冠上镂刻有华丽花纹[⑥]。皇帝外出游猎闲居时会戴东坡巾。内外两层，内筒高外檐短，顶部冠前和翻边鬓处绣或绘有团龙抑或团花图案[⑦]。

① 此服饰来源于敦煌莫高窟第 409 窟东壁门南的帝王图，见敦煌研究院编《中国石窟·敦煌莫高窟》卷五，文物出版社 1984 年版，第 135 图。《天盛改旧新定律令》卷一二《内宫待命等头项门》规定"官家（皇帝）来至奏殿上，执伞者当依时执伞，细心为之"。409 窟图像中，高大男子后有侍从持御用华盖、翚扇等物，故推其取自皇帝上朝时的场景。高大男子前有一童子，除袍上无团龙绣花外，服饰与前者相同。

② 史金波：《〈西夏译经图〉解》，《文献》1979 年第 1 期。

③ 此图像见于《西夏皇帝及其随员图》，画面以坐姿穿白色袍服的人物为主，后面有人物七身，分别是擎鹰和持弓箭者以及戴与主尊人物相同帽子、披甲、手持金瓜的武士。描绘的是西夏皇帝元昊出行打猎的场景，参见［俄］萨玛秀克《西夏艺术作品中的肖像研究及史实》，《国家图书馆学刊》2002 年西夏研究专号，第 188—194 页。

④ 《宋史》卷四八五《夏国传上》。

⑤ 敦煌莫高窟第 409 窟东壁门南的男供养人帝王形象，文物出版社 1988 年版，第 293 页。

⑥ 此为《西夏译经图》中"明盛皇帝"的冠饰。《中国藏西夏文献》第 5 册，甘肃人民出版社，敦煌文艺出版社 2005 年版，第 187 页。参见史金波《〈西夏译经图〉解》，《文献》1979 年第 1 期。

⑦ 陈育宁、汤晓芳《西夏艺术史》指出《皇帝和皇子图》及《西夏皇帝及其随员像》，上海三联书店 2010 年版，第 273 页。

皇后服饰。皇后服饰也有法服、朝服、常服之分。可以绣花饰金，使用凤类图案。

衣可以上着交领宽袖衫，下着裙，有垂绶及佩饰，外着宽袖大衣。[①] 可以是翻领窄袖长袍，袍长可垂地，袖口、袍边可有花饰[②]。甚至可以是异域风格的白色服饰[③]。

皇后（太后）冠上可使用凤凰样式的装饰，即"凤冠"。西夏惠宗秉常母梁氏参加安全国师白智光译经场时，头戴细钗凤冠，凤冠正中一飞凤立于莲花座上，两侧插有步摇和花钗。另有高冠，镂刻朵云纹、凤凰纹，配之以簪钗、耳环、耳坠等饰品[④]。元昊妻野利氏喜戴金制的起云冠，即在帽身两鬓处单独贴有两片云纹饰品。[⑤]

西夏大梁太后（截取自《现在贤劫千佛名经·西夏译经图》，中国国家图书馆藏）

2.贵族、官员及其眷属的服饰

文官服饰。文官一般衣着瘦窄袍，戴冠或幞头、东坡巾。其中汉族臣僚必须戴汉式头巾，违律不戴汉式时，有官罚马一，庶人十三杖。[⑥] 也有圆领

---

① 史金波：《〈西夏译经图〉解》，《文献》1979 年第 1 期；徐庄：《丰富多彩的西夏服饰》，《宁夏画报》1997 年第 3、4、5 期，第 31—34、24—28、34—36 页。

② 此服饰来源于敦煌莫高窟第 409 窟东壁门南的帝王图（敦煌研究院编：《中国石窟·敦煌莫高窟》卷五，文物出版社 1984 年版，第 135 图）。

③ 此图像见于《西夏皇帝及随员图》中皇帝左边的妃子，参见［俄］萨玛秀克《西夏艺术作品中的肖像研究及史实》，《国家图书馆学刊》2002 年西夏研究专号，第 188—194 页。

④ 史金波、白滨、吴峰云等编著的《西夏文物》指出敦煌莫高窟第 409 窟东壁门南中的女子为西夏王妃。（文物出版社 1988 年版，第 293 页）

⑤ 《宋史》卷四八五《夏国传上》。

⑥ 《天盛改旧新定律令》卷一二《内宫待命等头项门》。

衫、交领衫①、长袍。长袍有红色、绿色，内可有衬衣或袍，佩有束带②、蹀躞③、护髀④。此外还有吊敦背等⑤。

冠有金花冠⑥，带尖顶的花冠⑦。冠上可有饰物及图案花纹⑧。

幞头是西夏法律规定的文官朝服首服，有软脚幞头、硬脚幞头、展脚幞头、直脚幞头、交脚幞头、无脚幞头和长脚罗幞头等。

东坡巾，文官休闲雅居的便服首服。具体有三层的高筒帽⑨，双层的前高后低的高筒帽⑩，尖锥状上下两层高筒帽⑪。

武馆服饰。武官一般衣长袍，戴冠，有护髀，着靴。长袍窄袖，腰围有或绣护髀接有宽带束在腹前，下垂与袍齐，有的无护髀，束带直接束于腰

---

① 此衣见于《西夏译经图》中后排的八位世俗官员中，《中国藏西夏文献》第 5 册，第 187 页。参见史金波《〈西夏译经图〉解》，《文献》1979 年第 1 期。

② （宋）孟元老《东京梦华录》卷六《元旦朝会》记西夏使臣皆"服绯窄袍"（中华书局 2012 年版，第 516 页）；此装束见于黑水城出土的一幅高僧像中所绘的男供养人、《阿弥陀佛来迎图》左下角的男供养人、《佛顶尊胜曼荼罗坛城木版画》中的男供养人。此装束还见于 TK117《高王观世音经》经图中观世音像前男供养人，《俄藏黑水城文献》第 3 册，上海古籍出版社 1996 年版，第 36 页。

③ （宋）孟元老《东京梦华录》卷六《元旦朝会》记西夏使臣皆"金蹀躞"（中华书局 2012 年版，第 516 页）；（宋）司马光，邓广铭、张希清点校《涑水记闻》卷九记"元昊遣使戴金冠，衣绯，佩蹀躞，奉表纳旌节告敕"。（中华书局 1989 年版，第 212 页）

④ 黑水城出土的一幅高僧像中所绘的男供养人有护髀，参见［俄］米开罗·皮欧特洛夫斯基编《丝路上消失的王国——西夏黑水城的佛教艺术》，第 239 页。

⑤ （宋）孟元老《东京梦华录》卷六《元旦朝会》记西夏使臣皆"吊敦背"（中华书局 2012 年版，第 516 页）；"吊敦背"之后有"叉手展拜"，邓之诚注本中断句为"吊敦背叉手展拜"，即将两者合为一句。彭向前、张建强《西夏服饰"吊敦背"考》（《薪火相传——史金波先生 70 寿辰西夏学国际学术研讨会论文集》，中国社会科学出版社 2012 年版）指出邓注断句错误，"吊敦背"为西夏语，就是史籍中的"吊敦靴"，一种连裤靴。

⑥ 此冠见于黑水城出土的一幅高僧像中，所绘的有男、女供养人。

⑦ （宋）孟元老《东京梦华录》卷六记西夏使臣皆"金冠短小样制"（中华书局 2012 年版，第 516 页）；此冠见于 TK117《高王观世音经》经图中观世音像前有男供养人，《俄藏黑水城文献》第 3 册，第 36 页。

⑧ 《西夏译经图》助译僧俗官员坐在后排的世俗官员 8 人均戴一种略带尖顶的冠，顶上似有饰物，冠上有图案花纹。此种冠饰与同一图中的皇帝冠相近，只是显得低矮，欠华丽。黑水城出土的汉文《高王观世音经》前的经图中有一官员，头戴略带尖顶的花冠，装饰华丽。

⑨ 俄罗斯国立艾尔米塔什博物馆、西北民族大学、上海古籍出版社编《俄藏黑水城艺术品》中 X.2447《骑狮子的文殊菩萨》中的冠饰，上海古籍出版社 2008 年版，图版 32。

⑩ 《俄藏黑水城艺术品》，第 18 页。

⑪ 陈育宁、汤晓芳《西夏艺术史》指出甘肃武威出土的木板画中"蒿里老人"即冠此帽饰。（上海三联书店 2010 年版，第 281 页）

间。① 鞋有黑靴。

西夏供养人（《俄藏黑水城艺术品》12）

冠有金冠、镂冠、纸冠、黑漆冠等。金冠最为贵重，官位高者戴。其次戴镂冠，镂冠有金帖起云镂冠、金帖镂冠、银帖间金镂冠。再次为金帖、银帖的各种纸冠。最后为黑漆冠。黑漆冠分为云镂冠或无云镂装饰之黑冠。其中以无云镂装饰较多，此黑冠分内外两层，内层为尖圆顶状；外层帽檐部分高度在内层的二分之一处。以布帛或漆纱为之，冠身平滑，无镂空或其他任何装饰，冠后垂带②。此外，还有武弁冠、鸟羽形帽盔③ 和尖角状帽盔④ 等。

贵族妇女服饰。贵族妇女多以穿袍为主。有的是交领窄袖花袍，高开衩⑤；有的是内着圆领衣，外穿翻领对襟窄袖袍。还有的穿百褶裙，鞋一般为圆口尖钩⑥。

---

① 此服饰见于榆林窟第 29 窟绘制中所绘沙州三身武官供养人，敦煌研究院编：《中国石窟艺术·榆林窟》，江苏美术出版社 2014 年版，第 116—119 页。

② 魏亚丽：《西夏武官帽氏研究》，《西夏学》第十一辑，上海古籍出版社 2015 年版，第 177—196 页；仁怀晟、魏亚丽：《西夏武职服饰研究研究》，《北方文物》2016 年 2 月。

③ 见于甘肃武威出土的木版画中的武士。

④ 汤晓芳等主编的《西夏艺术》指出宁夏银川永宁闽宁村西夏墓出土的一组木俑冠此帽式。（宁夏人民出版社 2003 年版，第 90—91 页）

⑤ 此服饰见于 TK117《高王观世音经》（《俄藏黑水城文献》第 3 册，第 36 页）、《阿弥陀佛来迎图》《观音菩萨图》（敦煌研究院编：《中国石窟艺术·榆林窟》，江苏美术出版社 2014 年版，第 120—121 图）。

⑥ 见于榆林窟 29 西夏贵妇人供养人像，敦煌研究院编《中国石窟艺术·榆林窟》，江苏美术出版社 2014 年版，第 120—121 图。

西夏女人有梳高髻戴冠饰的习俗[1]，以四瓣莲蕾形金珠冠与桃形冠最为典型。四瓣莲蕾形金珠冠有紫、黄、红、黑等色，装饰各有不同[2]。桃形冠，冠形如桃花，冠左右插步摇、金簪等[3]。桃形冠可以为毡冠。除桃形冠外，还有如意形、花形，毡冠上有簪钗、步摇等装饰。

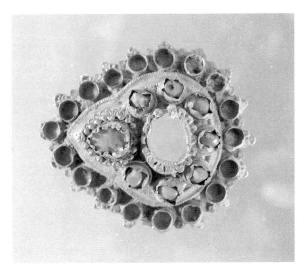

桃形镶嵌宝石金冠饰（内蒙古博物院藏）

① （元）马祖常《石田文集》卷五《河西歌》记（中州古籍出版社1991年版，第154页）"贺兰山下河西地，女郎十八梳高髻"。《天盛改旧新定律令》卷七《敕禁门》规定"官民女人冠子"。

② 瓜州榆林窟29窟南壁西侧上层有三身女供养，均梳圆形高髻，上束四片花瓣形金珠冠，将高髻罩住，额上、两鬓、脑后头发露出冠外。冠有紫、黄、红、黑等色，冠沿及冠梁均有金珠装饰，冠右后侧伸出一枝花钗，双耳垂耳坠；俄藏黑水城出土《阿弥陀佛来迎》画面左下角有两位女供养人，桃形发髻、上罩四花瓣形冠，饰珠宝。见于敦煌研究院编《中国石窟艺术·榆林窟》，江苏美术出版社2014年版，第120—121图；俄藏黑水城出土《佛顶尊胜曼荼罗》画面右下角画一身女供养人，头梳高髻，上戴四片花瓣形金珠冠，余发披肩；俄藏黑水城出土《比丘像》画面右下角女供养人头梳高髻，上罩四花瓣形冠，额上、两鬓、脑后头发露出冠外。冠沿及冠梁均有稠密的金珠装饰，冠右后侧伸出一枝花钗，双耳垂耳坠；俄藏黑水城出土《普贤菩萨和供养人》画面右下方有两位女供养人，头梳高髻，上罩四花瓣形金珠冠，余发挽髻垂于背；俄藏黑水城出土《高王观音经》在观音菩萨面前有男女供养人两身。女供养人也是头戴四花瓣形金珠冠，冠中有长带垂下。

③ 榆林窟第2窟西壁门南侧水月观音图下的女供养人，头梳高髻，戴桃形花冠，冠左右插步摇、金簪，余发垂肩，耳垂耳坠。图见敦煌研究院编《中国石窟艺术·榆林窟》，江苏美术出版社2014年版，第137图。

西夏还有一种冠饰称"缅木",对于该冠饰,只允许次等司承旨、中等司正以上嫡妻子、女、媳等冠戴。若违反法律,物品要交官,举报者赏五缗钱,当由穿戴者出给[1]。

西夏女子为天足,鞋型尤其是鞋头造型比较花俏美观、颜色鲜艳。有尖口鞋[2]、云头绣鞋[3]、鸟头形[4]。

侍从服饰。西夏贵族官员男侍上身有着窄袖缺胯衫,有着长袖衣,有着圆领长袍。下身着裤,裤或宽腿,其裤腿束在绑腿中,或为小口窄裤。腰有束带,为布质。鞋有麻鞋、有黑靴[5]。

宫廷男侍,有头戴上大下小似扇面形的毡冠,有冠缨结于额下,着交领或圆领窄袖花衫,有的腰束蹀躞带,下穿大口裤,脚蹬长勒毡靴者[6]。也有戴朝天幞头,身穿圆领窄袖衫,与宋代宫廷侍从服饰相似[7]。

西夏待女,多穿长袍,大襟交领,开衩很高[8]。

3. 平民的服饰

西夏平民衣着颜色以青绿为主,材料以"裘褐""褐衫""褐布"为多,夹有棉布。

田间或作坊中的男性劳作者一般都分着上身服、下身服。上服一般较短。

---

① 《天盛改旧新定律令》第七《敕禁门》。

② 张国庆主编《中国妇女通史·辽金西夏卷》(杭州出版社 2011 年版,第 342 页)指出榆林窟 29 窟女供养人则尖口红鞋。

③ 张国庆主编《中国妇女通史·辽金西夏卷》(杭州出版社 2011 年版,第 342 页)指出黑水城附近达兰库布镇东南的古庙中出土的西夏彩塑像中,女供养人足蹬云头绣鞋。

④ 张国庆主编《中国妇女通史·辽金西夏卷》(杭州出版社 2011 年版,第 342 页)指出武威缠山亥母洞出土鸟形鞋 6 件,蓝色。另有绣花童鞋 5 件,其中一鞋鞋头做成鸟头形,鞋尖做成鸟嘴。

⑤ 此服饰见于榆林窟第 29 窟绘制中所绘沙州三身武官供养人后的男侍。敦煌研究院编《中国石窟艺术·榆林窟》,江苏美术出版社 2014 年版,第 116—119 图。

⑥ 此装束见于莫高窟 409 窟西夏皇帝供养像后的八位侍者。敦煌研究院编《中国石窟·敦煌莫高窟》卷五,文物出版社 1984 年版,第 135 图。

⑦ 史金波:《〈西夏译经图〉解》,《文献》1979 年第 1 期。

⑧ 陈炳应:《西夏文物研究》,宁夏人民出版社 1985 年版,第 314—323 页。

根据劳作需要或为交领大襟短衣褐襦或为交领大襟短衫或为较宽大布衣，腰有束带。下身着窄裤，或打绑腿或不打。足一般穿麻鞋①。

女子一般外着长袍，内着褐衣，下着裤裙②。

《鲜卑国师劝世集》版画"，（俄罗斯科学院东方文献研究所收藏）

商人穿圆领长袍。③

乐人一般紧身短衣，腰系带，下垂近地，着短裤，穿麻鞋。也有着宽袖袍、宽裤，足穿半高腰黑靴，裤脚塞入靴筒者。④

西夏男子在法会时一般内穿圆领衫，外为长袍，或宽袖或窄袖，腰束带。⑤

西夏男子冠饰有多种。有冠子、帽子、头巾、掠子、幞头、围巾等，还

---

①　以上服饰见于《犁耕图》《踏碓图》《煅铁图》，敦煌研究院编：《中国石窟艺术·榆林窟》，江苏美术出版社 2014 年版，第 146、147 图。

②　此服饰见于西夏《酿酒图》，敦煌研究院编：《中国石窟艺术·榆林窟》，江苏美术出版社 2014 年版，第 146 图。

③　敦煌研究院编：《中国石窟艺术·榆林窟》，江苏美术出版社 2014 年版，第 133 图。

④　敦煌研究院编：《中国石窟艺术·榆林窟》，江苏美术出版社 2014 年版，第 147 图。

⑤　俄罗斯科学院东方文献研究所手稿部黑水城出土文献 Инв .No.3706、2538《鲜卑国师劝世集》。

有凉笠、暖帽、绵帽等[1]。

冠，多为毡冠，有上大下小的扇面形毡冠，系冠缨；有圆形毡冠[2]；有三瓣莲花形毡冠[3]。

除此外，还有幞头[4]、裹巾[5]、东坡帽[6]、笠帽。一般劳作时多裹巾。

西夏平民女子及侍女也大都梳高髻，但髻上无任何饰物，有的仅簪一朵花[7]，或者仅用裹巾包一下，侍女则戴幞头[8]。

4. 僧人的服饰

中国传统的僧服颜色一般有青、黑、木兰三色[9]。西夏僧人服饰除却此三种颜色外，还有绯、紫、黄、黑、白、赤色等。其中黄色、红色较多。西夏皇室有给僧人赐穿黄、黑、绯、紫僧服的习惯[10]。

---

① 见于俄 Д x 2822 汉文《杂字》（《俄藏黑水城文献》第 6 册，第 138—139 页）、俄 Инв. No.214《番汉合时掌中珠》（《俄藏黑水城文献》第 10 册，第 13 页）及 Инв.No.210、6340 西夏文《三才杂字》（《俄藏黑水城文献》第 10 册，第 46 页）。

② 见于《水月观音图》中的两舞者，参见［俄］米开罗·皮欧特洛夫斯基编：《丝路上消失的王国——西夏黑水城的佛教艺术》，第 173 页。

③ G11033［D.0670］《观音经》插图，《中国藏西夏文献》第 16 册，甘肃人民出版社、敦煌文艺出版社 2005 年版，第 49 页。

④ 《商人遇盗图》中的"商人都戴幞头"，敦煌研究院编：《中国石窟艺术·榆林窟》，江苏美术出版社 2014 年版，第 133 图。

⑤ 见于州榆林窟第 3 窟内的《犁耕图》《踏碓图》《煅铁图》中的劳作者，敦煌研究院编：《中国石窟艺术·榆林窟》，江苏美术出版社 2014 年版，第 146、147 图。

⑥ 见于《水月观音图》中的老者，［俄］米开罗·皮欧特洛夫斯基编：《丝路上消失的王国——西夏黑水城的佛教艺术》，第 173 页。

⑦ 张国庆主编《中国妇女通史·辽金西夏卷》（杭州出版社 2011 年版，第 340 页）指出黑水城出土《摩利支图》右下角一妇人及武威西郊林场西夏墓出土的五女侍木板画上的前四名女侍即如此，最后一名女侍为披发。

⑧ 见于《西夏译经图》中皇太后身后的侍女，《中国藏西夏文献》第 5 册，第 187 页。

⑨ （东晋）跋陀罗译《摩诃僧祇律大比丘戒本》记载："若比丘得新衣，当三种坏色。若一一坏色青、黑、木兰，若不坏色受用者，波夜提。"（《大正藏》第二十二册）（后秦）弗若多罗、罗什译《十诵律》卷一五记"若比丘得新衣者，应三种色中，随一一种，坏是衣色：若青、若泥、若茜。若比丘不以三种坏衣色，著新衣者，波逸提"（《大正藏》第二十三册）。

⑩ 《天盛改旧新定律令》卷二《罪情与官当》规定，"诸有官人及其人之子、兄弟，另僧人、道士中赐穿黄、黑、绯、紫等人犯罪时，除十恶及杂罪中不论官者以外，犯各种杂罪时与官品当，并按应减数减罪。"

"鲜卑智海说法图"（榆林窟第 29 窟）

僧服披式有"偏肩"式、"双领下垂"式和"褒衣博带"式三种。

偏肩，又分为"偏袒一肩""偏露一肩衣"两种。"偏袒一肩"，即"偏袒右肩"和"偏袒左肩"，这样的披法会露出肩部肌肤。"偏露一肩衣"只是露出肩头内穿的僧衣，一般是右肩露出内穿僧衣，而不露肌肤，这类在西夏僧人中较常见。内穿僧衣或为长袖或为短袖窄衣①，或为大袖的直裰②。

"双领下垂"式以袈裟或者缦衣覆双肩，领缘向下松垂于胸前，两领下缘不相交，形如"H"，露出内穿僧衣③。

"褒衣博带"式，指宽袍大袖式的衣着。这种披式源于唐代④。

上层僧人与普通僧人、住家僧与出家僧有明显的区别。住家僧袈裟、裙等为黄色。出家僧袈裟等为黄色，不过此大小黄色不能是纯黄，若穿纯黄则要依律处罚。⑤

女尼与男僧僧服的区别之一在于内穿袍是长袖。一般左衽大袖花锦

---

① 穿着见于《西夏译经图》中的安全国师白智光（《中国藏西夏文献》第 5 册，第 187 页），俄罗斯科学院东方文献研究所手稿部 Инв.No.3706、2538《鲜卑国师劝世集》中的国师鲜卑宝源。

② 榆林窟第 29 窟的僧人（敦煌研究院编：《中国石窟艺术·榆林窟》，江苏美术出版社 2014 年版，第 117 图）。

③ 《十一面观音》左右侧僧人，《一佛二菩萨》中的右侧菩萨。参见［俄］米开罗·皮欧特洛夫斯基：《丝路上消失的王国——西夏黑水城的佛教艺术》，第 173 页。

④ 见于俄藏黑水城出土《佛母大金曜孔雀明王经》，参见任怀晟、魏亚丽《西夏僧人服饰谫论》，第十一辑，上海古籍出版社 2015 年版。

⑤ 《天盛改旧新定律令》卷七《敕禁门》。

袍，外左肩斜披袈裟，右肩露长袖花锦袍[1]。

西夏僧人有戴僧帽者，也有不戴僧帽者。所戴僧帽有山形冠、黑帽、红帽、巾等。

西夏僧人戴山形冠者，有鲜卑智海国师和鲜卑宝源。其中智海国师冠为棕色，冠上有金花装饰，宝源国师冠上有云纹花样[2]。还有黄色的没有装饰的山形冠[3]。

黑帽，有镶金黑帽[4]和鸡冠黑帽两种[5]。

红帽，较单一[6]。

头巾，头部两侧系结，多为黄色和白色[7]。

西夏供养人（《俄藏黑水城艺术品》30）

① 榆林窟第 29 窟前壁西侧女尼。参见敦煌研究院编《中国石窟艺术·榆林窟》，江苏美术出版社 2014 年版，第 117 图。

② 黑水城出土文献指出榆林窟第 29 窟中真义国师鲜卑智海像（敦煌研究院编：《中国石窟艺术·榆林窟》，江苏美术出版社 2014 年版，第 117 图），俄罗斯科学院东方文献研究所手稿部 Инв. No.3706、2538《鲜卑国师劝世集》。

③ 见于俄藏黑水城出土 X—2409《米古鲁米古》，X—2374《不动明王》左右下角僧人像。参见 ［俄］吉拉·费达罗芙娜·萨玛秀克《黑水城出土 12—14 世纪佛教绘画》，圣彼得堡：国立艾尔米塔什出版社 2006 年版，第 310、329 页。

④ 见于俄藏 X—2332《药师佛》左下角僧人。参见 ［俄］吉拉·费达罗芙娜·萨玛秀克《黑水城出土 12—14 世纪佛教绘画》，圣彼得堡：国立艾尔米塔什出版社 2006 年版，第 231 页。

⑤ 俄藏黑水城 X—2370 佛画参见 ［俄］吉拉·费达罗芙娜·萨玛秀克《黑水城出土 12—14 世纪佛教绘画》，圣彼得堡：国立艾尔米塔什出版社 2006 年版，第 299 页。

⑥ 贺兰山拜寺沟双塔彩绘绢本《胜乐金刚》唐卡右下角的僧人，参见中国国家图书馆、宁夏回族自治区文化厅《大夏寻踪——西夏文物辑萃》，中国社会科学出版社 2004 年版，第 188 页。

⑦ 俄藏黑水城出土 X—3550《观音菩萨》中的僧人，俄藏黑水城 X—2332《药师佛》中的僧人。参见 ［俄］吉拉·费达罗芙娜·萨玛秀克《黑水城出土 12—14 世纪佛教绘画》，圣彼得堡：国立艾尔米塔什出版社 2006 年版，第 326、231 页。

5. 婚服、丧服和军服

人们在社会生活中除一般的服饰外，还有特殊时间、特殊场合以及特殊行业穿戴的特殊服装。如婚服、丧服及军人的服装等。

婚服。西夏的婚服艳丽华贵，内外两层长袍，外以红色为主，内为花色[①]。

西夏女子在幼年时，就要学习裁制衣服[②]，女子十五岁以上便要寻找婆家订婚[③]，准备嫁妆，婚衣是嫁妆的重要部分。

丧服。西夏族亲、姻亲二种亲戚，按亲节近远分上下五种丧服法，有三年、一年、九个月、五个月、三个月之分。丧服以麻布为原料，贫且无力制作丧服者可以不穿丧服，采取自然孝礼[④]。

军服。西夏将士在战场上常用的服装是铠甲和战披。政府有"披甲匠"，专门从事铠甲、军披的制作。[⑤] 铠甲冷锻而成，坚滑光莹，刀箭很难洞入[⑥]。法律对其尺寸规格有严格的规定。"胸五，头宽八寸，长一尺四寸；背七，头宽一尺一寸半，长一尺九寸；尾三，长一尺，下宽一尺四寸，头宽一尺一寸；胁四，宽八寸；裾六，长一尺五寸，下宽二尺四寸半，头宽一尺七寸；臂十四，前手口宽八寸，头宽一尺二寸，长二尺四寸；□目下四，长八寸，口宽一尺三寸；腰带约长三尺七寸"。战披"〔河〕六，长一尺八寸，下

---

① 黑水城出土《观音菩萨图》中女供养人"新妇高氏"头梳高髻，外穿大红色交领窄袖花长袍，高开衩，从开衩和下摆可见内套花袍。参见史金波《西夏社会》，上海人民出版社 2007 年版，第 690 页。

② 《圣立义海》"父之教子"条下有"对女爱惜，觅做花服"。又"母养子法"条："养子之身，觅做花衣，和女之衣，艺业学习。"参见［俄］克恰诺夫著，李范文、罗矛昆译《圣立义海研究》，宁夏人民出版社 1995 年版，第 70 页。

③ 《圣立义海》"母养子安平"条下有"女十五以内，母家学习令习妇礼，十五以上给寻婆家，准备室尺衣鞋，备办不息"。参见［俄］克恰诺夫著，李范文、罗矛昆译《圣立义海研究》，宁夏人民出版社 1995 年版，第 70 页。

④ 《天盛改旧新定律令》卷二〇《罪则不同门》。

⑤ 《天盛改旧新定律令》卷二〇《罪则不同门》。

⑥ 《续资治通鉴长编》卷一三二，仁宗庆历元年甲戌条记"工作器用，中国之所长，非外蕃可及。今贼甲皆冷锻而成，坚滑光莹，非劲弩可入"。

宽三尺九寸；颈五，长一尺五寸，头宽一尺七寸，下宽九寸；背三，长九寸，下宽一尺七寸；喉二，长宽同二寸；末尾十，长二尺八寸，下宽二尺九寸，头宽一尺七寸；盖二，长七寸，下宽一尺，头宽八寸"。

在西夏，铠甲、军披等为敕禁品，不准卖与敌人，若卖与敌人时，普通百姓处以主犯斩杀，从犯判无期或长期徒刑，为官者，以官品抵消[①]。

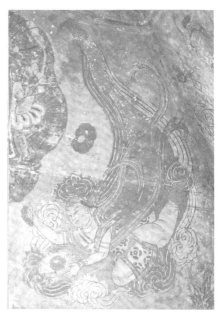

西夏童子飞天（敦煌莫高窟第 97 窟，图片出自《中国石窟·敦煌莫高窟》第 5 卷第 144 页）

（三）发式、佩饰

1. 发式

为了突出党项民族的特点，元昊在正式立国称帝的前六年，即显道元年（1032）下秃发令，命令党项人全部秃发，三日内不执行者，众人击杀[②]。

在王令的推行下，秃发成为西夏社会最重要的习俗之一，秃发普遍存于社会各个阶层。

具体的秃发形式有，头顶及后脑头发剃，前额部分留有刘海，头部两侧

---

① 《天盛改旧新定律令》卷七《敕禁门》。
② 《续资治通鉴长编》卷一一五，景祐元年十月丁卯条记"先自秃发，及令国人皆秃发，三日不从，许众共杀之"。

各留有一绺①。或头顶及后脑、前额全部剃去，两侧各留有一绺②。

"五侍女图"（武威博物馆藏）

"沙州监军赵麻玉出行图"（榆林窟第 29 窟）

---

① 榆林窟第 29 窟戴冠的武官后，有侍从三人，其中有两人无头饰，显现出明显的秃发形象，从图中可知其一种秃发样式为将头顶及后脑头发剃去，仅留前发如刘海垂额前，两鬓各有一绺头发于耳旁。第二身、第三身武官之间有一小童子像未戴冠，也是这种秃发形式（敦煌研究院编：《中国石窟艺术·榆林窟》，江苏美术出版社 2014 年版，第 116 图）;中国国家图书馆藏有黑水城出土的写本《大般若波罗蜜多经》卷第三十四前有 "如来说般若图"，图中如来跏趺高坐正中，下方跪一听法弟子面朝如来，我们只能见到他的背面。其头部两侧留发，顶部露出额发，头顶和脑后秃发。(《中国藏西夏文献》第一册，187 页）黑水城出土的一幅密宗曼荼罗西夏木板画左下角有一男供养人，前有西夏文墨书题记 "发愿者耶和松柏山"，头顶髡发，额上留发，两侧留发，鬓发一绺头发垂于耳前。参见孙昌盛：《黑水城出土顶髻尊胜佛母曼荼罗木板画考》，《敦煌研究》2001 年第 2 期。

② 俄 Инв. No.3706、2538《鲜卑国师劝世集》中左下角跪六人中有一人无冠、巾，可见为秃发，头左露边发，额头无发。参见魏亚丽、杨浣：《西夏僧侣帽式研究》，《西夏研究》2015 年第 1 期。

秃发后，随着时间的推移，在秃发基础上，出现披发和辫发及髻。

披发和辫发一般同时存在。一般两绺鬓发垂后，余发结辫垂后[①] 或两鬓头发辫起，余发披开[②]。

髻，又有小髻、高髻、椎髻披发、环髻、双重环髻、蒲桃髻之分，是西夏女子的常见发型。一般平民及侍女以椎髻披发和单、双环髻为标准发式[③]。而中上层社会女性则梳高髻、双重环髻或簪发为多[④]。其中簪发即用较多的假发作装填，然后用簪固定和装饰[⑤]。蒲桃髻多为小孩[⑥]。

2. 佩饰

在身体某些部位或服装上配上小佩饰，不仅美化自己，也能显现出佩戴者的地位和身份。其中文官有束带、蹀躞、护髀等。武官有金涂银束带、蹀躞、护髀、解结锥、短刀、弓矢鞬等。

西夏镶嵌绿松石珍珠金耳饰（银川市佑启堂藏）

---

① X-2454《星神图》，X.2363《摩利支天图》。参见［俄］吉拉·费达罗芙娜·萨玛秀克：《黑水城出土12—14世纪佛教绘画》，圣彼得堡：国立埃尔米塔什出版社2006年版，第193、285页。

② 武威西郊林场西夏墓出土《牵马木板画》中牵马人披短发，两鬓头发如飞鸟状；《五侍男图》中五人发式均为披发，两鬓头发作飞鸟状。以上两图分别见于《西夏文物·甘肃编》第6册，天津古籍出版社、中华书局2014年版，第1549、1577页。

③ 此法式见于武威西郊林场西夏墓出土的《五侍女图》，参见《西夏文物·甘肃编》第6册，天津古籍出版社、中华书局2014年版，第15537页；吴峰天《西夏发式初探》（第九辑，上海古籍出版社，2013年第1期，第271—277页）一文指出椎髻披发见于武威出土木板画五仕女像，环髻见武威出土木板画端盘女俑发式。

④ 吴峰天：《西夏发式初探》，载《西夏学》第九辑，上海古籍出版社，2013年第1期。

⑤ 郑军、朱娜：《中国敦煌壁画人物艺术》，人民美术出版社2008年版，第271页。

⑥ 见于安西榆林窟29窟壁画中的短衫小童，敦煌研究院编：《中国石窟艺术·榆林窟》，江苏美术出版社2014年版，第118图。

此外，还有金刀、金剑、金枪等。

西夏女子的佩饰有耳环、耳坠、脘钏、钗鐷、钏子、镯子、簪钗、项链、指剔、香包、带饰、铜扣[①]等，其材质多种多样，有金、银、铜，有碧钿、珊瑚、琥珀、燕珠、琉璃、玛瑙、璎珞，有数珠、玻璃珠、珍珠、璎珞、海蛤、珞（瑝）等。有的是纯金银，也有的是鎏金银饰、鎏金铜饰；有纯珠宝，也有的是金银配宝石。佩饰造型丰富，有几何图案、动物、植物造型等。其中植物造型有如葡萄纹金饰、花瓣形、橄榄状。有的还有宗教内容。[②]

西夏迦陵频伽莲瓣连珠纹金项饰（银川市文物管理处藏）

---

①　［俄］米开罗·皮欧特洛夫斯基编《丝路上消失的王国——西夏黑水城的佛教艺术》指出项链出土于黑水城。其由打磨成橄榄状的宝石、珊瑚、玻璃珠和黑白条纹的石珠护身符串联而成；指剔见于内蒙古临河县高油房西夏城址，纯金，双鱼柱形；香袋，见于宁夏宏佛塔，麻毛混织的香袋，在黄色衬底上织出蓝色花卉图案；带饰，见于宁夏闽宁村西夏墓4号墓，其正面鎏金、背面露银，正面用双模凸压中心对称的云头纹，背面两端中部各焊接一铜扣，有的带饰背内残留皮革，皮革表面还黏附有丝织物。出土于西夏陵园3号陵的铜扣，系宽带的扣件，通体鎏金，有长方形带孔和另端穿孔，上套加扣梢，表面錾刻卷草纹，珍珠地纹。参见陈高华、徐吉军编，史金波著《西夏风俗》（全彩插图本中国风俗通史丛书），上海文艺出版社2017年版，第97页；其他见于汉文《杂字》、西夏文《碎金》，参见聂鸿音，史金波《西夏文本〈碎金〉研究》，《宁夏大学学报（社会科学版）》1995年第2期。

②　内蒙古临河县高油房西夏城址出土有一对透雕纯金耳坠，长4.2厘米，正面有佛像，呈结跏趺坐，双手合十，佛像两则各站立一胁侍菩萨，上下两端有花朵，花蕊中心有孔，原装饰宝石已脱落。参见陆思贤、郑隆：《内蒙古临河县高油房出土的西夏金器》，《文物》1987年第11期。

西夏政府机构中有专门制作首饰的机构——首饰院，属末等司[1]，负责宫廷用高档首饰的制作。该司依事设职，人数不定。

西夏法典中对佩戴佩饰有明确规定。其中诸大小官员、僧人、道士诸人等禁止佩戴金刀、金剑、金枪，不许以金骑鞍全盖全口，并以真玉为骑鞍。[2]

西夏化妆品有胭脂、粉[3]。西夏女子有在面部擦粉、颊上涂胭脂的习惯[4]。

西夏成年男人有用镊子拔胡须的风俗[5]。

小　结

西夏服饰有很明显的番汉融合的特征。从材料上看，有本土出产的皮毛、麻布，也有来自中原的绢帛，还有刚刚开始使用

西夏葡萄纹金牌饰（宁夏博物馆藏）

的棉布。文职官员服饰有"窄袍""吊敦""幞头、靴笏""金冠""金蹀躞"等，武职官员服饰有"旋襕""金帖起云镂冠""银帖间金镂冠""黑漆冠""金涂银束带""蹀躞""结锥""短刀""弓矢鞴"等。其中的"窄袍""吊敦""旋襕""金帖起云镂冠"等极具党项色彩，而幞头、靴笏、蹀躞等则为唐宋装束。西夏明文规定，汉族臣僚必须戴汉式头巾。违律不戴汉式时，有官罚

---

①《天盛改旧新定律令》卷一〇《司序行文门》。

②《天盛改旧新定律令》卷七《敕禁门》。

③ 见于俄 Инв. No. 214《番汉合时掌中珠》，《俄藏黑水城文献》第6册，第13页。

④ 莫高窟、榆林窟和黑水城出土的西夏绘画中的女供养人有明显涂粉、擦胭脂的妆容。

⑤《西夏谚语》中有"没有胡子拿镊子，肚子未大松腰带"，参见陈炳应《西夏谚语——新集锦成对谚语》，山西人民出版社1993年版，第12页。

马一，庶人十三杖。[①] 幞头、裹巾、东坡帽等也见于百姓服饰中。在服饰制度上，西夏有着近似于中原的贵贱有别的服饰制度，对不同阶层在衣着颜色、图案、装饰上有着严格的等级限制。元昊立国时规定"民庶青绿，以别贵贱"。[②] 仁宗《天盛改旧新定律令》又规定"节亲主、诸大小官员、僧人、道士等一律敕禁男女穿戴鸟足黄（石黄）、鸟足赤（石红）、杏黄、绣花饰金、有日月，及原已纺织中有一色花身，有日月的，及杂色等上有一团身龙，官民女人冠子上插以真金之凤凰、龙样一齐使用。倘若违律时，徒二年"。

---

① 《天盛改旧新定律令》卷一二《内宫待命等头项门》。
② 《宋史》卷四八五《夏国传上》。

四、居室建筑习俗

早期党项的居室以织牦牛尾及羊毛覆盖的帐篷为主，^①内迁后，从事畜牧业地区以帐篷为主，农业地区开始用适宜定居的土屋。随着社会分化，居室建筑规格、样式逐渐多样化，有普通土屋，更有楼阁庭院，有简单的小寺庙，也有佛殿宏伟的大寺院。

（一）居住建筑

1. 都城建筑

党项族首领李继迁占据夏州时，就"修复寝庙"，以"抚绥宗党"。夺取宋灵州后，改为西平府，作为新都城，派李继瑗与李知白督工，立宗庙，置官衙。宋景德四年（1007）为接待宋朝使节，在绥州、夏州建两个馆舍，一个名"承恩馆"，另一个名"迎晖馆"。宋大中祥符三年（1010），李德明在陕西延州境西北的鏊子山大起宫室，绵亘二十余里。

宋天禧四年（1020）冬十一月，德明派遣贺承珍征调役夫，渡黄河至怀远镇建城，营筑门阙、宫殿及宗社、籍田，并改怀远镇为兴州，定为新的都

---

① 《旧唐书》卷一九八《党项传》皆记"俗皆土著，居有栋宇，其屋织牦牛尾及羊毛覆之，每年一易"。

城。元昊称帝后升兴州为兴庆府，进一步增修宫城，营造殿宇，至夏毅宗谅祚福圣承道三年即宋至和二年（1055），兴庆府趋于定型，其布局形制上有明显的"左右对称，前后有别，上下回异"的长安城特点，只是因西北横亘贺兰山，东南流过黄河的地理形势特点以及南北湖群的限制，呈现由西南向东北延伸的长方形，而不是方形。[①]

城内主要建筑是帝王宫殿。除此外，还有中书省、枢密院等数十种中央官署以及为皇室直接服务的织绢院、铁工院、造纸院、刻字司等手工业作坊；供皇室和贵族子弟学习使用的蕃学、国学（汉学）、大汉太学、内学等多种学校；承天寺、戒坛寺、高台寺等寺院。各种仓库和驻扎军队的兵营。

2. 宫殿建筑

西夏皇城由外至内近可分为车门、摄智门、东西广寒门、南北怀门、皇帝殿堂、寝宫等几层，有楼阁殿宇[②]。皇宫有大殿，有后宫，采用楼阁式建筑[③]。

负责寝宫保卫执勤者要佩持宫廷守卫牌。不同区域佩戴的卫牌不同。持刻有"防守待命"圆牌者御守宫殿外围，持刻有"内宿待命"长方牌者守卫内宫，持刻有"宫门后寝待命"者守卫皇帝寝宫，三类卫牌中"防守待命"尺寸最小，"宫门后寝待命"尺寸最大。

---

① 《嘉靖宁夏新志》卷一记"（兴庆府）周回一十八里，东西倍于南北，相传以为人形。元兵灭夏，攻废之，已而修设省治"。此处"人形"，学界理解不一。汪一鸣、钟侃《西夏都城兴庆府初探》（《西北史地》1984 年第 2 期）认为此布局是"人形"形状。杨蕤《西夏故都兴庆府复原的考古学考察》，（《草原文物》2014 年第 1 期）结合陈声海在《建筑艺术中的模拟人顷向》中对"人体式"布局的解释及中国传统建筑及部分城市布局指出，《嘉靖宁夏新志》中兴庆府的"人形"形制应当是"左石对称、前后有别，上下回异"的人体式布局，而不是"人形"形状。此处采纳杨蕤的说法。
② 《天盛改旧新定律令》卷一二《失藏典门》规定："无职杂人入内宫所犯罪行时，从车门、摄智门、东西广寒门、南北怀门、皇帝殿堂一层比一层重。"故推断罪行是依离宫远近而定的。
③ 西夏文《碎金》记"内宫赞圣光，殿堂坐御位。皇后后宫居，太子楼阁戏"。参见聂鸿音、史金波《西夏文〈碎金〉研究》，《宁夏大学学报（社会科学版）》1995 年第 2 期。

贺兰山脚下有多处离宫，又称"木栅行宫"①，它们与山中寺庙错落星散分布，由南而北，遥相联络，南北延伸达数十里。山坡地切成梯田状，台基面积大小不等，以石块垒砌，并筑有石砌台阶；使用巨大的石质建筑构件及类似卯榫扣合套接的结构，使用琉璃砖瓦、鸱吻、瓦当、滴水等装饰。

元昊在天都山附近的南牟会城（今宁夏海原县西安州古城）建南牟宫殿，内有七殿，并有府库、馆舍。夏大安七年即宋元丰四年（1081），宋朝将领李宪攻至天都山时，将其焚毁。②后西夏又修复南牟城，称为南牟会新城。

"内宿待命"铜牌（宁夏固原博物馆收藏）

仁宗时的晋王察哥"广起第宅"，有园宅数处。权臣任得敬统民夫十万在灵州大兴建筑，以翔庆军监军所为宫殿。

3. 民宅建筑

西夏民宅主要有屋、帐两种③。从事畜牧的牧民居毡帐。农业人口居土屋，贵族的居室可以覆瓦④，贫困者仅有简陋的草屋⑤。民间修盖房屋一般在农

---

① 霍升平、胡迅雷：《西夏离宫主殿小考——兼与李祥石等同志商榷》，《西北史地》1987年第1期。

② 《宋史》卷四八六《夏国传下》记"宪营于天都山下，焚夏之南牟内殿并其馆库"。

③ 《文海宝韵》对"屋舍"的解释为"帐也，房室也，室也，门也，家也，居也，院也，庭也，居住之谓"。参见史金波、白滨、黄振华《文海研究》，中国社会科学出版社1983年版，第416、466页。

④ 《隆平集》卷二〇记"民居皆土屋，有官爵者，始得覆之以瓦"。

⑤ 俄дx 2822《杂字》中有"草舍"，《俄藏黑水城文献》第6册，第143页。

事完毕、寒冬未到之间进行①。

牧民的居室叫帐毡或毛栅等，用营帐木即木杆支架，其上覆以毡帐②。毡帐上盖头为青色，下部为白色，不准只用一种颜色。③支撑竿越多价格与规格也越高④。西夏规定在婚价中作为嫁妆的帐篷可以是三具或二具或一具，其中三具、二具帐篷的支撑竿数目分别不得超过七十木或六十木⑤。

农业人口居住的建筑物有楼阁帐库、正堂、枺栅堂、厨庖、回廊、泥舍、门楣、挟舍、散舍、房子、厨舍、横廊、基阶、门楼、亭子、摄集、草舍、客厅、草庵、园林、磴舍等⑥。建筑构件有重栿、平五栿、檐栿、梠栿、椽准、檩、栏栀、柱脚、提木、石顶、斗拱、门帘、天窗、纱窗、寸板、框档、地架、构栏、舍脊、极榻等⑦。建筑材料有赤沙、白土、胶泥、石灰等。

（二）塔寺建筑

1. 塔寺修建

西夏在立国之前，德明曾派人前往宋朝管辖的著名佛教圣地五台山朝圣礼佛。元昊后在原来的佛教建筑设施的基础上，重新修建了很多寺庙、佛塔以及石窟寺。

---

① 《圣立义海》指"九月之名义"中"近冬安乐"条下有"近寒时修治家舍，身添衣服，家户安乐"。参见［俄］克恰诺夫著，李范文、罗矛昆译《圣立义海研究》，宁夏人民出版社1995年版，第53页。

② 史金波、白滨、黄振华：《文海研究》，中国社会科学出版社1983年版，第496页。

③ 《天盛改旧新定律令》卷七《敕禁门》规定"诸官民青帐、白帐等敕禁：其中允许头盖青下为白。若违律为一种白、青时，有官罚马一，庶人十三杖"。

④ 《金史》卷七《世宗纪中》记乾祐八年（1177）十一月"仁孝出新意，命工造百头帐献金"。

⑤ 《金史》卷八《为婚门》规定"为婚价予三百种之嫁妆中盖帐三具，二百种盖二具，一百种盖一具。无力亦允许不盖，不许比之增盖。为婚嫁妆盖帐者，三具、二具盖七十木以及六十木以内，不许超出木数"。

⑥ 《番汉合时掌中珠》，《俄藏黑水城文献》第10册，第11页。

⑦ 《番汉合时掌中珠》，《俄藏黑水城文献》第10册，第11页；西夏文《三才杂字》，参见聂鸿音、史金波《西夏文〈三才杂字〉考》，《中央民族大学学报》1995年第6期；Д х 2822汉文《杂字》，《俄藏黑水城文献》第6册，第143页。

大庆三年即宋宝元元年（1038）八月十日，建佛舍利塔，"五百尺修分，号曰塔形"，"藏舍利一百九十瓮，并中指骨一节，献佛手一枝及顶骨一方"，并立《大夏国葬舍利碑》①。天授礼法延祚十年（1047）于兴庆府东一十五里建高台寺及诸浮图，藏宋朝所赐大藏经，请回鹘僧居之，演绎经文，并译为西夏文②。后又于西路广武营建大佛寺③。

毅宗谅祚时，在太后没藏氏的提倡下，在兴庆府西修承天寺塔，夏福圣承道三年即宋至和二年（1055）建成，藏北宋所赐大藏经，请回鹘僧人登座讲经，没藏氏与谅祚亲自临听④。此外，谅祚时期还在鸣沙州城内建安庆寺⑤。

西夏承天寺塔

① 《嘉靖宁夏新志》卷八；《乾隆宁夏府志》卷一九。
② 《西夏书事》卷一八。
③ 《嘉靖宁夏新志》卷三《广武营》。
④ 《西夏书事》卷一九。
⑤ 《嘉靖宁夏新志》卷三《广武营》。

　　夏天祐民安四年（1093），由崇宗乾顺、皇太后梁氏发愿，重修凉州感通塔及寺庙，第二年完工后立碑夏汉合璧的《重修护国寺感通塔碑》。[①] 后崇宗乾顺又在甘州修建卧佛寺[②]。

西夏拜寺口双塔

　　另有拜寺口双塔、拜寺沟方塔、宏佛塔、康济寺塔、永寿塔、一百零八塔、卧佛寺等。

2. 塔寺形制

　　承天寺佛塔。塔室方形，宽 2.1 米，为"厚壁空心式"木板楼层结构。

　　① （清）张澍:《养素堂文集》卷一九，清道光十五年枣华书屋刻本，第 474 页。
　　② 甘州卧佛寺来历有两种不同的记载。明宣宗《敕赐宝觉寺碑记》记"有沙门族姓嵬咩，法名思能，掘得古涅槃佛像后，在甘州兴建大寺，时为崇宗永安元年（1098）"；《西夏书事》卷二二记"乾顺自母梁氏卒，辄供佛，为母祈福。甘州僧法净于故张掖县西南甘浚山下，夜望有光，掘之，得古佛三，皆卧像也。献于乾顺，乾顺令建寺供之，赐额'卧佛'"。

下部三层未辟塔窗，四层至十层，每层四面开拱形窗，交错配置，顶层四面凿出圆形大窗。塔顶以上斜收成八角锥形的刹座，上有高大的桃状绿琉璃刹顶。

拜寺口双塔。位于今天银川市西北约45公里的贺兰山东麓，塔分东西，相隔百米，形影相吊。两塔外形和高度近似，均为八角形十三层密檐式砖塔，高约45米。塔顶为上仰莲花刹座，承托十三重相轮（残）。塔身中间辟有拱形龛，内置佛装饰有所不同。东塔每层檐下均为两个怒目圆睁的砖雕兽头，威严凶猛；西塔每层檐下正中均设一方形浅龛，龛内塑各影塑彩绘造像一尊。龛两侧各有一砖雕兽头，口吐宝珠，串若悬河。塔棱转角处的上方，又塑坐佛一尊。塔身通体施以彩绘。塔顶上有砖砌的刹座和"十三天"。两塔装饰繁缛华丽。双塔之间原有寺院，附近发现了数十座小佛塔的塔基，明初已废。

拜寺沟方塔。位于今天宁夏银川市贺兰县金山乡的贺兰山拜寺沟内，是一座正方形十三级密檐式空心砖塔，第一层高耸，以上逐级收分。实心，只在第三、第十、第十二层构筑塔心室，又每层南壁安置直棂影塑的假门龛，每层都有装饰，遍身粉妆彩绘，彩绘斗拱、额枋、日、月、兽面以及流苏。木质塔心柱由塔顶贯穿塔底，其造型似中原一带的唐塔。

宏佛塔。位于银川东北20公里的贺兰县境，是楼阁塔与喇嘛塔的复合形式，下部三层为八角形楼阁塔，上部是巨大的覆钵塔。塔为空心结构。楼阁塔各层塔身上部砌出阑额、斗拱和叠涩砖塔檐，檐上有平座和栏杆。覆钵塔由塔基、塔身和塔刹组成。塔基平面呈十字对称向内折两角形式，塔身作宝罐状，塔刹由亚字形刹座承托"十三天"，顶部塌毁。塔身通体施以彩绘。

康济寺塔。位于今天宁夏同心县韦州乡所属的韦州古城东南隅。为八角形十三级密檐式空心砖塔。由塔身、刹座、相轮宝顶三部分组成，底层较高，第二层以上的塔身紧箍着一眉叠涩的腰檐平座，向上收分与刹座宝顶有机结合，具有我国早期密檐式塔的风格和韵律。

永寿塔。位于今天宁夏中宁县鸣沙镇黄河边崖上废寺内，为八角七层楼阁式空心砖塔，塔身底层较高，面南开有门洞可通塔室，第四、第六层塔身南北面正中开券门，而第三、第五层塔身东西面正中开券门，每层叠涩砖檐下有一斗三升。塔身层层收分，上下比例适当，造型端庄挺拔。

一百零八塔。西夏的一百零八塔是世上稀有的大型塔阵，在宁夏青铜峡县峡山口黄河西岸，建筑在河岸斜坡上。依山势从上至下按奇数排列成十二行：第一行为 1 座；第二、第三行各 3 座；第四、第五行各 5 座；第六行以下分别为 7 座、9 座、11 座、13 座、15 座、17 座、19 座；总计一百零八座，形成总体平面呈三角形的巨大塔群。塔均为实心砖塔，单层八角形须弥座，塔身内衬土坯，外裹砖石，通体涂有白灰，原白灰面上有各式彩绘。塔顶一般为宝珠式，塔的高度，除第一行一座高 5 米外，其余均在 2.5 米左右。塔体型制大致上可分为四类：第一行为覆钵状；第二行至第六行为八角形鼓腹尖锥状；第七行至第八行为宝瓶状；第九行至第十二行为葫芦状。[①] 这是内地最早的藏传佛教覆钵式白塔。

卧佛寺。又名宝觉寺、宏仁寺，俗名大佛寺，在今甘肃省张掖县城西南隅。夏永安元年即宋绍圣五年（1098）国师嵬名思能掘地得涅槃佛而倡建。寺内现存大佛殿一座，为木构建筑。

（三）建筑装饰和起居用具

1. 建筑装饰

屋顶脊饰。皇家建筑一般都有大型的屋顶脊饰，多为绿色琉璃动物造型，主要有琉璃鸱吻[②]、琉璃五角花冠迦陵频伽、双角琉璃屋脊兽、无角琉璃屋脊

---

① 雷润泽、于存海、何继英：《西夏佛塔》，文物出版社 1995 年版，第 102—127 页。
② 西夏陵园出土有陶质琉璃鸱吻，通高 152 厘米，底阔 58 厘米，面宽 32 厘米，绿色釉，釉面光润闪亮，龙头鱼尾造型，头部有鳍，身有鳞纹，头尾分别烧制，色彩光亮。参见史金波、白滨、吴峰云《西夏文物》，文物出版社 1988 年版，图 308。

西夏绿釉鸱吻（国家博物馆藏）

兽①、有角琉璃摩羯、无角琉璃摩羯②、无角琉璃四足兽③、琉璃鸽、琉璃莲花座④等。其中五角花冠迦陵频伽类型最为多样。⑤

除琉璃外，还有灰陶鸱吻、灰陶屋脊兽、红陶莲花座等。

这些屋顶脊饰，既象征着吉祥

① 两种琉璃屋脊兽皆出土于西夏王陵。其中双角琉璃屋脊兽，施绿色釉，高88厘米、宽60厘米、厚7—24厘米，张口露牙，长舌卷曲，上唇翘起，下唇前伸，双角斜立。一种无角琉璃屋脊兽，高23厘米、长46.5厘米、宽19.5厘米，额头平直，无下唇，中空，可平插入建筑物中的椽头，起到另类的装饰作用。参见史金波、白滨、吴峰云《西夏文物》，文物出版社1988年版，图309、图310。

② 西夏王陵出土有有角卷腭琉璃摩羯和无角琉璃摩羯。有角卷腭琉璃摩羯，躯干形状与摩羯类似，只是额顶有分叉犄角，两侧双翼展开，作振翅腾飞状。无角琉璃摩羯高34.5厘米、长47.5厘米、宽18.1厘米，龙首鱼尾造型，深目突鼻，翘嘴卷唇，昂首挺胸，颈部有鬃毛，身披鱼鳞，两侧有羽翼，背有鳍，尾部分成两支，长支挺直平伸，短支上翘，施绿色釉，造型奇特，形态自然，如腾跃出水状。参见中国国家博物馆、宁夏回族自治区文化厅编《大夏寻踪——西夏文物辑萃》，中国社会科学出版社2004年版，第208—210页。

③ 西夏王陵出土有琉璃四足兽，高32厘米、长44厘米、宽19厘米，兽头高昂，前肢伸出，后肢腾起，如猛兽扑食状。又有长尾琉璃四足兽，高34.5厘米、长42.3厘米，兽头高昂，张口露齿，额顶上有分叉式犄角，前肢伸出，尾巴向后伸翘。参见中国国家博物馆、宁夏回族自治区文化厅编《大夏寻踪——西夏文物辑萃》，中国社会科学出版社2004年版，第211页。

④ 西夏王陵出土，束腰琉璃莲花座系构建底部。覆钵形，外壁围贴莲瓣，交错排列蕉叶和菊纹。参见中国国家博物馆、宁夏回族自治区文化厅编《大夏寻踪——西夏文物辑萃》，中国社会科学出版社2004年版。

⑤ 西夏王陵出土有多种琉璃迦陵频伽。其中有一座，人首鸟身，陶胎绿釉，高47厘米、长44.5厘米、宽35厘米，基座长22厘米、宽23厘米，花冠边饰连珠纹，面形丰圆，眼睑低垂，面带微笑，表现出慈祥、和善的形态，额心置白毫，宝缯垂肩，颈佩宝珞，双手于胸前合十，双腿跪姿，膝有卷曲羽毛，背生双翅，身后有蕉叶式长尾，似欲振羽翱翔。有一座也是人首鸟身，陶胎绿釉，高40.5厘米、长38厘米、宽30.5厘米，长方形脸，长眉隆起，细长眼，额心置白毫，高准、方嘴、厚唇、大耳，宝缯垂肩，戴连珠纹镶花项圈，双手于胸前合十，双腿跪姿，双翅展开，长尾高翘，呈飞行状。参见中国国家博物馆、宁夏回族自治区文化厅编《大夏寻踪——西夏文物辑萃》，中国社会科学出版社2004年版，第202—207页。

西夏灰陶兽面纹滴水（西夏陵区管理处藏）

西夏兽面纹瓦当
（中国社会科学院考古研究所藏）

西夏琉璃兽面纹瓦当（宁夏博物馆藏）

如意、消灾免祸之意，又有装饰效果，同时还可起到保护屋宇脊梁缝线、防止雨水冲灌等作用。

砖。西夏的砖除建筑功能外，也有装饰作用。材质有泥砖，有琉璃陶砖。其形状有条形也有方形。其上面和侧面雕刻花纹，有忍冬纹、莲花、水草纹枝叶、石榴花、蔓草、卷叶纹等花卉，也有棱形等几何图案，还有手掌印纹及文字等多类[1]。

筒瓦、滴水、瓦当。筒瓦有琉璃筒瓦、陶质筒瓦，筒瓦前面会有圆形瓦当，瓦当多有兽面纹饰。滴水有琉璃质，也为陶质，面呈三角形，中间饰莲花漫枝卷叶纹等花卉，一般为绿色。瓦当，有琉璃瓦当，有瓷质瓦当，釉色多样，有白色，有绿色，有圆形，有方形，多兽面纹饰[2]。

---

① 见于西夏陵园 3 号陵南殿遗址中的铺地砖。

② 筒瓦、滴水、瓦当皆出土于西夏王陵。一种筒瓦陶质，前有圆形瓦当，饰以兽面纹，瓦身长 34 厘米。滴水有琉璃质，有陶质，面呈三角形，中间饰莲花漫枝卷叶纹，皆施绿色彩釉。琉璃瓦当，有圆形，有兽面纹，有圆点纹，其中有一块面径 13.5 厘米、筒长 34 厘米，表层施绿色釉。五号陵地表出土有一种薄白瓷板瓦，呈长方形，长 16.3 厘米，宽 12.1 厘米，表层施白色釉，釉面光润，厚薄均匀。参见史金波、白滨、吴峰云《西夏文物》，文物出版社 1988 年版，第 320 图。

西夏屋室中的门有门帘，冬天保暖，夏天防蚊蝇；窗有纱窗，用于夏天防蚊、通风。还有天窗，用来采光、透气。

2. 居室用具

西夏家居以木质为主。

卧具为床，有条床、酢床①、矮床等。西夏将一些不是床的家具也称为床。如交床实际上是交椅，是坐具非卧具，踏床实则是脚踏，亦非卧具。

坐具有椅子、机凳、踏床等，多为木质。椅子有的高靠背无扶手，有的高靠背带扶手，②还有称为交床的交椅③；机凳即削平的木墩，加以造型、花纹，成无靠背的坐具；④踏床是坐时放足之具，俗称脚踏，或称足承，与椅子配套使用。⑤

桌子，多为木质，有日常生活中用的方桌、长方桌、交足式折叠桌，有祭祀、僧人说法等宗教场合用的供桌、经桌、香桌等。这些桌子总体上有两类，一为低足桌，二为高足桌。低足桌在席地或炕居时使用。足有四足、六

---

① 条床、酢床，见于俄藏 дx 2822《杂字》，《俄藏黑水城文献》第6册，第142页。

② 贺兰山拜寺口西塔塔刹穹室内出土了一把以红色为主体色的彩绘木椅，由靠背、扶手和底座组成。参见雷润泽等编著：《西夏佛塔》，文物出版社1995年版，第93页；《西夏译经图》中白智光主持译经时，惠宗秉常、太后梁氏、白智光及两侧4位助译师皆做高靠背无扶手椅，搭脑两端皆向上翘为云头状。参见《中国藏西夏文献》卷五，第187页；西夏墓中出土有缩小版的木椅：通高34厘米，坐高19厘米，背高15厘米，坐面宽25—26厘米，相邻两桌腿之间上有角牙，下有木枨连接，造型美观，朴实大方，结构牢固。参见史金波、白滨、吴峰云《西夏文物》，文物出版社1988年版，第257—264页。

③ 俄 Инв.No. 214 215 216 217 218 685 4777《番汉合时掌中珠》中有"交床"，《俄藏黑水城文献》第10册，第31页；俄 дx2822《杂字》中有"交椅"，《俄藏黑水城文献》第6册，第143页。"交床""交椅"当为同一物件。［俄］米开罗·皮欧特洛夫斯基编，许洋主译《丝路上消失的王国——西夏黑水城的佛教艺术》指出《西夏国王肖像图》(《西夏皇帝及其随员图》)中国王坐的就是交椅。

④ 《官员与侍从》图中官员所坐即为足题雕花且内曲的机凳，参见王艳云《试探西夏木制家具》，《宁夏社会科学》2003年第3期。

⑤ 《西夏译经图》中秉常与太后参加译经所坐椅子就配有踏床，图版见于《中国藏西夏文献》第5册，第6页。

足①，其中四足较多②。桌面涂色料。桌腿有角牙，腿与腿之间有木杖③。

西夏朱漆彩绘木椅（宁夏博物馆藏）

西夏彩绘描金木桌（宁夏博物馆藏）

　　① 仅见于 X—2374《不动明王》，参见［俄］吉拉·费达罗芙娜·萨玛秀克《黑水城出土 12—14 世纪佛教绘画》，圣彼得堡：国立艾尔米塔什出版社 2006 年版，第 310、329 页。

　　② 王艳云：《试探西夏木质家具》，《宁夏社会科学》2003 年第 3 期。

　　③ 在武威西郊林场西夏墓、贺兰县拜寺口双塔、永宁县闽宁村西夏墓中出土的西夏家具中都有木条桌，桌面平整，四边圆弧形，桌腿上方下圆，桌面与桌腿接合处各有两个小角牙，腿与腿之间、前后两面各设双枨，左右两面各设单枨，制作精细，打磨平整，表涂赭色，牢固美观。又有木桌，相邻两桌腿之间上有角牙，下有木枨，造型朴实，结构牢固，形态美观。

衣架，古时称为桁，又称为欚（木＋施）。西夏衣架多木质，横杆有造型及纹饰，有架座，有支撑斜杆，涂色料。[①]

除床、桌、椅、衣架外，还有枕毡、褥子、苫（草垫子）、柜子、匣子、剪刀、刀、尺、熨斗、柳箱、雨伞、扇子、蒲苫、箪子、灯盏[②]等。

西夏有专门制造家具的木工院[③]，制造家具的工具有斧、锯、规、尺、刨子、锯子等[④]。

小 结

西夏宫廷以楼阁式建筑为主，民宅主要有屋、帐两种[⑤]。从事畜牧的牧民居毡帐。农业人口居土屋，贵族居室可以覆瓦[⑥]，贫困者仅有简陋的草屋[⑦]。另外，西夏崇尚佛教，境内塔寺林立。装饰上，皇家宫殿喜用大型的琉璃装饰，装饰物既有汉文化中已有的鸱吻、四足兽，也有佛教色彩很浓的摩羯、迦陵频伽、覆钵形的莲花座等。普通民众住宅装饰很少，且有限制，即毡帐上盖头为青色，下部为白色，不准只用一种颜色。[⑧]

---

① 甘肃武威墓出土两副木衣架，其中一副保持完好。有横杆，横杆两端上翘，呈云头式，架座粗重，并有斜杆支撑，涂赭色。参见史金波、白滨、吴峰云《西夏文物》，文物出版社 1988 年版，第 257—264 页。

② 史金波著《西夏社会》（下册）（上海人民出版社 2007 年版，第 703 页）指出，宁夏磁窑堡出土有黑釉瓷灯，高 8.4 厘米，口径 12.8 厘米，底径 6 厘米，宽沿，直壁，折腹，高圈足，圈足露胎，通体黑釉；又一种黑釉灯台，高 14.5 厘米，口径 10 厘米，广口平沿，喇叭口高足，直腹，束腰，有二层重台，通体黑釉，设计精巧，造型美观。

③ 《天盛改旧新定律令》卷一〇《司次行文门》指出五品中有"木工院"。

④ 榆林窟第 3 窟观音经变图中绘有斧、锯、规、尺等，参见敦煌研究院编《中国石窟艺术·榆林窟》，江苏美术出版社 2014 年版，第 144 图；另，《文海宝韵》中也记有斧、锯，西夏汉文本《杂字》器用物部中有刨子，西夏文《杂字》中有"刨子""锯子""雕凿"等词。

⑤ 《文海宝韵》对"屋舍"的解释为"帐也，房室也，室也，门也，家也，居也，院也，庭也，居住之谓"。参见史金波、白滨、黄振华《文海研究》，中国社会科学出版社 1983 年版，第 416、466 页。

⑥ 《隆平集》卷二〇，记"民居皆土屋，有官爵者，始得覆之以瓦"。

⑦ 草舍，见于俄 дх 2822《杂字》，《俄藏黑水城文献》第 6 册，第 143 页。

⑧ 《天盛改旧新定律令》卷七《敕禁门》规定"诸官民青帐、白帐等敕禁：其中允许头盖青下为白。若违律为一种白、青时，有官罚马一，庶人十三杖"。

五、行旅习俗

西夏境内既有平原又有山地、沙漠，还有河流，与之相适应的行旅交通方式、路线、工具丰富多样，不过总体上来说主要有陆路和水路两类。

（一）陆路旅行

1.交通路线

西夏有银川平原、河套地区和河西走廊，同时还有贺兰山、祁连山、六盘山等大山，有毛乌素、腾格里、巴丹吉林等沙漠，有黄河及旁支干流，西夏交通路线即依此种种复杂地貌而形成。

德明时，为迎接宋朝使臣，在绥、夏州修建承恩、迎晖两馆，并从灵州向绥德、夏州方向修治五百里的道路和桥梁[①]。怀远镇升为兴庆府后，朝都移至黄河以西，逐渐形成了以兴庆府（兴州）为中心跨越河套、河西、河徨的交通网络。这一网络的主干线有五条：具体为北经定州、省嵬城至兀剌海城，再向东可至宋朝西京道，北上可至辽国的上京道；东南经灵州、盐州、保安至宋朝延州，也可经盐州、宥州、夏州、石州、银州、绥州至宋朝延州。南经灵州、鸣沙可至宋朝秦凤路的怀德军、镇戎军和渭州。西行可经应里入河

---

① 《西夏书事》卷九。

西走廊，经凉州、山丹、张掖、肃州、瓜州、沙州至回鹘的伊州（今新疆哈密）。

这些主干道又通过辅路和小道，交错相连，形成了遍布全境的陆路交通网络。其中兴庆府经灵州、盐州、保安军、延安府至开封一线即为"国信驿路"①，"国信驿路"是宋夏使臣、信使往来的必由之路。保安军是北宋设立的宋夏榷场，这条线因而也是商贸往来的重要线路。

兴庆府经盐州、宥州、夏州、石州、银州、绥州、延州开封，是一条旧有驿道。前述李德明修绥、夏州，修建承恩、迎晖两馆，并修治五百里的道路和桥梁即为此道路。此道路比"国信驿路"平坦，更适宜车队行走，所以是商队、贡奉及岁赐物资运输喜欢选择的路线。西域各国使节也经常借此道去中原②。

由兴庆府至辽朝的路线是西夏为沟通夏辽而开的"直道"，过黄河之后经十二个驿站到达辽朝境内。十二个驿站名为马练驿、吃罗驿、启多驿、卒李驿、布袋驿、连袋驿、陌井驿、乳井驿、咩通驿、梁凌驿、横水驿③。

为保障交通网络通畅，西夏在中央政府机构里置都转运司，属中等司，设6正，8承旨，8都案，10案头。在各地置10个边中转运司以及21个地边城司，其中10个边中转运司分别为沙州、黑水、官黑山、卓罗、南院、西院、肃州、瓜州、大都督府、寺庙山等，分别设4正或2正，4承旨、6承旨或2承旨④。

2. 交通法规

西夏地区，特别是银川平原等地，河道、水渠、桥梁众多，为保证道路

---

① "国信驿路"一名见于《西夏纪事本末》卷首附"西夏地形图"。参见鲁人勇《论西夏交通》，《固原师专学报（社会科学版）》2001年第1期。
② 鲁人勇：《论西夏交通》，《固原师专学报（社会科学版）》2001年第1期。
③ "直道"及驿名见于《西夏地形图》，参见鲁人勇《论西夏交通》，《固原师专学报（社会科学版）》2001年第1期。
④ 《天盛改旧新定律令》卷一〇《司序行文门》。

畅通，西夏政府特别重视对桥梁、河道状况的巡检及桥梁的修建、维护。转
运司负责桥梁、河道修建、维修管理。每段渠水设有渠水巡检、渠主、家主
等责任人。唐徕、汉延等大渠上有道路、桥梁需要维修的，责任人要马上上
报转运司，转运司核算所需人工，从十户人家中派出监者、识信人，组织修
治。如果有应该修造而没有上报的，官员罚马一匹，庶人杖三十。沿大渠干
的各个小桥，转运司亦当从租户家主中及时派遣监者，依私修治，依次指挥，
无论昼夜，好好监察。若监察失误，致取水、盗窃、损桥时，本人赔偿而修
治之，不治罪，不修治则官员罚马一匹，庶人杖十三。

　　出现诸大小桥不牢时要及时维修，在应建桥的地方要建桥。渠水巡检、
渠主负责指挥、修治。

　　法律禁止毁道为田、道内放水等行为，渠水巡检、渠主发现后要及时上
告，不上报者与放水断道等罪处罚[1]。

3. 交通工具

　　西夏的主要交通工具有马、骆驼、车、轿等。马，西夏出行的首选工
具[2]。祁连山麓河西、横山一带自古就盛产良马，是著名的养马场。早期党项
以游牧为主，内迁的西北地区宜稼宜牧，其中的畜牧在国民经济中占有非常
大的比重。不管是长距离移动的游牧还是移动距离有限的半游牧，都离不开
马。马也是战争不可或缺的战略物资，西夏正军必配马一匹；皇室、政府派
出传达命令的乘骑也是马，中间换乘的马匹由沿途各驿站准备。传达命令的
人叫"执符人"，这种执符人携带传递命令的符牌——"敕燃马牌"[3]，乘马传递。
执符人可随时换乘骑马，诸人与执符人相遇时，必须避让，各驿站及交通网

---

　　① 《天盛改旧新定律令》卷一五《桥道门》。
　　② 《西夏谚语》中有"路长骑马显威力""快马星速无伦比"，参见陈炳应《西夏谚语——新集
锦成对谚语》，山西人民出版社1993年版，第9页。
　　③ 《天盛改旧新定律令》卷一三《执符铁箭显贵言等失门》中的执"火急符"、送"火急文书"
可能即指此种符牌。

点必须提供换乘马匹，违令者将视情节给以相应的处罚①。

骆驼是运输物资尤其是长距离驮重的重工具。②西夏境内多沙漠、荒漠，在进入沙漠、荒漠地区时，需要下马换乘骆驼。北宋太平兴国六年（981）宋臣王延德出使高昌，经鄂尔多斯渡黄河，穿越乌兰布和沙漠时，"沙深三尺，马不能行"，所有人员只能乘骆驼③。骆驼也是西夏正军的必配物资之一④，西夏皇帝出行时也需要配备骆驼。⑤

除直接乘骑马、骆驼出行外，西夏还有车、辇（轿子）等交通工具。魏晋南北朝以来河套地区就使用一种名为高车的交通工具，这种车轮子高、车轮径大、力矩也大，过沟坎、越沙破，车轮不致滞陷。用马或者牛做动力。在西北地区，这种车一直沿用到当代。

西夏军队中还使用一种战车，名"对垒"。"对垒"也是一种高车，车轮直径大，容易跨越沟壕，上有发飞石装置及攻城的云梯。夏永安元年即宋绍圣五年（1098），西夏皇太后梁氏亲统40万大军围攻宋平夏城时，就调集高车百余辆，载数百士兵填壕而进。

西夏还有以四匹马为动力的四马车，规格较高。元昊时创制西夏文字的野利仁荣即乘坐四马车至国师院接受宴请。⑥

辇（轿子），西夏皇室贵族出行时使用的工具，有人力与畜力两种，会配

---

① 《天盛改旧新定律令》卷一三《执符铁箭显贵言等失门》中规定"诸人与执符人相遇，殴打、不与骑乘等时，当绞杀"，"随执符局分人所派遣之童子、马夫等往，要骑乘，其处不予骑乘而打之者，徒四年"。

② 西夏文《碎金》中有"运货骆驼强，驮重毛驴弱"。参见聂鸿音、史金波《西夏文本〈碎金〉研究》，《宁夏大学学报（社会科学版）》1995年第2期。

③ 《宋史》卷四九〇《高昌传》。

④ 《辽史》卷一一五《西夏记》记"正军马驼各一"。

⑤ 《天盛改旧新定律令》卷一九《供给驿门》规定，有（皇帝）"驿驾出，随时供给，诸人借领所需骑乘时，群牧司、行宫司二种司内之骆驼当分别驱派。官家驿驾出，三司、皇城等应遣所需骑乘骆驼时，当派三司、皇城、行宫司等大人其一以供driven"。

⑥ 史金波《〈文海宝韵〉序言、题款译考》（《宁夏社会科学》2001年第4期）介绍《文海宝韵》"序言"中有"出内宫门坐四马车上""威仪围绕，臣僚导引，乐人戏导，送国师院宴请"。

以仪仗护卫。德明从夏州到行宫鳌子山时，即使用"大辇方舆、卤簿仪卫"。①

为保证出行安全，西夏对车辇、轿子的制造质量以及驾车技术都有明确的规定。即"御车、舆辇"等已造完毕，出现未检验出虚假而行用不牢问题时，营造匠人一律徒三年，小监、检校等徒二年。若检验者发现虚假因受贿徇情而未检出者，罪与小监相当，若无受贿徇情则徒一年。对于入库时坚固，库内放置年月久远而变劣的车，如果行前修造未及时提醒，致公务出行时出现不牢情况，则局分大小之罪一律徒二年。若已行，视前导道呼声者道不安而不呼及驾车者驾不牢而颠仆等，一律徒三个月②。

（二）水路旅行

1. 渡口

西夏水运官渡口有 24 个，即"来遣沟、坚金、来哆、草丘、红有、五儿、鼻捕、三波、特奴、菊主、啰嵬、旁契、旌竖、嘟连、定远县、卖住、石口、大都督府、连子旁、水木、黑谢、树黄、贺兰沟、荆棘口"。③渡口渡船有固定的码头（船舶处），由专门的船舶主掌握渡船并收费，渡船要向政府缴税，渡口设税监、出纳 2 名④。码头上下 10 里以内不允许其他未缴税的船舶渡船，倘若违反，则纳三分税，一分交官，二分归举告人员。船舶 10 里以外有渡船者，不允许船主诸人等骚扰索贿。⑤

---

① 《西夏书事》卷九。
② 《天盛改旧新定律令》卷一二《内宫待命者头项门》。
③ 《天盛改旧新定律令》卷一七《库局分转派门》；《西夏纪事本末》的"西夏地形图"中沿黄河记有郭家渡、吕渡、顺化渡。其中的顺化渡可能是上述《天盛改旧新定律令》中的"树黄"。顺化渡在兴庆府附近，吕渡当为黄河上的重要口岸，由此顺流而下可抵天德军、胜州等地（今内蒙古河套地区），上游则与积石军、兰州相通。参见史金波《中国风俗通史·西夏风俗》，上海文化出版社2017年版，第 135 页。
④ 《天盛改旧新定律令》卷一七《库局分转派门》。
⑤ 《天盛改旧新定律令》卷一一《渡船门》。

2. 水运工具

水路交通工具主要是木船、木筏与"浑脱"（羊皮筏子）。河套地区自南北朝以来一直有长途水运。百姓、官员、皇帝渡河远行需要借助舟船，西夏重视船只的修造，对其相关的管理写进《天盛改旧新定律令》。具体内容包括制造船及（行运日期）、粗制滥造致舟船坏、偷工减料、日未满船坏船沉失畜人物、制船未牢水中坏、铁钉未及式样、应用未减制船未牢日未满坏、作船及运行牢等①。如果皇帝所乘船只出现不坚固等问题，建造船只的工匠人员要被绞杀②。北宋太平兴国六年（981），宋臣王延德出使高昌就看见党项族的茅女涡子部族人用骆驼牵引木筏渡送客货。"浑脱"，就是今天宁夏等黄河上游地区使用的羊皮筏子。西夏正军要配备"浑脱"③。

小　结

西夏境内既有平原，又有山地、沙漠，还有河流，多样的地理环境造就了西夏多样的行旅交通习惯。总体上来说有陆路和水路两类交通，形成了以兴庆府（兴州）为中心跨越河套、河西、河湟的交通网络。陆路上有马、骆驼、车、轿等交通工具。其中马最为西夏喜用。遇沙漠地带则需换乘骆驼。水路上除了利用木船、木筏外，还有"浑脱"（羊皮筏子）。马、骆驼、车、轿、木船、木筏、浑脱等都是西夏军队的必备物资。

---

① 《天盛改旧新定律令》卷一八《舟船门》具体内容原文已缺失，条目保存在"名略"里。
② 《天盛改旧新定律令》卷一二《内宫待命等头项门》。
③ 《辽史》卷一一五《西夏记》记西夏正军配备"浑脱"。《天盛改旧新定律令》卷五《军持兵器供给门》规定西夏正军配备"囊"。据史金波考此"囊"，不是盛水用的水囊，因为如果是水囊，辅主和负担也应有此种囊。正军的囊是渡船用的皮囊，需要渡河作战时，正军以此渡水战斗。这种西夏军人中正军携带的囊，应是《辽史》等文献中记载的"浑脱"。

六、生育习俗

（一）生育观念和孕妇保健

1. 生育观念

在西夏社会，生育①与婚丧嫁娶一样，都是人生的大事②，只有生育了儿女，内心才能安定③。对于幼儿的形成，西夏人认为是"阴阳和合"而成④，生儿育女是人生中的大事，孩子诞生是家人，尤其是母亲心喜的事⑤。对于妇女来说怀孕生子比什么都重要⑥，且生子女越多越好⑦。

西夏人重视生日，尤其是皇帝的生日。元昊时，每逢其生日即五月初五

---

① "生育"，西夏文写作"𗄂𘆚"，第一字"生"意，是由"有"和"人"组成的会意字，第二字"养"意。𗄂、𘆚见于俄 Инв.No.214《番汉合时掌中珠》，《俄藏黑水城文献》第 10 册，第 10、11 页。

② 《天盛改旧新定律令》卷六《军人使亲礼门》。

③ 《番汉合时掌中珠》中有"儿女了毕，方得心定"，《俄藏黑水城文献》第 10 册，第 18 页。

④ 《番汉合时掌中珠》"人事下"有"阴阳和合，得成人身"，《俄藏黑水城文献》第 10 册，第 10 页。

⑤ 《圣立义海》在"父母爱子名义"中"母对子爱"条记载："产后心喜。"参见［俄］克恰诺夫著，李范文、罗矛昆译：《圣立义海研究》，宁夏人民出版社 1995 年版，第 69 页。

⑥ 《西夏谚语》中有"妇女有子金熔化"。参见陈炳应《西夏谚语——新集锦成对谚语》，山西人民出版社 1993 年版，第 8 页。

⑦ 《西夏谚语》中有"能养育则百子当变化，能步行则千年当出行"。参见陈炳应《西夏谚语——新集锦成对谚语》，山西人民出版社 1993 年版，第 15 页。

日，国中举行大庆，宋朝要在当日进行赏赐。以后各代相沿，成为重要的礼佛日，国人在当日黄昏时九拜佛尊，祈求消除一千八百罪孽①。九月十五日，仁宗生日，贤圣聚会，禅僧讲法，君德民孝，敬爱皇王②。自夏天盛三年即金天德三年（1151）后，逢西夏皇帝生日，金朝也要派使臣祝贺。

2. 孕妇保健

西夏卫生、医疗条件落后，妇女怀孕生子会有生命危险③，所以，怀孕期间要"步沉足重，衣腹宽松"④，被要求"行坐安养"⑤，而且要"长起善念"，即一心向善，以保证不怒、不惴的良好心境⑥。

妇女怀孕期间如果犯罪，要给予适当的照顾。其中犯死罪的孕妇，虽不许担保出狱，但要使其住在牢狱的净处，派人侍奉。判有徒刑的孕妇，其孕子生产日期已明，则派人查视生产日期是否属实，属实则可暂时担保出狱，等产子一个月后再推问。⑦ 如果殴斗致使胎儿堕落，要对殴打者进行特别的处罚⑧。

---

① 陈炳应《西夏文物研究》（宁夏人民出版社 1985 年版，第 318—319 页）指出甘肃武威出土的一份人庆五年的历日里记"若于五月初五日，日落黄昏时九拜佛尊，可消一千八百罪孽"。

② 《圣立义海》"九月之名义"中"善月中会"条下记"贤圣聚日，禅僧兴日，君德民孝，敬爱皇王"。参见［俄］克恰诺夫著，李范文、罗矛昆译《圣立义海研究》，宁夏人民出版社 1995 年版，第 53 页。

③ 《圣立义海》"父母爱子名义"中"母对子爱"条下记"养子忘命"。参见［俄］克恰诺夫著，李范文、罗矛昆译《圣立义海研究》，宁夏人民出版社 1995 年版，第 69 页。

④ 李范文、中嶋幹起编著《西夏文杂字研究》中此八字译为"步胫""足重""胸肋""宽襟"（日本东京外国语大学亚非语言文化研究所发行 1997 年版，第 84 页）。

⑤ ［俄］克恰诺夫著，李范文、罗矛昆译：《圣立义海研究》，宁夏人民出版社 1995 年版，第 69 页。

⑥ 《圣立义海》"父母爱子名义"中"母对子爱"条下记载："母腹怀子，长起善念。"参见［俄］克恰诺夫著，李范文、罗矛昆译《圣立义海研究》，宁夏人民出版社 1995 年版，第 69 页。

⑦ 《天盛改旧新定律令》卷九《行狱杖门》。

⑧ 《天盛改旧新定律令》卷一四，在"误殴打争斗"中有一条内容是"胎儿堕落"，可惜这条正文已经残失，只能从尚存的法典《名略》中得知这一条目。推想其内容是对殴斗时使胎儿堕落的行为进行特别的处罚，说明当时对胎儿保护的社会风俗和政策。参见陈高华、徐吉军编，史金波著《西夏风俗》（全彩插图本中国风俗通史丛书），上海文化出版社 2017 年版，第 141 页。

（二）育儿风俗和成年礼俗

1. 育儿观念

西夏在婴儿出生后，先要给婴儿沐浴，再喂奶。在西夏人的观念里，父母抚育幼儿是天经地义的责任，甚至要抛开父母自身的安乐①。

父母对婴幼儿应呵护、疼爱，父对子要慈爱，要照顾其身体成长，要供给其衣食，要培育其智力，教会其技能，母亲要为其洗浴喂乳，日夜照管，如爱自身一样爱护孩子，祈求孩子平安长大②。

对婴幼儿的照顾，首先是使之正常发育，不受到伤害。西夏父母有保证十五岁以内孩子不受水火诸灾伤害，不留有疤痕的义务；自己的儿女无论美丑、聪慧、愚钝，父母需要给予同样的关爱，不能歧视，不能厚此薄彼，不能有轻有重③。父母在对孩子进行关爱教育的同时，也关注父母的表率作用，

---

① 聂鸿音、史金波《西夏文〈三才杂字〉考》（《中央民族大学学报》1995年第6期）指出西夏文《三才杂字》中在叙述生育婴儿后，接着记载要给婴儿沐浴。《圣立义海》"母爱惜子"条下有"产后心喜，洗浴喂乳，日夜照管，如爱自身，求子之安，强弱自承"。参见〔俄〕克恰诺夫著，李范文、罗矛昆译《圣立义海研究》，宁夏人民出版社1995年版。

② 《圣立义海》"父母爱子名义"中"父对子慈""母爱惜子"条分别记载"父对子常怀慈心，育身，供衣食，教安意，使学智慧，比他人巧慧谓已得人道"，"产后心喜，洗浴喂乳，日夜照管，如爱自身，求子之安，强弱自承"。又"父母对子常爱"条："儿女幼时，悉心抚养，使之长大，父母常爱子，以至于老。父母富有则将子放心上，爱心不断。""天下最亲"条："天上地下无父母不亲子者。惜子疼爱，思女念子不思自身安乐。"又"父母常爱孩子不绝"条："父母者皆爱子，儿子孝顺有回报。诗中曰：父母心，放子上，儿子心，多放家上。"参见〔俄〕克恰诺夫著，李范文、罗矛昆译《圣立义海研究》，宁夏人民出版社1995年版，第69—71页。

③ 《圣立义海》"父母爱子名义"中"母养子安平"条："子十五以内养身避水火灾，不著疤痕。""父母生子皆爱"条记："父母儿子者，美者勿宠，丑者勿嫌，尽皆平等。诗中曰：父母不嫌孩子丑，贫者不弃瘦弱狗。"其中引用的诗句，可能是西夏的诗集或谚语集。美丑是与生俱来的，父母和儿女都不能选择，宠美厌丑，不符合西夏的传统道德规范。儿女无论聪慧、愚钝，都要同样爱护。"巧弱缘分"条："父母不谓孩子愚智，尽皆爱也，依行显明。诗中曰：父母养子皆平等，巧弱缘分由天定也。""父母养子平等"条重申了类似的要求："父母对儿子均爱平等，子福智不同。诗中曰："对子平不平等，愚智两分明。严不平、善缘行。"参见〔俄〕克恰诺夫著，李范文、罗矛昆译《圣立义海研究》，宁夏人民出版社1995年版，第69—71页。

一般认为，父母智慧，则孩子巧智。父母癫狂，则孩子愚俗[①]。

2. 育儿方法

善于教育孩子的父母是西夏社会推崇褒扬的一种美德[②]。孩子的教育主要由父母负责，同时父母还会为孩子选择合适的老师，教其学业或技艺[③]。

对男孩、女孩的教育重点是有所侧重的。男孩的教育主要由父亲负责，教其技术、手艺以便将来谋生立身，养护家小[④]；同时要学习文化知识，培育其刚强的性格。女孩的教育主要由母亲负责，要教给她们女红，学作衣服，以便将来出嫁后可以胜任家务[⑤]。

在具体教授内容上，也会因人而异。一般来说观察孩子的才智，才艺明达者使其学文业，愚笨者则教其耕牧[⑥]。

西夏对子女的教育也有年龄段的区分，15岁为界限。西夏男15岁成丁，即成为大人，女15岁可以出嫁[⑦]。15岁以内的教育和15岁以后的教育内容有所区别。

男子15岁以内定婚，学习文业，15岁以上迎娶妻眷，学习武艺；女子

---

① 《圣立义海》"父智母美"条记："父母多智慧，孩子多巧智。父母多癫狂，孩子多愚俗。巧笨依缘显现。诗中云：父智子巧天下仪，父弱子怯地上规。"参见［俄］克恰诺夫著，李范文、罗矛昆译《圣立义海研究》，宁夏人民出版社1995年版，第71页。

② 《西夏谚语》载"善养畜，入富名，善养子，众称贵"。参见陈炳应《西夏谚语——新集锦成对谚语》，山西人民出版社1993年版，第24页。

③ 史金波《西夏社会》（上海人民出版社2007年版，第771页）指出西夏文《杂字》中有"父母智慧，选择师父，令习各业，因有福智"。

④ 史金波：《西夏社会》，上海人民出版社2007年版，第771页。

⑤ 《圣立义海》"父母爱子名义"中"父对子慈"条："父对子常怀慈心，育身，供衣食，教安意，使学智慧，比他人巧慧，谓已得人道。""父教子礼"条："子十五以内定婚，令习文业。""教以刚强"条："父母于儿子幼时教以刚强。""父之教子"条："教子之旨，令习艺业，对女爱惜，觅做衣服。"又"母之育子"条："养子之身，觅做花衣，和女之衣，艺业学习。"参见［俄］克恰诺夫著，李范文、罗矛昆译《圣立义海研究》，宁夏人民出版社1995年版，第69—71页。

⑥ 《圣立义海》"父智察子"条下有"父亲测孩子才志，能知其智愚，才艺明达则使学文业，愚笨则教耕牧"。参见［俄］克恰诺夫著，李范文、罗矛昆译《圣立义海研究》，宁夏人民出版社1995年版，第69—71页。

⑦ 《宋史》卷四八六《夏国传下》记"男年登十五为丁"。

15 岁以内，学习女子礼节，15 岁以上寻找婆家，准备嫁妆，学习整理杂家、主持家务。[①]15 岁是成丁年龄，是成婚娶妻的年龄，也到了服兵役、缴纳赋税、承担社会责任的年龄。西夏税包括按耕地缴纳的粮税和按人口缴纳的粮税两部分，其中 15 岁以后按人口缴纳的粮税比小孩高出一倍。

小 结

生育是人类繁衍的需要，在社会存在和发展过程中有重要地位。在西夏观念里，生育与嫁娶、丧葬一样，都是人生的大事，只有生育了儿女，内心才能安定。生儿育女是家里，尤其是母亲的喜事。强调父母抚育、教育孩子的责任。善于教育子女是西夏社会推崇的美德。

---

① 《圣立义海》"父母爱子名义"中"父教子礼"条下有"子十五以内定婚，令习文业，十五以上迎娶妻眷，令习武艺。女年十五以内，准备妇礼，十五以上送出嫁也"。又"母养子安平"条"十五以上觅做杂务。女十五以内，母家学习令习妇礼，十五以上给寻婆家，准备室尺衣鞋，备办不息"。参见〔俄〕克恰诺夫著，李范文、罗矛昆译《圣立义海研究》，宁夏人民出版社 1995 年版，第 70 页。

七、婚姻习俗

　　隋、唐之际，党项族还保留着妻庶母及伯叔母、嫂、子弟之妇等习俗，[①]
迁入西北后，随着社会的不断发展，对婚姻愈益重视，形成了同姓不婚、良
贱不婚、问姿容重道德、宽容非婚生子女等习惯。

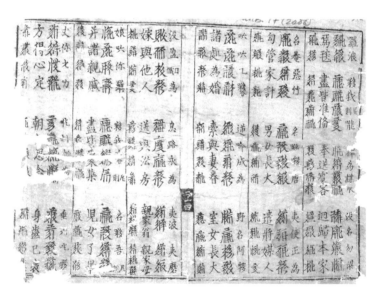

《番汉合时掌中珠》，（俄罗斯科学院东方文献研究所收藏）

---

① 《隋书》卷八三《党项传》；《旧唐书》卷一九八《党项传》。

（一）婚姻观念

1. 重视婚姻

在西夏，结婚对婚姻男女双方来说是人生重大事件，对双家庭来说也是喜事①。婚姻结成需要媒人说合，也要族亲（男方）和姻亲（女方）共同寻求，比较斟酌。即男子长大后，通过媒人，寻找婚姻对象，经过家族的考量比较，娶回妻眷；女子成人后，也是通过媒人，寻找婚姻对象，经过比较斟酌后嫁人为妻②。

在西夏人的观念里，婚姻为前世因缘所定，婚姻结成后两家世为亲戚，是依顺天地日月阴阳和合③。

2. 同姓不婚

早期党项人即使在妻庶母及伯叔母、嫂、子弟之妇时，也强调"不婚同姓"④，即实行族外婚。到西夏时，同姓不婚的习俗写进了国家法典《天盛改旧新定律令》，法律规定同姓婚姻当事人要退婚改过，且判徒刑二年，为同姓婚姻作媒之人，要判一年徒刑⑤。对皇族嵬名氏有特殊规定："西名自五子以上嵬名姓已变，取后姓，允许为婚。西名五子以下依节变姓者，依取用前姓施行，

---

① 西夏文《碎金》中有："迎媳婆母安，得婿岳公喜。"参见聂鸿音、史金波《西夏文本〈碎金〉研究》,《宁夏大学学报（社会科学版）》1995 年第 2 期。
② 《番汉合时掌中珠》有"男女长大，遣将媒人，诸处为婚，索与妻眷，室女长大，嫁与他人……儿女了毕，方得心定",《俄藏黑水城文献》第 10 册，第 18 页。《圣立义海》"族姻相对寻"条下有"人结婚姻，则比姻（亲）、较族（亲）相寻。"参见［俄］克恰诺夫著，李范文、罗矛昆译《圣立义海研究》，宁夏人民出版社 1995 年版，第 83 页。
③ 《圣立义海》中有"人之亲戚成婚者，前世因缘和合，此世为亲戚婚姻也","男女为夫妇者先昔礼已定，依天地日月阴阳和合顺而成就，不能依自力"。参见［俄］克恰诺夫著，李范文、罗矛昆译《圣立义海研究》，宁夏人民出版社 1995 年版，第 83、85 页。
④ 《旧唐书》卷一九八《党项传》。
⑤ 《天盛改旧新定律令》卷八《行非礼门》。

不许为婚，违律时与同姓为婚一样判断。"[1] 即西名五代以外，虓名姓已更变，可以通婚，在五代以内即使改姓也不准通婚。

3. 良贱不婚

西夏社会中，"官"和"民庶"属于"良"的范围，"使军"和"奴仆"有一定的人身依附关系，地位低下，被排除在官和民庶之外，属于"贱"的范围。良、贱也不能随意通婚，但如果有官人自己乐意，允许将姑、姐妹、女等嫁予使军为婚，则可以通婚[2]。

"使军"和"奴仆"在婚姻上要由依附主人做主，即"使军未问所属头监，不取契据，不许送女、姐妹、姑等与诸人为婚，若违律为婚时徒四年。妇人所生之子女当一律还属者。前已予价，为婚之使军能自予则当自予，不能则当罚主人"，"前述使军已问所属头监，乐意给予契据，则允许将女儿、媳、姑、姐妹等嫁予他人及与诸人为婚"[3]。

4. 问姿容重道德

西夏婚姻，对双方家庭情况及女子的容貌有一些要求。

其一，讲究家族礼节与道德。要求对方家庭没有非正常的杂事，没有上下无秩、无礼仪、贪图享乐、无所事事等不良风气[4]。

其二，讲究相貌。相貌的俊丑、身姿体态对女子非常重要，其意义在才智、

---

[1] 《天盛改旧新定律令》卷八《为婚门》。
[2] 《天盛改旧新定律令》卷一二《无理注销诈言门》。
[3] 《天盛改旧新定律令》卷一二《无理注销诈言门》。
[4] 《圣立义海》"杂多婚姻"条下有"人所择婚姻，家门杂多，大小无礼，男女乐，喜安居，应做不为，复贪食物，故不成婚，□杂种，失离本性，如砖瓦不能成玉也"。参见［俄］克恰诺夫著、李范文、罗矛昆译《圣立义海研究》，宁夏人民出版社1995年版，第83—84页。

语言之上①，择偶前有一个"集体问姿容"的程序②。实际过程中，在重视容貌的同时，更注重才艺、智力与品德③，一般认为面貌丑的女子对丈夫会更加忠贞④。

5. 宽容非婚生子女

西夏以律令的形式承认和保护非婚生子女的生命权。法律规定，非婚生子女被母亲杀害者，母亲同杀自己孩子同罪。被父亲杀害者治父亲罪。其中杀一孩子入狱六年，杀两孩子及以上者入狱八年。失误致一孩子死亡入狱五年，致两孩子及以上死亡者入狱六年⑤。

非婚生子女受法律保护，但非婚生男子没有承袭父亲军抄、官位和军职的权利，也不得积畜谷物财物⑥。

（二）婚姻形式

1. 姑舅表婚

西夏对甥舅关系十分重视，认为舅、母、甥源出相同。甥出自舅舅的骨血，如同铁从熔炉中产生，所以，甥要敬舅，如同敬爱白高一般，与神相等

---

① 《圣立义海》"美妇名义"中"女身姿美丽"条下有"世界人之最上要者，色美丽也，其次意智、言语为要"。参见〔俄〕克恰诺夫著，李范文、罗矛昆译《圣立义海研究》，宁夏人民出版社1995年版，第89页。

② 西夏文《碎金》中有："为婚是旧仪，亲戚从今非。媒人奉承美，集体问姿容。"参见聂鸿音、史金波《西夏文本〈碎金〉研究》，《宁夏大学学报（社会科学版）》1995年第2期。

③ 《圣立义海》"丑妇内聪"中的"外丑内聪"条下有："妇人才艺内聪为要，仅多外美多招祸祟。诗中云：智男察妇行，愚人重妇表。"参见〔俄〕克恰诺夫著，李范文、罗矛昆译《圣立义海研究》，宁夏人民出版社1995年版，第88页。

④ 《西夏谚语》中有"禄贱，对官事忠，妇丑，对丈夫贞"。参见陈炳应《西夏谚语——新集锦成对谚语》，山西人民出版社1993年版，第25页。

⑤ 《天盛改旧新定律令》卷八《烧伤杀门》规定："诸人娶妻子，后与他人行淫乱而怀有杂子女者，不许取状寻问。已产出而为父母所杀时，为母所杀与杀己子罪相同，为父所杀则杀一人徒六年，自二人以上一律徒八年。无心失误动手而杀时，杀一人徒五年，自二人以上一律六年。"

⑥ 《天盛改旧新定律令》卷一〇《官军敕门》中有"诸人之妻子与他人通而生杂子者，不许袭丈夫之抄、官、军，勿得畜谷宝物，依次板□注册"。

同。舅舅也要疼爱外甥，如同爱惜金子一般①。

与重视甥舅关系相应的是西夏社会的姑舅表婚。在西夏语中"舅甥"（𗲠𗂶）和"结婚"（𗲠𗂶）两词在语音上完全相同②；"婆母"（𗦲𗤌）一词中的第一字与西夏语中的"姑"（𗦲）同音，并在字形构造上取"姑"的一半构成；"岳父"和"公公"也是同一个词（𗗙𗤌）。社会上流传有"亲上亲，姑坐上甥媳"的谚语。③

元昊皇后卫慕氏，谅祚皇后没藏氏、秉常皇后梁氏都是舅舅女儿。平常百姓家中也存有这种婚姻形式④。

2. 一夫一妻和一夫多妻

西夏存在一夫多妻现象。太宗德明娶卫慕氏、咩米氏、讹藏屈怀氏三姓。元昊先后娶卫慕氏、索氏、都罗氏、咩米氏、野利氏、耶律氏、没氏等七姓。谅祚娶没藏氏与梁氏二姓，乾顺后妃中有曹氏与仁氏二姓，仁孝后妃中有罗氏、罔氏二姓。晋王察哥有多位妻妾⑤。

普通人家也可娶二姓以上⑥，有妻妾、嫡庶之分⑦。亲生父母去世后，庶母

① 《圣立义海》"舅甥名义"中"出生根本"条下记"舅甥者与母共本出生处是也。诗中曰：舅骨上侄出生，熔炉中铁产生"。"舅甥互敬"条又规定："甥者常敬舅，诗中曰：敬舅如白高，与神等；爱甥如狐狸，如爱金"。参见［俄］克恰诺夫著，李范文、罗矛昆译《圣立义海研究》，宁夏人民出版社 1995 年版，第 80 页。
② 史金波：《西夏社会》，上海人民出版社 2007 年版，第 730 页。
③ 陈炳应：《西夏谚语——新集锦成对谚语》，山西人民出版社 1993 年版，第 12 页。
④ 史金波：《西夏户籍初探——4 件西夏文草书户籍文书译释研究》（《民族研究》2004 年第 5 期）一文指出，黑水城出土文书 6342 号是户籍账，户籍中两户有婆媳关系，其中第 14 户女性大人二人，是户主的母亲和妻子，她们都姓庞清。
⑤ 《西夏书事》卷三六记，察哥"年已七十余，犹姬妾充下陈"。
⑥ 据史金波《西夏经济文书研究》介绍：黑水城出土文书 6342 号户籍账中，第 23 户户主梁吉祥势，后记有两名妻子。第 27 户主千玉吉祥家中只有户主一名男人，后记两名妻子。
⑦ 《文海宝韵》"求妻"条解释为"此者，自婚，妻妾求之谓也"。参见史金波、白滨、黄振华《文海研究》，中国社会科学出版社 1983 年版，第 17、121 页。

有权参与子女婚姻事项的讨论①，子女也要为庶母服丧三年②。至少在元朝时，西夏故地的遗民，仍然有一夫多妻现象，诸妻中第一妻子最为尊贵③。

3. 婚外性生活

西夏早期，女子长大，可以暗中约会，家人不过问。感情至深时，男女可以相约殉情。族人找到后，不哭，认为此为男女之乐，并"彩绘都包其身，外裹之以毡。椎牛设祭，乃以其草密加缠束，然后择峻岭，架木为高丈，呼为'女栅'，迁尸于上，云为飞升天也。二族于其下击鼓饮酒，尽日而散"。④

西夏中后期逐渐禁止非婚性行为，将"媳妇逃跑"之类视为丑恶行为。⑤

男女发生非婚性行为，要受到处罚："寡妇及未嫁女与人行淫时，男人罪：是寡妇则（徒）一年，是未嫁女则三个月。女人：十杖。""诸人与人妻一处寝宿被捕时，徒二年。下官与比己官大者之妻子行淫时，徒三年。庶人与有官人及司吏并所首领、溜盈能等行监之妻子行淫时，徒四年。""诸人于内宫不许与杂妇行淫。若违律时，男女一律徒六年。⑥

法律对设计引诱藏匿或强持侵凌人妻者也要进行处罚。对设计引诱藏匿者，遇女子不同意，徒四年；若女子愿意，则徒三年。受压制或胁迫不能举报者，引诱者徒二年；对强持侵凌人妻者，徒八年。与人妻通奸，女子愿意，能举报而不举报时，徒一年；不能举报则不治罪。引诱者徒三年；对合力强抢人妻者，主犯绞杀，胁从引诱者徒五年。⑦

---

① 《天盛改旧新定律令》卷八《为婚门》规定"若无亲父母，则祖父母及同居庶母等共议"。
② 《天盛改旧新定律令》卷二《亲节门》在规定应服三年丧服的亲属中有子对父母，还有子对庶母。
③ 冯承钧译：《马可波罗行记》，中华书局1954年版，第208页。
④ （清）张鉴：《西夏纪事本末》，清半厂丛书初编本，第81页。
⑤ 《西夏谚语》有"红鹰鸣叫下贱，媳妇逃跑丑恶"。参见陈炳应《西夏谚语——新集锦成对谚语》，山西人民出版社1993年版，第25页。
⑥ 《天盛改旧新定律令》卷八《侵凌妻门》。
⑦ 《天盛改旧新定律令》卷八《夺妻门》。

但有一种情况例外，即西夏女子长成后，在正式出嫁之前，要先荐国师①。

（三）婚姻程序

西夏规定男子十五岁以内可以订婚，女子十三岁方可订婚，订婚三年后完婚。②婚姻程序包括媒人说合、族亲商议、讨论婚价、给聘资（付婚价）、饮酒食、设订婚宴、迎娶等。从婚约成立至迎娶一般需要三年。与汉地的说媒、纳礼、食价、婚价、嫁妆、迎媳等"六礼"程序基本相同。

1. 媒人说合

男女到婚嫁年龄，聘请媒人寻找合适的婚嫁对象。媒人就男女双方容貌、婚姻状况、婚价等问题进行沟通。③

媒人说媒必须经过父母同意，要告知父母，否则婚姻无效，媒人要判3—6月徒刑。媒人要就双方情况做如实沟通，若出现如"一女二嫁""已为他人妻""不宜婚姻而成婚时"等情况时，媒人"徒三个月"。④

2. 族亲商议

族亲商议是很关键的环节，婚姻是否可以缔结首先要看父母节亲集体商

---

① （宋）彭大雅撰，徐霆疏《黑鞑事略》记"凡有女子，先荐国师，而后敢适人"。（明嘉靖二十一年抄本，第 16 页）另，（元）马祖常《石田文集》卷五《河西歌》中有"贺兰山下河西地，女郎十八梳高髻，茜根染发光如霞，却召瞿昙作夫婿"。（杨镰主编：《全元诗》，中华书局 2013 年版，第387 页）

② 《天盛改旧新定律令》卷八《为婚门》规定"女年十三以上始得为婚，当计日，三年期间予价迎送皆当了毕"。"若女年少有为婚者，未长成时勿使提前完婚，至年十三，迎送法与前述相同。"《圣立义海》在"父母爱子名义"中"父教子礼"条下有"子十五以内定婚""十五以上迎娶妻眷""女年十五以内，准备妇礼，十五以上送出嫁"的内容，又"母养子安礼"条下有"女十五以内，母家学习令习妇礼，十五以上给寻婆"。参见［俄］克恰诺夫著，李范文、罗矛昆译《圣立义海研究》，宁夏人民出版社 1995 年版，第 70 页。

③ 《番汉合时掌中珠》有"男女长大，遣将媒人，诸处为婚，索与妻眷"。参见《俄藏黑水城文献》第 10 册，第 18 页。

④ 《天盛改旧新定律令》卷八《为婚门》。

议的情况，商议的内容主要为对方家族状况及女子的容貌。家族状况包括对方家庭有没有非正常的杂事，有没有上下无秩、有无礼仪，是否贪图享乐，有无无所事事等①。在讨论女子姿容的同时也考其才智与品德②，而且一般认为美丑与道德有关③。父母节亲在婚姻中的决定权有一定的顺序。其中父母是儿女婚姻中尤其是女子婚姻的第一发言人。父母同意嫁方可出嫁，祖父母、伯叔、姨、兄弟、嫂等其他节亲不得阻挠。若没有亲生父母，则祖父母及共居之庶母、女之同母兄弟、嫂娣及伯叔姨等共同商议决定，但众人的决定需征得女子本人的同意。如果没有共议就出嫁，六个月期间，女子可上告，相关部门要接状寻问。祖父母、伯叔、姨等不治罪，兄弟、嫂娣则要受罚，为官罚马一匹，庶人杖十三。婚姻也当改过④。

3. 行聘订婚

婚姻对象确定后，要商议婚价，之后要过彩礼（支付婚价）和设定婚宴。

婚价是婚姻成立的一个关键环节。有实物与以出劳力抵偿两种形式。实婚物价种类及数量有等级区别。其中殿上座节亲主、宰相等以自相或与其下人等为婚者，婚价一律至三百种以内，其中骆驼、马、衣服外，金豹、虎皮等勿超百五十种。节亲主以下臣僚等自相或与诸庶民等为婚，婚价一律二百种以内，其中骆驼、马、衣服外，金豹、虎皮等勿超百种。盈能等头领以下

---

① 《圣立义海》"杂多婚姻"条下有"人所择婚姻，家门杂多，大小无礼，男女乐，喜安居，应做不为，复贪食物，故不成婚，□杂种，失离本性，如砖瓦不能成玉也"。参见［俄］克恰诺夫著、李范文、罗矛昆译《圣立义海研究》，宁夏人民出版社1995年版，第83—84页。

② 《圣立义海究》"丑妇内聪"中的"外丑内聪"条下记："妇人才艺内聪为要，仅多外美多招祸祟。诗中云：智男察妇行，愚人重妇表"。参见［俄］克恰诺夫著、李范文、罗矛昆译《圣立义海研究》，宁夏人民出版社1995年版，第88页。

③ 《西夏谚语》载"禄贱，对官事忠，妇丑，对丈夫贞"。参见陈炳应《西夏谚语——新集锦成对谚语》，山西人民出版社1993年版，第25页。

④ 《天盛改旧新定律令》卷八《为婚门》对婚姻当事人父母的主婚权有明确的规定："亲父母可嫁，祖父母、伯叔、姨、兄弟、嫂等其他节亲不许嫁。若无亲父母，则祖父母及共居庶母、女之同母兄弟、嫂娣及亲伯叔、姨等共议，于所愿处为婚。"

至庶民嫁女索妇时，婚予价一律 100 种以内，其中骆驼、马、衣服外，金豹、虎皮等勿超 20 种。[①] 无力给婚价者，男方到女方家出劳力三年。女子嫁到夫家，所留婚价尾数，当在一年期间给予。未按时补给的，女方可上告催促，不给者，为官者罚马一，庶人杖十三。过期不许取状寻问。婚约成立后，男方能给婚价而不给者，且要毁约，要按已议定婚价给予处罚，婚约解除，女子另嫁。如果女方要毁婚约，男方也同意，女方偿还婚价，婚约解除。[②] 结婚前男方要给女方婚价，结婚时女方要陪送嫁妆，种类有钱财、盖帐和服饰等，价值与婚价相对应。一般在婚价的一半之内，不能超过限定，一年之内给予。如果超过规定数目，则要退还。如果违律不遵，为官罚马一匹，庶人杖十三。所送盖帐，婚价三百种者盖帐三具，二百种者二具，一百种者一具，无力可不给，但不许增盖。三具、二具的支撑竿数目分别不得超过七十木或六十木[③]。所送服饰，婚价三百种者送七十服，二百种者送五十服，一百种者送十服以内，无力给服饰的可以不给。女方父母给嫁妆能力有限，则可以只取婚价二分之一，另一分以嫁妆而予之，无力者则不须予嫁妆。只要有聘资支付，即使只是支付部分，订婚即算完成，婚约成立。男子不按约订婚价给聘资，即使是举行了订婚宴，婚约也无效[④]。男方无力给婚价可以劳力抵偿。

4. 迎娶完婚

订婚三年后，选择吉利日子举行迎送仪式，双方父母、亲戚聚集参加祝贺[⑤]。女子出嫁时，要出嫁妆，嫁妆约等于婚价的一半，包括钱财、盖帐和服

---

① 《天盛改旧新定律令》卷八《为婚门》。
② 《天盛改旧新定律令》卷八《为婚门》。
③ 《天盛改旧新定律令》卷八《为婚门》规定："为婚价予三百种之嫁妆中盖帐三具，二百种盖二具，一百种盖一具。无力亦允许不盖，不许比之增盖。为婚嫁妆盖帐者，三具、二具盖七十木以及六十木以内，不许超出木数。"
④ 《天盛改旧新定律令》卷八《为婚门》。
⑤ 《番汉合时掌中珠》中有"亲家翁、亲家母，并诸亲戚，尽皆聚集"。参见《俄藏黑水城文献》第 10 册，第 18 页。

饰①，女方若无力给嫁妆，可以以婚价的一部分抵偿②。

男方父母未在规定的期限内迎娶，要被处罚婚价③。

在婚姻程序中若出现抢婚现象，则要受到处罚。在未得到女子父母同意的情况下，强行纳礼，并将女子抢走藏匿，女子父亲、兄弟可以上告，抢亲者有官罚马一，庶人杖十三。女子情愿则笞三十，不情愿则不治罪。归还父母，依意愿出嫁。如若侵凌女子，徒六个月；藏匿则徒一年。父亲、兄弟不告，其他人也不能告发，如若上告，告状人即取状人，一律有官罚马一，庶人十三杖④。

（四）离婚与再嫁

1. 离婚

西夏社会中有"出妻制"。凡有"行淫""不生子女""不侍奉公婆""有主多言""盗窃""嫉妒""恶疾"等七种情况之一者，丈夫可以"出妻"，即"休妻"⑤。其中妻子有"行淫"恶时，丈夫可以不与父母商议，即可实施"出妻"；其他六种需丈夫与父母共同商议，给出"当出"凭证，妻子离开；丈夫

---

① 《天盛改旧新定律令》卷八《为婚门》规定"为嫁妆次第：一钱当予实价二钱以内，不许滥超其数。一年期间予者，告则罪不治，所予超数当退还。倘若违律，追告不还及逾期告状寻问者等，一律有官罚马一，庶人十三杖。为婚价予三百种之嫁妆中盖帐三具，二百种盖二具，一百种盖一具。无力亦允许不盖，不许比之增盖。为婚嫁妆盖帐者，三具、二具盖七十以及六十木以内，不许超出木数。诸人为婚有送女嫁妆中送服饰及奉客时，服饰等一律予价三百种送七十服，予价二百种送五十服，予价一百种送十服以内。无力允许不服，不许比之超服及衣服全予。"

② 《天盛改旧新定律令》卷八《为婚门》规定"女父母无力，则当以前所取价二分之一为婚价，另一分为嫁妆而予之。其中无力者则不须予嫁妆"。

③ 《天盛改旧新定律令》卷八《为婚门》规定"男父母三年期间未迎娶，罪错自负，当罚婚价"。

④ 《天盛改旧新定律令》卷八《为婚门》。

⑤ 《天盛改旧新定律令》卷八《为婚门》规定"诸人出妻子法：妇人有七种恶中与人行淫一种，则父母及丈夫等共议，不议一律允许出，不许反告。此外：一、不生子女；二、不侍奉公婆；三、有主多言；四、盗窃；五、嫉妒；六、恶疾。有此六种错，丈夫和公婆等共议出之，则可往乐处。父母不知，丈夫出之，予凭据，若曰'当出'，剪头，遣往所愿处，及丈夫不知而父母出之等，六个月期间谁未知者反告诉讼，则不许往乐处，父母出之则罪不治，丈夫出之而未问父母直意，则有官罚马一，庶人十三杖"。

不问父母意思而出妻，为官者罚马一匹，庶人受三十杖。在丈夫不知情况下，父母"出妻"，六个月内可以诉讼，不许出妻，不治父母罪。有"七出"的同时，还有"三不出"。即妻子有六种错，但遇妻子行孝礼于公婆、男子迎娶时贫苦低微后来富贵、在被迎娶时已无家人等三种情况时，不能实施"出妻"。如果女子父母同意女儿回来时，可以实施"出妻"，父母不愿意，男方坚持的话，要罚取聘礼，退还嫁妆，女子离开。在女子父母不知情时，实施"出妻"，女方可以在六个月内上诉申告。①

2. 改嫁

西夏社会赞赏和提倡寡妇守节②，对于不改嫁养育遗孤、侍奉公公婆母的妇女，军头监要上报，予以表扬③。

与此同时，西夏也允许寡妇及战俘妻子改嫁。

寡妇对丈夫有三年的丧服期，三年孝期满后，在征得公婆的同意后可以改嫁，没有公婆者，可以自己作主，改嫁后不能带走丈夫家的牲畜及财物④。

战争中被俘男子的妻子也可以改嫁。其中有子女的在丈夫被俘获十年后可以改嫁，无子女的五年后可以改嫁，未被迎娶的三年后可以改嫁。⑤未迎娶而男方死亡者，退还婚价后，可以改嫁⑥。

如遇妇女被人胁迫出走他国后，伺机回来后可再与原夫一起生活，现在

---

① 《天盛改旧新定律令》卷八《为婚门》规定"彼有六种错，然一者能行孝礼于公婆；二者娶时贫苦低微后富贵威上；三者迎娶时送者迎人根断而无住处等。三种所不出及无罪错妇人等，妻丈夫有出妇人之心，女父母亦曰'我赎出'，则当出，不当回还。女父母不欲赎，妻丈夫曰'出妻子媳等'，则当罚聘价，退还嫁妆，随其愿往。父母不知不愿，则反告，诉讼程序、期限与前述相同"。

② 《西夏谚语》载："女净不净寡时显，男志不志说话显"。参见陈炳应《西夏谚语——新集锦成对谚语》，山西人民出版社1993年版，第10页。

③ 《天盛改旧新定律令》卷八《为婚门》。

④ 《天盛改旧新定律令》卷八《为婚门》。

⑤ 《天盛改旧新定律令》卷八《为婚门》。

⑥ 《天盛改旧新定律令》卷八《为婚门》。

丈夫不允追审。①

小　结

西夏的婚姻习俗总体上和西夏的社会性质相适应。在婚姻制度上西夏借鉴了中原地区封建法典的有关规定，在具体的婚姻形式上既具有中原地区的一些属性又有民族和地区特点。具体来说，西夏婚姻讲究"父母之命""媒妁之言"，但需征得女子本人的同意。彩礼是婚姻成立的条件，法律对婚价有限定，允许家庭贫困者，出劳力补偿。缔结婚姻要有"六礼"程序，具体的包括媒人说合、族亲商议、讨论婚价、给聘资（付婚价）、饮酒食、设订婚宴、迎娶等。从婚约成立至迎娶一般需要三年。处罚抢婚，但如果女子愿意，接受处罚，可以按意愿出嫁。婚后男子有与中原"七出"完全相同的"出妻"权利，但也有独特的"三不出"，西夏从法律层面上对妇女采取一定程度的保护。

---

① 《天盛改旧新定律令》卷七《为投诚者安置门》。

八、医疗习俗

（一）法术治病

西夏人生病后，会采用召巫驱病、礼佛消病、画符篆化病等方式。

西夏时的党项仍然笃信机鬼，尚诅祝，生病后，或召巫送鬼，或者移居他室以避病①。西夏巫、卜不分，颂咒驱病是巫师也是占卜师②。

同时，西夏关注身体与地、水、火、风四大元素的协调，强调"四大"中和与身体健康的关系③，即世界和人体主要由地、水、火、风四大元素所构成，四大元素协调则身体健康，四大元素中若有偏增，则引起四大元素不和，四大元素不和则会生病。所以，生病时也会通过抄诵、施刻佛经等方式祈求早日痊愈。西夏抄诵的有治病功德的佛经有《佛说疗痔病经》④《佛说除一切疾

---

① 《辽史》卷一一五《西夏外纪》中有"病者不用医药，召巫者送鬼，西夏语以巫为'厮'也。或迁他室，谓之'闪病'"。

② 赵晓明《略论西夏的占卜信仰》（《青海民族大学学报》2013 年第 4 期）指出"西夏文译本《类林》将汉文原本的'巫'译成'卜算'，说明西夏人把'卜'和'巫'看成一回事，且'卜算'的西夏语读音近似 si —me—这恰好是汉语'厮也'的读音"。

③ 《文海宝韵》对"病""患""疾"的解释都为"四大不和之谓也"，参见史金波、白滨、黄振华《文海研究》，中国社会科学出版社 1983 年版，第 410、475、533 页。

④ 西夏文题名𗙫𗾟𘊛𗖻𘝞𗩾𘃸，编号 Инв.No.807，据唐义净所译《佛说疗痔病经》汉译本翻译。参见孙颖新《西夏文〈佛说疗痔病经〉释读》，《宁夏社会科学》2012 年第 3 期。

病陀罗尼经》①《大手印究竟要集》②《那若六法诸要门合集二》③《佛顶心观世音菩萨大陀罗尼经》④。夏天盛十九年即金大定七年（1167）太师上公总领军国重事秦晋国王，因疾病缠绵，印施《金刚般若波罗蜜经》以求痊愈⑤。

　　在抄写佛经时，有时会在佛经后附一些医方。"大自在之供养法手取次第"，文后就有一组医方，包括《治热病要门》4 方、救妇人病等 15 方以及疗诸痔疮等 24 方⑥。《三观九门关键（钥匙）文》后附西夏文写本医方《敕赐紫苑丸》⑦，此外，有时还会将一些符箓画入佛经中，用符箓化解病疫⑧。

---

　　①　西夏文题名 𗫸𗋽𗢭𗣼𗍫𗰣𗄴𗟻𘜶𗾈�，编号 M11・014、M21・079［F6：W7］、Or.12380—2246aRV、2246b，兰山沙门德慧据唐不空所译《佛说除一切疾病陀罗尼经》汉译本重译，内容包括入定净道门、出定迹合门、思念无常门、观照根趣门、忏悔罪苦门、增长善根门、治四大病门、远离灾门、救济愿心门、法行体空门。参见王龙《中国藏西夏文〈佛说消除一切疾病陀罗尼经〉译释》，"第三届西夏文研修班暨西夏文献研讨会论文集"，银川，2014 年。

　　②　西夏题名 𗢭�970𘝞𗰜𗢭𗋽，编号 Инв.No.2858、2851、824、7163、2526、c，参见西田龙雄：《西夏語仏典目錄編纂の諸問題》，载 Е И.Кычанов，Каталогтангутскихбуддийскихпамятников，XLIV。

　　③　西夏文题名 𗫸�970𘝞𗋽𗣼𗬻，编号 Инв.No.2892。那若六法之"抽火定"等诸剂门的合集，由那啰巴师童次、沙门慧照翻译。包括《除念定碍剂门》《对治定相剂门》《治风碍剂门》《十六种要义》《能照无明》《二六治病剂门》《验死相法八种》《依气验死相略说》《依义验死相广说》《令抽火及与大乐圆融剂门第二》《令梦境及与幻身圆融剂门》《令睡眠及与光明圆融剂门第四》《能照体性》等 16 部修习要门。参见孙伯君《西夏文〈治风碍剂门〉考释》，《西夏研究》2014 年第 3 期。

　　④　西夏汉文抄本出土于宁夏拜寺沟西夏方塔，西夏文题名 𗫸𗰣𗣼𗑱𗋽𗢭𗣼𗍫𗰣𗄴𗟻𘜶𗾈�，编号 Инв. No 908、5963、5478、105、2900、3820、4755、116、6535、4880、4978、5150、4357、4887、57、6919、Or12380/ 0050、0526、0722、0841、1099、1118、1164、1198、1210、1419、1420、2071、2132、2761、3041、3185、3218、3493、G11・098-4p［D.0208］、M21・022［F6：W11a］，以及天图（183 丬 279）39-04a、13c、31b、31c，天图（222 丬 279）26-09、10、11、12、13、14、15。参见张九玲《西夏本〈佛顶心观世音菩萨大陀罗尼经〉述略》，《宁夏社会科学》2015 年第 3 期。

　　⑤　TK124《金刚般若波罗蜜经》，《俄藏黑水城文献》第 3 册，第 71 页。

　　⑥　西夏文题名 𗢭𗣼𘝞𗋽𘅂𗹙𗰜𗑗𗌣，编号 Инв. No 6476，译自藏文。参见 Е.И.Кычанов，Каталогтангутскихбуддийскихпамятников，стр. 589。

　　⑦　西夏文题名 𘝞𗋽𗣼𗍫𗣼𗍦，编号 Инв. No 2251，《敕赐紫苑丸》，黑水城汉文文献中还保存有《敕赐紫苑丸》的一个简写本，传世文献中也有多个同类紫苑丸药方流传，唯西夏《敕赐紫苑丸》最早、最为详尽。参见段玉泉《西夏文医方〈敕赐紫苑丸〉初探》，《宁夏社会科学》2013 年第 5 期。

　　⑧　张九玲《西夏本〈佛顶心观世音菩萨大陀罗尼经〉述略》（《宁夏社会科学》2015 年第 3 期）指出《佛顶心陀罗尼经》有一种符箓，是从汉文底本摹录来的"秘字印"，可以用来"救产难"。西夏语韵图《五音切韵》一个抄本的皮质护封上出现了和《佛顶心陀罗尼经》相近的图形，在图形的右面还用西夏文写上"大般若"三个字。聂鸿音《西夏道教补议》（《西夏学》第十七辑，甘肃文化出版社，2018 年第 2 期认为这是以秘字印为代表的道家因素附着于佛教在西夏流传的表现。

（二）医药治病

西夏重视医药卫生，五等司中，中等司设有医人院，末等司设有制药司。① 同时，向宋、金学习中医学理论和医疗方法或求医问药。毅宗谅祚时，乞求宋朝赐予包括医书在内的书籍，宋朝以国子监所印《九经》及正义、《孟子》、医书赐夏国。② 宋廷南迁后，金朝又成为西夏重要的医疗外援。仁宗时权臣任得敬得病，向金朝求医，金朝派大夫王师道到西夏为其治病，后获痊愈。桓宗时，太后得病，又向金朝求医，金朝派大夫时德元和王利贞前往治疗，并送医药。③

西夏自己也有一些医学理论和知识，认为血脉不通就会有疾病④。对狂犬病等传染病有一定认识⑤，特意将犬染狂病的防范写进了法律⑥。西夏的药以汤剂为主⑦。

西夏对皇室成员的医病十分重视，除"医人小监依内宫法出入以外，应有小医人每日在药房内"，"和御供膳及和药等中，不好好拣选，器不洁净等，一律徒二年"。⑧ 在内宫的职事人员有疾病时，有医人看病。⑨

牢狱中的犯人也有医治疾病的权利。因人染疾病不医及应担保而不担保，

① 《天盛改旧新定律令》卷一〇《司序行文门》。
② 《续资治通鉴长编》卷一九八，仁宗嘉祐八年四月丙戌条。
③ 《金史》卷一三四《西夏传》。
④ 《文海宝韵》对血塞、疾病分别解释为"血塞也，血脉病续断不通之谓也"，"疾也，病患，血脉不通之谓"。参见史金波、白滨、黄振华《文海研究》，中国社会科学出版社 1983 年版，第 414、504 页。
⑤ 《文海宝韵》对"传染"的解释为："传染也，染病也，染恶疮等之谓"。参见史金波、白滨、黄振华《文海研究》，中国社会科学出版社 1983 年版，第 511 页。
⑥ 《天盛改旧新定律令》卷八《相伤门》规定"有犬染狂病者当拘捕，恶犬及牲畜桀厉显而易见者当置枷。若违律时，庶人十三杖，有官罚钱五缗"。
⑦ 《文海宝韵》对"药"的解释是"汤药也，搅和可医治病患之谓"。参见史金波、白滨、黄振华《文海研究》，中国社会科学出版社 1983 年版，第 506 页。
⑧ 《天盛改旧新定律令》卷一二《内宫待命等头项门》。
⑨ 《天盛改旧新定律令》卷一二《内宫待命等头项门》规定"待命当值者中……又有染疾病，亦由医人视之，实染疾者，医人当只关，一起奏报给期限。"

《治热病法要论》（俄罗斯科学院东方文献研究所收藏）

《神仙方论》（俄罗斯科学院东方文献研究所收藏）

疏忽失误而致囚死时，有关官员都要依据情节轻重判处不等的徒刑。[1]

（三）医方和医疗

西夏地区西北，气候干燥寒冷，多有热寒、恶暑、牙痛、口疮、目眩、目赤、头疼、脑风、鼻塞、疮痈等杂症，皇帝在每年腊月会赏赐大臣治疗冬天咳嗽、风寒之类的药物[2]，军队中配备的战具有采药工[3]。

西夏流通的医药书籍有西夏文本也有汉文本，其中西夏文本有《治热病法要论》《明堂灸经》以及一些草书药方。汉文本有《神仙方论》《孙真人千金方》等。其中西夏文写本《治热病法要论》有30多种医方，多为治疗热病、妇科、男科和疮痈之类的疾病。其中的药物、制作、服法有的和传统中医药一致，一般不用多种药配伍，有的则带有偏方、验方的性

---

① 《天盛改旧新定律令》卷九《行狱杖门》。

② 《圣立义海》"腊月之名义"中"年末腊日"条有："准备诸食，升御圣影（像），准备供祀天神，赏赐臣僚风药。"参见［俄］克恰诺夫著，李范文、罗矛昆译《圣立义海研究》，宁夏人民出版社1995年版，第55页。

③ 《天盛改旧新定律令》卷五《军持兵器供给门》记载的各类配备战具中有"采药"一职。

质。如治疗干湿痈疮，将花虫做成白浆末，与羊脂混合后涂于疮上则痊愈。[①]
《明堂灸经》是西夏人依据中原地区孙思邈《明堂经》创制的针灸类书籍。除
此外，一些占卜书上也会出现一些与医学相关的内容。

西夏使用的药品有朱砂、云母、玉屑、钟乳、空青、禹余粮、紫石英、
菩萨石、雄黄、雌黄、硫黄、水银、磁石、寒水石、阳起石、蜜陀僧、长石、
理石、石膏、石蛇、石灰、石燕子、自然铜、花乳石、玄精石、紫贝、白桂、
海蛤、石决明、文蛤、代赭石、珊瑚、马脑、地黄、龙骨、龙齿、瑇瑁、象
牙、真珠、甲香。矾石、赤石脂、白石脂、碙砂、虎骨、沉香、琥珀、葛贼、
乳香、檀香、紫□、乌药、麒麟竭、没药、橡实、荭笼、衣甲、松香、苏香、
砒霜、牛黄、麝香、荜拨、茯苓、松脂、茯神、海马、菟丝子、木香、巴戟、
赤箭、苦参、大腹皮、丹参、麻黄、茾苡、良姜、诃梨勒、干姜、预知子、
决明子、五加皮、黄银、芍药、秦皮、桂心、枳壳、枳实、海桐皮、缩沙、
益智、柴胡、细辛、升麻、消石、干消、马牙消、胆矾、清风、云砂、龙脑、
菖蒲、菊花、生地黄、熟地黄、白术、苍术、牛膝、茺蔚子、车前子、远志、
草龙胆、肉苁蓉、白蒺藜、川芎、黄连、五味子、萆薢、狗脊、木香、紫草、
紫菀、蜗牛、白鲜皮、仙灵脾、蚌蛤、白薇、石楠叶、郁李仁、薏苡仁、款
冬花、杜仲、泽兰、牡丹皮、食茱萸、厚朴、牛蒡子、阿魏、草乌头、莳萝、
郁金、卢会、零陵香、海藻、玄胡索、荜澄茄、吴茱萸、山茱萸、大蓟、射
干、丁香、巴戟、甘草、藜芦、贯仲、半夏、牵牛、狼毒、川椒、槐胶、骨
碎补、乌鱼骨、马兜零、葫芦芭、地龙、马连子、海金砂、白僵蚕、川楝子、
五灵脂、豇豆、赤小豆、荜豆、茴香、枸杞、犀角、羚羊角、牡蛎、常山、
龙眼、天门冬、大黄、何首乌、姜黄、甘草、知母、天麻、桔梗、甘遂、京
三棱、栝楼根、白芨、白莲、灯心、木贼、白芷、酸枣仁、木猪苓、木鳖子、
白豆蔻、蝉壳、桑螵蛸、薛萝、白附子、栀子、百部根、大附子、肉豆蔻、

---

① 《文海宝韵》中也有"松、柏、草、屎、粪等之浆是，癫疮药用是也"。参见史金波、白滨、
黄振华《文海研究》，中国社会科学出版社 1983 年版，第 548 页。

草豆蔻、泽泻、蓬莪、皂角、独活、羌活、山芋、人参、壁虎、防风、贝母、附子、川乌豆、蛙经子、干蝎、乌蛇、白花蛇、五倍子、葛根、蜈蚣、斑猫、水蛭、鸣虫、麝脐、羱羚角、红花。[①]

西夏盛产麝脐、羱羚角、柴胡、苁蓉、红花、枸杞、大黄等，其中的枸杞、大黄久负盛名[②]，受各地商旅亲睐[③]。13世纪初，蒙古军队破西夏灵州后，耶律楚材攫取了两驮大黄[④]。

小 结

我国古代巫医不分，西夏在继承传统的基础上，形成了召巫送鬼、礼佛消病、符箓化病、服药针灸等多种治病保健方法。使用的医学书籍既有中原地区的《孙真人千金方》，也有在中原基础上形成的《明堂灸经》《治热病法要论》《神仙方论》等，还有众多用本土药材医治本土病的偏方、验方。

---

① 聂鸿音:《西夏〈天盛律令〉里的中药名》,《中华文史论丛》2009年第4期。
② 《宋史》卷一八六《食货志下八》。
③ 冯承钧译《马可波罗行记》第五十七章记肃州等地"并产大黄甚富，商人来此购买，贩售世界"。
④ 《元史》卷一四六《耶律楚材传》。

九、丧葬习俗

（一）丧葬观念和礼仪

党项早期，认为八十以上亡者，为寿命的自然终结，家人亲戚也不会悲痛哭泣，对于年少而亡者，则为"大柾"[①]，还没有形成一套完整的丧葬制度。建国后在中原传统文化的影响下，丧葬制度略与宋同，族亲、姻亲等亲属按血亲关系远近分别服三年、一年、九个月、五个月、三个月的丧。[②]如遇父母、子、兄弟、妻眷等死亡，即使是皇宫内待命当值的人，也可办手续，请假服丧。[③]服丧期间需服丧服、哭泣，不能忘哀寻乐，不能游戏、听乐、赴筵。[④]

对于那些违反丧葬习俗制度、不遵守法定孝道的人，如遇父母、丈夫死不哭，孝礼未毕而除丧服，忘哀寻乐等要给予处罚。[⑤]但贫困无力服孝的，

[①] 《隋书》卷八三《党项传》记"大柾"，《北史》卷九六《党项传》作"夭柾"。
[②] 《天盛改旧新定律令》卷二《亲节门》。
[③] 《天盛改旧新定律令》卷一二《内宫待命等头项门》。
[④] 《天盛改旧新定律令》卷二〇《罪则不同门》规定"父母、丈夫等应服三年丧服者已死，闻之而不哭泣时，徒三年。孝礼未毕而除丧服，忘哀寻乐时，徒六个月。游戏、听乐歌、坐他人筵上时，十三杖。又服一年丧服之节上死而不哭泣时，徒三个月，除丧服、忘哀寻乐□□□□□。又服自九个月至三个月丧服死而不哭泣时，于前述服一年丧服之罪上，服者是节上则当减二等，是节下则当减一等。孝日以内下葬，则当除丧服。"
[⑤] 《天盛改旧新定律令》卷二〇《罪则不同门》。

也可以不服。

丧葬期间的丧葬宴，以汉筵、熟食为主，其中心口菜十五种以内，唇喉二十四种以内，又树果品共二十四种以内①。在举行丧葬时不允许屠杀牲畜，不能以牲畜作为陪葬物②，也不能以官马来祭。③墓地的选择、出殡时间等要请巫师占卜④。

对于因犯罪而被官府斩杀者等非正常死亡者，一年之内不能为其收葬，一年之后，由审刑司审查，并派小巫师收葬⑤，但不能作咒超度。

西夏以亡者为大，尊重亡者。墓地神圣不容侵犯。破坏皇室墓地、碑、表、堂殿等一律以谋逆罪论处。主犯绞死，从犯当迁往异地。如果因为贪财而毁地墓、殿堂及盗窃隐藏毁坏官鬘金抄等，不分主从，一律斩杀⑥。毁坏殿上座节亲、宰相、诸王等地墓者徒六年，破坏棺椁徒十二年，损坏棺椁及尸者当绞杀。毁坏其他臣民所属地墓者徒三年，破坏棺椁徒六年，损坏棺椁及尸则徒八年。损坏无尸体的坛、台、陵、立石、碑文、石兽等，损坏地墓罪减三等。如果因贪取地墓中财物而进行数次损坏者，按强盗、偷盗法、毁损罪，从重判处。⑦

禁止随意抛掷尸骨使其暴露在外。在耕作时，无意中损坏墓地，触及尸骨者，不治罪。但要重新选择地方，妥善掩埋，不能随意抛掷，使尸骨暴露，如果不进行掩埋，不管是否清楚尸主一律徒二年。即便是逃难的游民、讨食

---

① 《天盛改旧新定律令》卷二〇《罪则不同门》。

② 《天盛改旧新定律令》卷二《盗杀牛骆驼马门》规定"诸人出葬时以畜作陪葬者当退回，不允屠杀。若违律屠杀时，承诸人屠杀自有牛、骆驼、马之罪"。

③ 《天盛改旧新定律令》卷六《官披甲马门》规定"诸人不得以著籍官马祭葬。违律者有官罚马一，庶人十三杖"。

④ 西夏文《碎金》有"丧葬巫客侍"的诗句。参见聂鸿音、史金波《西夏文本〈碎金〉研究》，《宁夏大学学报（社会科学版）》1995 年第 2 期。

⑤ 《天盛改旧新定律令》卷七《杀葬赌门》指出"诸人已犯罪，经官已杀者，一年以内不允收葬，一年已过时，当由小巫为之。先告都审刑司，当派巫小监者。应翻检头字，当收葬，不允作咒"。

⑥ 《天盛改旧新定律令》卷一《失孝德礼门》。

⑦ 《天盛改旧新定律令》卷三《盗毁佛神地墓门》。

的乞丐，死后尸体也应给予妥善处理，不能置之不理，更不能任意抛掷。[1]

（二）丧葬形式

1. 火葬

早期党项族实行火葬，即死后焚尸体[2]，这种习俗一直沿袭至建国，西夏的"丘"，就是用土圈起来的烧尸处，"墓"也是围起来的"烧尸处"[3]。西夏建国后的火葬和早期羌人焚尸扬灰不同，它将早期羌人火葬与汉族的土葬结合起来，即焚尸埋葬，墓穴中置盛灵魂或骨灰的灵匣，有的灵匣里没有骨灰[4]，当是一种象征。土葬时要进行祭祀，入随葬物品，并为亡者买阴宅。[5]这种火葬方式一直沿用至元代的西夏遗民中，元代西夏遗民的具体仪式如下：

君等应知世界之一切偶像教徒皆有焚尸之俗。焚前，死者之亲属在丧枢经过之道中，建一木屋，覆以金锦绸绢。枢过此屋时，屋中人呈献酒肉及其他食物于尸前，盖以死者在彼世享受如同生时。迨至焚尸之所，亲属等先行预备纸扎之人、马、骆驼、钱币，与尸共焚。据云，死者在彼世因此得有奴婢、牲畜、钱财等若所焚之数。枢行时，鸣一切乐器。其焚尸也，必须请星者选择吉日。未至其日，停尸于家，有时停至六月之久。其停尸也，方法如下。先制一匣，匣壁厚有一掌，接合甚密，施以绘画。置樟脑、香料不少于匣中，以避臭气。旋以美丽布帛覆于尸上。停丧之时，每日必陈食于枢前桌

---

[1] 《天盛改旧新定律令》卷三《盗毁佛神地墓门》。

[2] 《旧唐书》卷一九八《党项传》记"老死者以为尽天年，亲戚不哭；少死者则云夭枉，乃悲哭之。死则焚尸，名为火葬"。

[3] 《文海宝韵》中"丘"释义为"烧人尸处土圈之谓"；"墓"释义为"烧尸处骨尸所围之谓"。参见史金波、白滨、黄振华《文海研究》，中国社会科学出版社1983年版，第547、460页。

[4] 姚永春《武威西郊西夏墓清理简报》（《陇右文博》2002年2月）指出甘肃武威西郊林场发现的西经略司兼安排官□西处都案刘仲达和西经略司都案刘德仁的墓葬中，皆有葬具木缘塔，墓题记作"灵匣"，木缘塔内未发现有骨灰，这两个墓似应为火葬墓。武威西郊响水河煤矿家属院发现西夏双人合葬墓，墓中有木制灵骨匣两具，皆为寿棺状，其中也无尸骨。

[5] 姚永春《武威西郊西夏墓清理简报》（《陇右文博》2002年2月）指出甘肃武威西郊西夏墓出土有"直祭主男窦依□□，于西苑外咩布勒鬼卖地一段"的买地券。

上，使死者之魂饮食。陈食之时，与常人食时相等。其尤怪者，卜人有时谓不宜从门出丧，必须破墙而出。此地之一切偶像教徒焚尸之法皆如是也。[1]

2. 土葬

党项内迁后逐渐开始有了土葬，尤其是党项羁縻府州首领以及后来的夏州政权上层都为土葬，要入棺椁或灵柩，选墓地，造墓穴，立墓碑，刻墓志铭等。宋咸平六年（1003）李继迁收复绥、宥诸州以后，葬其祖于红石峡，凿石为穴，葬后引水隐藏墓穴的具体位置[2]。宋景德元年（1004）李继迁死后，子德明嗣位于柩前，并将其葬于贺兰山西南麓。此后西夏诸帝及其大臣们便埋葬于此。形成了包括太祖继迁的裕陵、太宗德明的嘉陵、景宗元昊的泰陵、毅宗谅祚的安陵、惠宗秉常的献陵、崇宗乾顺的显陵、仁宗仁孝的寿陵、桓宗纯祐的庄陵、襄宗安全的康陵等9座帝王陵在内的皇帝陵园区[3]。

普通百姓也有实行单纯土葬的，棺椁或灵柩在家置数日后，入土埋葬，立石刻碑。西夏敬畏墓地、棺椁、尸骨等。严禁破墓地墓、陵墓、立石、碑文、棺椁、尸骨，在破墓地墓、陵墓、立石、碑记文时如果损伤棺椁、尸骨，判徒八年。停尸期间损毁尸骨，比上述在墓穴中破坏者罪行减一等[4]。

（三）西夏墓葬形制

不管是火葬与土葬的结合还是单一的土葬，都有墓地，墓地的选择要通过堪舆、龟筮等方法选择一块和顺吉利的适宜阴宅[5]。

---

① 冯承钧译：《马可波罗行记》，东方出版社 2011 年版，第 123—124 页。

② 《西夏书事》卷七。

③ 史金波《西夏社会》（上海人民出版社 2007 年版，第 793 页）指出神宗遵顼、献宗德旺的陵号缺失，西夏末帝睍则可能无陵。

④ 《天盛改旧新定律令》卷三《盗毁佛神地墓门》规定"损坏棺椁而至尸则徒八年""死人未送往地墓中，暂停放尸，放置时动手损毁，则当比于地墓上动手诸罪行减一等"。

⑤ 甘肃武威出土的买地券中有"龟筮协存""相地袭吉"等文字。参见朱安、钟亚萍等《武威西关西夏墓清理简报》，《陇右文博》2001 年第 2 期。

西夏三号陵

墓地有立碑、刻碑记、建堂殿等习惯，西夏推崇夫妻"生时同枕眠，死后共墓埋"，所以，在很多情况下实行夫妻合葬①。

1. 帝王陵

西夏陵园在贺兰山东侧山峦岗阜之下，南起三关口，北至泉齐沟。依山背水，背靠贺兰山，方圆58余平方公里，分布着9座帝陵，100余座陪葬墓。

帝王墓按"角姓贯鱼葬法"和"左昭右穆"宗庙牌位制度排列②，陵区内建造以圆形和塔形为主。每一座帝陵，都是整个西夏王陵的重要组成部分，本身也是独立完整的建筑单元。均坐北朝南，呈纵向长方形，内部基本上由角台、阙台、月城、陵城四部分组成。帝陵的外郭或宫城的长宽比例都在1.5∶1.7之间。

开国皇帝元昊陵占地面积最大。以角台为边界，陵园平面呈南宽北窄的梯形，陵园的建筑计有4座角台、2座阙台、2座碑亭、1座月城和1座陵城。

---

① 《圣立义海》"夫妇名义"中"世代敬颂"条下有："夫妇者，生时同枕眠，死后共墓埋。"又"死后共墓"条记载诗中说："夫妇者，生时居一家，相敬终寿。及亡同地墓，共棺入葬也。"参见〔俄〕克恰诺夫著，李范文、罗矛昆译《圣立义海研究》，宁夏人民出版社1995年版，第85页；姚永春《武威西郊西夏墓清理简报》(《陇右文博》2002年2月)指出甘肃武威西郊林场发现的西经略司兼安排官□西处都案刘仲达和西经略司都案刘德仁的墓葬以及武威西郊响河煤矿家属院发现的墓葬，皆为双人合葬墓。

② 也有学者认为帝陵一组按"平原起冢"，另一组为"依山起冢"，各自成行排列。两种观点中除1、2、3、7号陵排列相同，墓主确定，其他5座陵墓则有区别。参见宁夏文物考古所、银川西夏陵区管理处《西夏三号陵——地面遗址发掘报告》，科学出版社2007年版，第328页。

这些建筑是据南北中轴线对称分布的。进入陵城，在南门到北门的中轴线上偏西处建有献殿和陵塔，位于两者之间的则是埋葬墓主的地下墓穴。4 座角台对称分布，南北各两座，为陵园最外围建筑，是兆域的标界，左右对称，其上有阙楼。2 座阙台是陵园正南门外的建筑，左右对称，阙台上也有楼阙。由阙台向北为两座碑亭，也是左右对称。碑亭北行，就到了月城和陵城，两城相接，平面呈"凸"字形状，月城类似瓮城。月城至陵城南门之间，设有神道，两侧各有两排石像生，呈对称形式。陵城南北略长，呈方形，四面陵门，南门为正门，设有斜坡墁道，可入陵城。其余三门不能进入陵城。

陪葬墓有 5 类：一是由两座碑亭、外城、月城、墓城、门址、照壁和墓冢组成；二是由一座碑亭、月城、墓城、门址、照壁和墓冢组成；三是由一座碑亭、墓城、门址、照壁和墓冢组成；四是由墓城和墓冢组成；五是只有一座墓冢。第一、二、三类大中型陪葬墓以黄土、砾石混合夯筑或分层夯筑；第四类是中小型墓，多为原地起土为丘，略加夯筑，再以石灰封抹；第五类小型墓多为原地起土为丘，然后分层垒砌石块①。

2. 贵族墓

贵族墓由墓道、墓门、墓室和墓碑组成。墓室多以木料封门，多呈方形、平底、平顶或穹隆顶。地上均有高低不等的封土，高者达 3—4 米，墓园建筑，墓室不在墓园的正中而是在西北部。有的墓道为阶梯式且有天井。墓内有灵匣、陀罗尼经，还有墓主人、男侍、女侍、童子、老仆、老婢、武士、金乌等内容的彩绘图画及墓俑、铜铃、石雕幼狮、铜饰物、铁甲片、陶俑、木俑、石柱榫头、铜带扣、铜棺泡饰以及鎏金银带饰等随葬品。②

① 汪一鸣、许成：《夏京畿的皇家陵园》，《宁夏社会科学》1987 年第 2 期。
② 以上墓葬形制及随葬品见于武威西郊林场发现的西夏西经略司都案刘德仁墓（参见姚永春《武威西郊西夏墓清理简报》,（《陇右文博》2000 年第 2 期）及银川市南郊永宁县闽宁村野利氏墓（参见宁夏文物考古研究所编著《闽宁村西夏墓地》，科学出版社 2004 年版）。

3. 僧人墓葬

僧人多为塔墓，塔墓内置塔模、骨灰，一般会集中形成塔群。今天宁夏青铜峡一百零八塔与贺兰山拜寺口塔群就是西夏的两个大僧人墓群。

其中青铜峡一百零八塔，为喇嘛式实心砖塔，排列有序，总体呈三角形的分布。塔身内衬土坯，外裹砖石，通体涂有白灰，原白灰面上画各式彩绘。塔顶一般为宝珠式。塔体型制有覆钵状、八角形鼓腹尖锥状、宝瓶状、葫芦状。塔基以十字刹角形为主，塔墓内置塔模、骨灰。[①]

贺兰山拜寺口塔群在拜寺口双塔寺旁边的扇形山坡上。塔基基座有十字刹角形、八角形、方形三种，其中十字刹角形最多。佛塔排列没有规律。部分佛塔中筑有塔心室。塔心室有方形、圆形两种，有的与塔基底部在一个平面上，有的则低于塔基。塔墓内置塔模、骨灰。佛塔外面都抹白灰，白灰上均有彩绘图案。

西夏木缘塔（武威市博物馆藏）

（四）葬具、随葬品

1. 葬具

西夏有火葬、火葬和土葬相结合以及土葬等丧葬形式，葬具也因丧葬形式不同有所区别。火葬和土葬结合形式使用的葬具有陶质塔形罐[②]、八边形或六边

---

①　雷润泽、于存海、何继英：《西夏佛塔》，文物出版社 1995 年版，第 102—127 页。

②　2016 年宁夏大学西夏学研究院数字西夏课题组在陕西省榆林榆阳区文管所考察时，发现了一件灰陶质彩绘塔形罐。

瓷羊（宁夏灵武窑遗址出土）

瓷骆驼（宁夏灵武西夏瓷窑遗址出土）

形的木缘塔①、寿棺状的木制灵骨匣②、灵骨瓶③、瓷坛④。

土葬主要用棺，多为木质。

西夏建国前就用木棺、灵枢。宋景德元年（1004）李继迁死后，子德明嗣位于枢前，景德四年（1007）德明母亲罔氏，迎宋朝使节至灵枢前⑤。除灵枢外，有送灵枢的灵车，李继迁乳母去世，即以灵车送出郊外。

2. 随葬品

西夏帝王陵园中有帝陵和陪葬墓两种墓穴。其中帝陵中的随葬品有金鞍饰、花瓣形镂孔金饰、金扣边，还有嵌绿松石鎏金银饰、银片饰、鎏金兽面等金银器，有珠饰、铜甲片、铜门钉泡、铜副肘板、铜铃、竹雕、棋子、石雕等；陪葬墓中随葬品有石狗、石马、铁狗等石制品，也有

① 姚永春《武威西郊西夏墓清理简报》（《陇右文博》2000年第2期）指出甘肃武威西郊林场的西经略司兼安排官□西处都案刘仲达和西经略司都案刘德仁墓中有木缘塔。

② 姚永春《武威西郊西夏墓清理简报》（《陇右文博》2000年第2期）指出武威西郊响水河煤矿家属院出土墓即为西夏双人墓。

③ 蔡晓樱《从武威的西夏墓看西夏葬俗》（《西夏学》第七辑，上海古籍出版社2011年第1期，第246页）指出1989年7月在武威奔马饮料厂西夏墓群中发现灵骨瓶。

④ 银川西夏区银西防护林（原十三中学农场）处发现4座西夏墓内即有盛敛骨灰的瓷坛。另外，银川市兴庆区丽景街沙渠村（现在的湖苑小区内13号楼和16号楼之间）发现的西夏墓中也有盛放骨灰的瓷坛。

⑤ 《续资治通鉴长编》卷六五，真宗景德四年五月丁酉条。

包括锦、罗在内的丝织品。

官员墓葬中的随葬品有瓷器，还有木条桌、木衣架、小木塔、木笔架、木宝瓶[①]、木俑、木牛、木羊、木鸡[②]等。

西夏普通百姓家墓内会放置刻有为阴宅买地的木牍，即买地券。买地券中记有买地人、卖地人，虚拟的四置即"东至青龙，西至白虎，南至朱雀，北至玄武。内方勾陈，分掔掌四域丘冢、墓伯，封畔，道路将军"以及"主人内外存亡，悉皆吉安，总如五帝使者如青律令"等[③]。

除此外，还有陶质或泥质的塔型擦擦，外刻有各种纹饰或经咒，内装写有经咒的纸条，有的表面还涂以彩绘[④]。

小　结

西夏重视丧葬，受中原汉文化的影响，有亲属去世服丧的习俗，包括孝服、哭泣、弹奏起舞等程序，法律条文对丧葬程序和丧宴有着明确的规定。埋葬方式有火葬与土葬相结合，也有单纯的土葬。墓地选择有请巫师占卜的，也有通过堪舆、龟筮等方法选择的。葬礼程序中有巫师作咒，也有亡灵超度，超度亡灵的法事上有僧人也有道士。

一般来说西夏墓地有立碑、刻碑记、建堂殿等习惯，但具体到某一墓葬，其形制、葬具及随葬品则有明显的社会等级差别，同时西夏推崇夫妻"生时同枕眠，死后共墓埋"，有许多夫妻合葬的墓穴。

---

① 见于甘肃武威西郊林场西夏墓地。参见姚永春《武威西郊西夏墓清理简报》，《陇右文博》2000年第2期。

② 宁夏文物考古研究所：《闽宁村西夏墓》，科学出版社2004年版，第150—151页。

③ 姚永春：《武威西郊西夏墓清理简报》，《陇右文博》2000年第2期。

④ 宁夏中卫县出土有擦擦铜范，长9.6厘米，口径9.2厘米，顶部出柱形柄，外壁有连珠纹和覆莲纹，内为覆钵式塔范。参见陈高华、徐吉军编，史金波著《西夏风俗》（全彩插图本中国风俗通史丛书），上海文化出版社2017年版，第212页。

十、信仰习俗

（一）自然崇拜和神鬼信仰

1. 自然崇拜

早期党项把不能理解、难以抗拒的自然现象统归于"天"的支配，每三年部族大聚，杀牛羊以祭天[①]。建国后依然认为天是世间主宰，天、地、君、礼中天为始[②]。天穹中存在着天尊、天帝、天神。天尊向世间赐福，天帝决定生命长短[③]。西夏皇帝称"青天子"，受天命而继承王位。皇帝的活动要遵循天道、依顺天意，这样便会风调雨顺，五谷丰收[④]。

统治者很重视天神的祭祀，每年四月三日，神马、祭牛、神牛祭祀天

---

① 《隋书》卷八三《党项传》。

② 《圣立义海》"天之名义"下有"昊天，世间主宰"。参见［俄］克恰诺夫著，李范文、罗矛昆译《圣立义海研究》，宁夏人民出版社1995年版，第50页。

③ 《圣立义海》"天之名义"条下记"天尊福遍凡世""析理天君不言命，为定寿命也"。参见［俄］克恰诺夫著，李范文、罗矛昆译《圣立义海研究》，宁夏人民出版社1995年版，第50、51页。

④ 《圣立义海》"十月之名义"条下记"御寇行猎十月时，天降霜，使蒲草尽枯死，君依顺于天，率军行猎也"，"国昌天赏君依德、智、孝奉天。一切草果不种自成，十月收。国人谓丰年也"。参见［俄］克恰诺夫著，李范文、罗矛昆译《圣立义海研究》，宁夏人民出版社1995年版，第54页。

神[①]。每年年末腊月，西夏皇帝举行供奉祭祀天神活动，并给官员赏赐治风寒的药[②]。

西夏造天神像、天尊像进行供奉祭祀，对盗毁天神像、天尊像者，主谋剑斩，从犯无期徒刑[③]。

2. 鬼神信仰

随着社会的发展，西夏由笼统地崇拜"天"扩展到能接触到的具体的山川河流及各种自然现象，并进而把这些自然现象人格化为各种鬼神，出现了多样鬼神信仰。在西夏的观念里神主善，称善神；鬼主恶，称恶鬼。善神除天神外，还有地神、富神、战神、守护神、大神、护羊神、山神、水神、龙神、树神。[④] 鬼有饿鬼、虚鬼、孤鬼、厉害鬼、杀死鬼等。

对善神要尊崇，设神帐以供奉、祭祀、祷告，居住的正室中留一间专门供奉鬼神[⑤]。

元昊立国不久，就到西凉府祠神。仁宗年间甘州黑水河河水暴涨，国师贤觉圣光菩萨建桥渡水，乾祐七年，即金大定十六年（1176）仁宗亲自到黑水河畔立建桥碑，祭祀山神、水神、龙神、树神、土地诸神，祈求水患永息，桥道久长，祈愿诸神灵护佑邦家。[⑥]

---

① 《天盛改旧新定律令》卷十九《畜患病门》中规定"神马、祭牛、神牛一种有者，年年四月三日于冬夏分别时，于旧宫内天神下当送马中散茶酒。"

② 《圣立义海》"腊月之名义"中有"年末腊日，国属金，土日，君出行猎，备诸食。星影升。准备供奉天神，赏赐官宰风药"。参见［俄］克恰诺夫著，李范文、罗矛昆译《圣立义海研究》，宁夏人民出版社 1995 年版，第 55 页。

③ 《天盛改旧新定律令》卷一《大不恭门》规定"盗毁护神、天神，传御旨时不行臣礼，起轻视心，及御前、制、御旨直接唤人往，无故不来等，一律造意以剑斩，从犯无期徒刑"。

④ 参见史金波、白滨、黄振华《文海研究》，中国社会科学出版社 1983 年版，第 500、624、402、562 页。

⑤ （宋）沈括《梦溪笔谈》（中华书局 2015 年版，第 8 页）卷一八记"盖西戎（即党项）之俗，所居正寝，常留中一闲，以奉鬼神，不敢居之，谓之'神明'，主人乃坐其旁"。

⑥ （清）叶昌炽：《语石》卷一，宣统元年刊本，辽宁教育出版社 1998 年版，第 29 页。

对鬼要有巫师咒语驱逐①。巫的职责之一就是驱鬼、咒鬼②。其方法之一是挖一个坑，把所谓"鬼"送入坑中，在坑边上骂詈，以达到消灾祛祸的目的。

西夏人遇病后，要召巫送鬼，或者移居他室以避病③。对战死者要"杀鬼招魂"④。西夏人去世时要请巫者送葬，作咒，犯罪被杀者的尸体也要由巫术进行处理。犯罪被杀者一年内不允收葬，一年后，由小巫收葬，但巫者只能按时收葬，不能作咒超度。

巫也参加主持祭祀。遇牲畜患病，当死亡牲畜上出现特殊字迹，要派一官巫，去当地在牲畜产幼仔中寻找毛色美好者穿耳以祭祀⑤。

巫术另一职能是占卜。通过占卜问凶吉，决疑难。西夏在中央政府设置"卜算院"，"依事设职，大人数不定"。⑥地方设"卜算"和"官巫"。⑦占卜在党项人的社会生活中占有重要地位。百姓生活中出行、修屋、耕种、婚姻、生育、遇盗、走失、疾病、择地理位置等具体事项都会进行占卜。占卜既渗透到人们的日常生活中，也影响着一些重大事件，特别是军事作战的出征。

西夏出兵作战之前要先行占卜，传统方法具体有四种方式，一种叫"炙勃焦"，用艾草烧羊胛骨，看其征兆；一种叫"擗算"，擗竹于地上以求数；一种叫"咒羊"，晚上牵羊，烧香祷告，又在野外烧谷火，第二天早上杀羊后，肠胃通则表示吉利，羊心有血则表示要吃败仗；一种是"矢击弦"，即用箭击打弓弦，听其声音而占算战争胜负和敌人到达的日期。⑧同时，西夏一般选

---

① 《宋史》卷四八六《夏国传下》记"笃信机鬼，尚诅祝"。
② 《文海宝韵》中"巫"解释为"驱灾害鬼者用是也"。参见史金波、白滨、黄振华《文海研究》，中国社会科学出版社 1983 年版，第 426、545 页。
③ 《辽史》卷一一五《西夏外纪》记"病者不用医药，召巫者送鬼，西夏语以巫为'厮'也。或迁他室，谓之'闪病'"。
④ 《西夏书事》卷二七。
⑤ 《天盛改旧新定律令》卷一九《畜患病门》。
⑥ 《天盛改旧新定律令》卷一〇《司序行文门》。
⑦ 《天盛改旧新定律令》卷五《矫误门》。
⑧ 《宋史》卷四八六《夏国传下》。

择单日出兵，避开晦日。① 后来逐渐引入了观天象的占候法。"德明自出兵攻回鹘，恒星昼见经天，卜之不吉，大惧还。"夏天仪治平三年，即宋元祐三年（1088）三月，"月入东井"，群臣建言，国家用兵过多，请息民力。夏大德五年，即宋绍兴九年（1139）正月，太白、荧惑合于井，司天谓"不利用兵"。

西夏也使用中原地区的八卦、干支、五行推算之法。西夏宰相斡道冲用西夏文作《周易卜筮断》，此外还有西夏文"八卦体"、西夏文"六十四卦象"，汉文的"六十四卦图歌"以及推占法的书籍②。也有"神鬼占卜"③"占候"等方法④。还有相面⑤以及以生辰占卜命运的习俗⑥。

西夏尚巫术，但反对蛊术，认为蛊术是扰乱社会的歪门邪道。不准行蛊术，若违律，令学者、教师及学习者，主犯、从犯不论有无官，皆绞杀。⑦

西夏设置"巫提点"一职，派遣一二名大人⑧，管理民间宗教信仰以及宗教仪式。

（二）佛教信仰

银夏地区早有佛教流传，河西走廊一带自凉、魏开始就是佛教兴盛之地，寺窟林立，民众多为信徒，甘、青一带藏传佛教盛行，邻族契丹

---

① 《辽史》卷一一五《西夏外纪》记"出军用单日，避晦日"。

② 聂鸿音：《西夏文献中的占卜》，《西夏研究》2015 年第 2 期。

③ 其中 Дx1236 号文书记载的方法为绘鬼型图，先观察"走失日"在"龟"身上的部位，如龟耳、足、尾等，然后据此部位的占辞求失物。

④ 赵晓明：《略论西夏的占卜信仰》，《青海民族大学学报》2009 年第 4 期。

⑤ 黑水城出土有一幅西夏相面图残件，图中以墨线绘制了一男子半身侧面像，脸部露出左侧脸颊及面部，脸部标注各部位名称，有的还注明该部位在相面中代表的含义，如在额中间记"天庭骨斜至耳大贵"。"天庭骨"西夏文为"天中骨"。在图中正面和反面脸部以外部分，也记载了相面代表的含义，如"天庭骨斜而高至耳则有大贵也"，"明堂角骨高则长寿并富贵"。参见马雅伦、郑炳林《西夏文〈相面图〉研究》，载《国际西夏学术研讨会论文集》，宁夏人民出版社 1998 年版。

⑥ M21·005［F220∶W2］号西夏文残页，内容为用八字推命术或称四柱推命术为一生于癸亥年的男子算命文书。《中国藏西夏文献》第 17 册，第 154 页。

⑦ 《天盛改旧新定律令》卷一一《矫误门》。

⑧ 《天盛改旧新定律令》卷一〇《司序行文门》。

也是佛教流传区域。有了这些基础，内迁后的党项很快接受了佛教，建国后，王室更是崇信佛法，利用政权推动佛教在全境内传播、发展，佛教在西夏得到了长足发展。总体来说，西夏佛教主要有汉传与藏传两类，民众的佛事活动主要有超度亡灵、祈福避灾、礼佛行善、诵经度僧等。

1. 佛教宗派

汉传佛教有华严宗、天台宗、净土宗、禅宗、法相宗、密宗等。其中华严宗经典有《大方广佛华严经》《圆觉道场礼忏》《大方广圆觉修多罗了义经略疏》等[①]；弘扬华严的大师有鲜卑真义国师、鲁布智云国师、真国妙觉寂照帝师、新圆真证帝师、卧利华严国师、喻咩海印国师、觉国师、护国一行慧觉法师等[②]；西夏流传的天台宗经典有《妙法莲华经》《大智度论》《宝藏论》等，其中《妙法莲华经》有汉文本、有西夏本，有刻本、有写本，有金银字写本，有插图本的《妙法莲华经观世音菩萨普门品》等；《大智度论》《宝藏论》等被译成西夏文[③]；净土宗经典有《大乘圣无量寿经》《佛说阿弥陀经》[④]以及多种净土宗经典的集子[⑤]；禅宗经典有《六祖坛经》《禅源诸诠集都序》《禅源诸诠集都序之解》《禅源诸诠集都序择炬记》《禅源诸诠集都序干文》

---

① 西夏《大方广佛华严经》有汉文本、有西夏文本，有刻本、有写本，还有泥金字本，有官修本也有民间本。参见惠宏、段玉泉《西夏文献解题目录》，阳光出版社 2015 年版；《圆觉道场礼忏》及《大方广圆觉修多罗了义经略疏》见于宁夏文物考古研究所《拜寺沟西夏方塔》（文物出版社 2005 年版）；汉文《大乘要道密集》第 6 篇《解释道果语录金刚句记》中的题款为"北山大清凉寺沙门慧忠译，中国大乘玄密帝师传，西番中国法师禅巴集"，北山大清凉即西夏有华严道场——北五台山寺。参见陈庆英：《西夏及元代藏传佛教经典的汉译本》，《西藏大学学报》2000 年第 5 期。

② 白滨：《元代西夏一行慧觉法师辑汉文〈华严忏仪〉补释》，载《西夏学》第一辑，宁夏人民出版社 2006 年版，第 78 页。

③ 史金波：《西夏佛教史略》，宁夏人民出版社 1988 年版，第 234—236 页。

④ 西夏的《大乘圣无量寿经》《佛说阿弥陀经》等有汉文本、有西夏文，有刻本、有写本。其中崇宗皇帝时御制发行了《大乘圣无量寿经》。惠宗、崇宗、仁宗都刻印《佛说阿弥陀经》。乾祐二十年（1189）仁宗散施《观弥勒菩萨上生兜率天经》十万卷。西夏卷画、石窟壁画中多绘有《阿弥陀佛来迎图》。参见惠宏、段玉泉《西夏文献解题目录》，阳光出版社 2015 年版。

⑤ 宁夏方塔出土的汉文本《众经集要》即由多种净土宗经典集合而成。

《中华心地传禅门师资承袭图》《修禅要论》等①，西夏有修禅窟之习惯，僧人有坐禅之法②，西夏人名也喜用"禅定"二字③；法相宗的经典有《瑜伽师地论》《显扬圣教论》《摄大乘论》《辨中边论》《唯识二十论》《唯识三十颂》等，其中《瑜伽师地论》《唯识二十论》被翻译成西夏文④；密宗经典有西夏文《百千有印陀罗尼经》《拔济苦难陀罗尼经》《药师琉璃光王佛本愿功德经》《不空绢索神变真言经》《甘露经陀罗尼咒》《佛说圣佛母陀罗尼经》《圣大乘守护大千国土经》《大寒林经》《圣八千颂

《上乐金刚图》(宁夏博物馆收藏)

般若波罗蜜多经》等，其中《百千有印陀罗尼经》《拔济苦难陀罗尼经》《药师琉璃光王佛本愿功德经》《不空绢索神变真言经》《甘露经陀罗尼咒》《佛说圣佛母陀罗尼经》译自汉文，《圣大乘守护大千国土经》《大寒林经》《圣八千颂般若波罗蜜多经》译自藏文。⑤

西夏的藏传佛教大抵以河西走廊为重点，并逐渐向西夏腹地一带延伸，

---

① 《六祖坛经》《禅源诸诠集都序》《禅源诸诠集都序之解》《禅源诸诠集都序择炬记》《禅源诸诠集都序科文》《中华心地传禅门师资承袭图》《修禅要论》等都被翻译成西夏文流传。参见惠宏、段玉泉《西夏文献解题目录》，阳光出版社 2015 年版。

② 陈炳应:《西夏文物研究》，宁夏人民出版社 1985 年版，第 57—63 页。

③ 史金波、白滨《莫高窟榆林窟西夏文题记研究》(《考古学报》1982 年第 3 期) 指出莫高窟 464 窟西夏文题记中有 "……中……五日敬礼者那征禅定宝铁……"，榆林窟 29 窟比丘尼供养像旁的西夏文榜题为"出家禅定……氏那征一心归依"。

④ 西夏有《瑜伽师地论》《显扬圣教论》《摄大乘论》《辨中边论》《唯识二十论》《唯识三十颂》流传，其中《瑜伽师地论》《唯识二十论》被翻译成西夏文。参见惠宏、段玉泉《西夏文献解题目录》，阳光出版社 2015 年版。

⑤ 西夏的密宗经典有翻译自汉文如《百千印陀罗尼经》《拔济苦难陀罗尼经》《药师琉璃光王佛本愿功德经》《不空绢索神变真言经》《甘露经陀罗尼咒》《佛说圣佛母陀罗尼经》等。有译自藏文如《圣大乘守护大千国土经》《大寒林经》《圣八千颂般若波罗蜜多经》等。参见惠宏、段玉泉《西夏文献解题目录》，阳光出版社 2015 年版。

宗派有噶玛噶举派和萨迦派。《六字大明王陀罗尼》《仪轨后记》《金刚剂门》《念一切如来百字忏悔剂门仪轨》《佛眼母仪轨》《梦幻身要门》《甘露中流中有身要门》《舍寿要门》《金刚亥母禅定》《圆融忏悔法门》《密教念颂集》《黑色天母求修次第仪》《吉祥遍至口和本续》《圣妙吉祥真实名经》《吉祥上乐轮略文等虚空本续》等藏传佛教经典及《上乐金刚图》《千佛图》《千手观世音图》《坐佛图》《大日如来图》《护法力士图》《八相塔图》等佛画在西夏都有流传。佛教经典既有汉文也有西夏文。此外，还有一些藏文佛经如《大般若波罗蜜多经》《辩证法性论》《般若经》《胜相顶尊总持功德依经录》等。法会上要诵读藏文佛经①。藏传佛教高僧在西夏享有很高的地位。其中仁宗时受迎请入夏的噶玛噶举派高僧都松钦巴（1110—1193）的弟子藏索格被尊为上师；后又有萨迦派第三代祖师札巴坚赞（1149—1216）的弟子迥巴瓦国师觉本、蔡巴噶举喇嘛通古娃·旺秋扎也被封为西夏的上师。弘扬藏传佛教的贤觉菩萨被封为帝师。西夏营造的洞窟中，包括莫高窟、榆林窟、酒泉文殊山、肃北五庙、永靖炳灵寺、玉门昌马下窟、裕固马蹄寺、武威天梯山、须弥山、阿尔寨等石窟中都有藏传佛教的遗迹。

2. 佛事活动

超度亡灵。西夏在亲人去世及祭日，有条件的家庭一般都会举行法事活动，超度亡灵。法事活动的规模、内容因举办者的身份而有所区别。身居高位的官员，在"七七"时，由政府赐给一定数量的僧道做法事活动，不能自己请僧人、道士。②

---

① 乾祐二十年（1189）印施的西夏文《观弥勒菩萨上生兜率天经》发愿文中记"读西番佛经"；乾祐二十四年（1193）西夏文《拔济苦难陀罗尼经》发愿文中有"诵读番、汉、羌（藏）三藏经各一遍"；应天四年（1209）西夏文佛经发愿文中记"诵读大藏经文番、羌（藏）、汉一百八藏"；汉文佛经《佛说父母恩重经》的发愿文记述"开阐番、汉大藏经各一遍，西蕃大藏经五遍"。《俄藏黑水城文献》第2册，第47—48页；第3册，第48—49页。

② 《天盛改旧新定律令》卷一一《为僧道修寺庙门》。

皇室规模宏大，一般会请高僧，有时还会有一些道士，作七天七夜法会、诵经、救贫、放生、施放神幡、施刻佛经、度僧、数珠，甚至还会大赦国中。

"《佛说父母恩重经》"（俄罗斯科学院东方文献研究所收藏）

"罗太后施《转女身经》发愿文"（俄罗斯科学院东方文献研究所收藏）

夏乾祐二十四年，即金明昌四年（1193）仁宗去世时，仁宗后罗氏印施《拔济苦难陀罗尼经》，聚会文武臣僚，恭请高僧、大众等三千余员，作法会七日七夜，命读诵番、汉、西番三藏经各一遍，救贫、放生、施放神幡，请匠雕印施此经番、汉文二千余卷。[①] 天庆元年（1194）即仁宗去世周年，罗氏

---

① 俄罗斯科学院东方文献研究所手稿部藏黑水城出土文献　Инв.No.298。

印施《仁王护国般若波罗蜜多经》，印番、汉经三万部，请高僧作广大法会七日七夜，作水陆不拒清净大斋法事三日三夜。① 天庆二年（1195）即仁宗去世后两年，罗太后印施《佛说转女身经》番、汉文共三万余卷，并彩绘功德三万余帧。② 天庆三年（1196）即仁宗去世后三年罗氏又发愿印施佛经，许愿在三年之中，作大法会烧结坛等3355次，大会斋18次，开读大量经文，度僧西番、番、汉三千员，散斋僧，放神幡，散施番、汉佛经、数珠，消演番、汉佛经，皇太后宫下应有私人尽皆舍放并作官人，另散囚、设贫、放生，并大赦一次。③

　　高官贵族在亲人亡故后，也有请高僧超度亡灵、烧结灭恶趣坛、刻施佛经、诵经、修设水陆道场、圣容佛上金，放神幡，救放生羊等习俗。西夏中书相贺宗寿亡故后，其子刻印《佛说父母恩重经》，并在七七之日，敬请高僧及出家僧众等七千余员，烧结灭恶趣坛各十座，开阐番汉大藏经各一遍、西番大藏经五遍，作八种经会各一遍，修设水陆道场，作无遮大会，圣容佛上金，放神幡，救放生羊。④ 安亮在其母亲死后百日，刊印佛经一万余卷，绘阿弥陀主伴尊容，在终七之时，请高僧转大藏及四大部经，礼千佛与梁武忏法，演大乘忏悔，放神幡，请寿僧诵《法华经》，命西番众持《宝集偈》，燃长明灯，读《大般若》数十部。⑤ 天赐礼盛国庆五年，即宋熙宁六年（1037）八月，陆文政施为超度亡父，作水路法会，并印施《夹颂心经》⑥

　　一些大臣还会在皇帝祭日里举行佛事活动。乾祐二十四年，即金明昌四年（1193）十月十八日，仁宗死后"三七日"，西正经略使在护国塔下作佛事，请禅师、提点、副使、判使、在家出家诸大众三千余人，搁置供养烧施灭除

①　俄罗斯科学院东方文献研究所手稿部藏黑水城出土文献 Инв.No.683。

②　TK12《佛说转女身经》，《俄藏黑水城文献》第 1 册，第 292 页。

③　TK98《大方广佛华严经入不思议解脱境界普贤行愿品》，《俄藏黑水城文献》第 2 册，第 372—373 页。

④　TK120《佛说父母恩重经》，《俄藏黑水城文献》第 3 册，第 49 页。

⑤　TK142《大方广佛华严经普贤行愿品》，《俄藏黑水城文献》第 3 册，第 216—233 页。

⑥　TK158《夹颂心经》，《俄藏黑水城文献》第 4 册，上海古籍出版社 1997 年版，第 7 页。

恶趣、七佛本愿、阿弥陀佛道场七夜七日。[①]

祈神速避灾。皇帝的重要年龄段，一般要举行佛事活动，烧施结坛、作广大供养、施食、诵经、说法、打截截、作忏悔，放生，喂囚徒，散施佛经、发放彩绘功德、数珠、施食、救生、济贫、设囚等，为皇帝、王室、国家祈福。仁宗乾祐十五年，即宋淳熙十一年（1184，）适仁宗逢本命之年，西夏烧施结坛，摄瓶诵咒，作广大供养，放千种施食，读诵大藏等经，讲演上乘等妙法，打截截，作忏悔，放生命，喂囚徒，饭僧，设贫等诸多法事，印施番、汉佛经，并发放彩绘功德、数珠等。[②]乾祐二十年，即金大定二十九年（1189）仁宗 66 岁时，作大度民寺作求生兜率内宫弥勒广大法会，烧结坛，作广大供养，奉广大施食，并念佛诵咒，读西番、番、汉佛经，说法，作大乘忏悔，散施番、汉佛经二十五万卷，以及饭僧、救生、济贫、设囚诸般法事，凡七昼夜。[③]

通过作法事活动来祈求食粮丰稔、五谷丰登也是西夏王室的惯例。夏大庆三年即宋宝元元年（1038），元昊建舍利塔并立碑刻铭，在碑铭中发愿"仓箱之麦菽丰盈"。[④]乾祐十一年，即金大定二十年（1180），仁宗印施《三十五佛名经》时祈求"风雨依时、五谷丰熟、花果茂盛"。光定四年，即金贞祐二年（1214），神宗御制印经并祈愿"百谷成熟"。[⑤]西夏灭亡后，西夏遗民在故地印制西夏文《金光明最胜王经》时仍然祝愿"百谷具成熟，万物丰稔归"。[⑥]

在遭遇到大的自然、政治动荡时，西夏王室也会通过施经、法事活动来祈福。夏应天四年，即蒙古太祖四年（1209），蒙古第四次进攻西夏，兵围中

---

① 俄罗斯科学院东方文献研究所手稿部藏黑水城出土文献 Инв.No.117，参见聂鸿音《俄藏西夏本〈拔济苦难陀罗尼经〉考释》，载《西夏学》第六辑，上海古籍出版社，2010 年第 2 期，第 1—5 页。

② TK121《佛说圣大乘三归依经》，《俄藏黑水城文献》第 3 册，第 52—53 页。

③ TK58《观弥勒菩萨上生兜率天经》，《俄藏黑水城文献》第 2 册，第 47—48 页。

④ 史金波：《西夏佛教史略》，宁夏人民出版社 1988 年版，第 231 页。

⑤ 史金波：《西夏佛教史略》，宁夏人民出版社 1988 年版，第 261 页。

⑥ 史金波：《西夏佛教史略》，宁夏人民出版社 1988 年版，第 231—312 页。

兴府。襄宗在城内散施佛经并作广大法事，作烧施道场等 1758 遍，读诵经大藏经番、西番、汉 108 藏，诸大部及余杂经等共 20056 部，剃度僧人 324 员，令高僧及其余众僧等六万七千多人作斋会，放幡 56 条，散施番汉佛经等共五万卷，消演番汉大乘经五部、大乘忏悔 181 遍，饭囚、设贫、放生，大赦二次。① 光定四年，即蒙古太祖九年（1214），面对蒙古的进攻，神宗遵顼以皇帝的名义缮写金泥字《金光明最胜王经》，以求得佛力的保护。②

西夏人在身体有恙时，也会印施佛经以求佛力保护。夏天盛十九年，即金大定七年（1167），太师上公总领军国重事秦晋国王任得敬，因疾病缠绵，药石无效，印施《金刚般若波罗蜜经》以求康复。除此外，西夏人认为抄写《佛说疗痔病经》《佛说除一切疾病陀罗尼经》《大手印究竟要集》《那若六法诸要门合集二》《佛顶心观世音菩萨大陀罗尼经》等佛经也会有治病功效。

礼佛行善。西夏每年的正月、四月、七月、十月的初一，需要全体官民礼佛，共同祈福③。元昊定四月三日为礼佛圣节，全国官民要礼佛。

除了在礼佛节日礼佛外，西夏臣民敬畏佛寺、影像等④，经常到一些佛教圣地如莫高窟、榆林窟进行巡礼拜佛。到佛教圣地拜佛时会进行妆銮石窟、清除石窟寺庙积沙的活动，并在功德完成后留下发愿文字、姓名等。夏雍宁元年，即宋政和四年（1114）僧人酩布觉旅行到榆林窟清除洞窟积沙并在窟壁上刻字记录。天庆十二年，即金泰和五年（1205）五月一日，凉州人多乙从凉州旅行到沙州莫高窟，清理洞窟中的积沙并留下题记。⑤

---

① 俄罗斯科学院东方文献研究所手稿部藏黑水城出土文献 Инв.No.5423。
② 西安市文物管理处、中国社会科学院民族研究所：《西安市文管处藏西夏文物》。
③ 《西夏书事》卷二二。
④ 《天盛改旧新定律令》卷三《盗毁佛神地墓门》规定"诸人不得盗窃损毁佛像、神舍、济教像、天尊、夫子宗庙等"。
⑤ 原文"甲丑"，按：干支中无甲丑，西夏文甲、乙二字形似，甲丑应是乙丑之误，乙丑，西夏天庆十二年。

一些无财力的平民则仅烧香拜佛，刻画简单的礼拜图及姓名。雍宁二年（1115）九月二十三日，麻尼则子兰、嵬立盛山、酩布子夏园、麻尼则嵬名乐、酩布那征乐、骨匹狗成、麻尼则子乐、麻尼则瑞盛，一行八人，到莫高窟行愿，并在墙壁画四人持花朝拜浮屠的图画及朝拜礼佛人姓名。同年，还有僧人来此朝佛，并墨书朝佛场面。① 绘制、供养唐卡，也是西夏社会生活的有机组成部分②。

诵经度僧。西夏僧人，在政治上有一定特权，在经济上有特殊照顾，基本上不劳动、不纳税。所以，西夏社会中相当一部分民众自小诵读佛经，成为僧人集团的后备——行童，道士行童也同样会诵读一些佛经。诵读佛经的行童，经过严格的考核成为僧人。其中能诵《莲华经》《仁王护国》等二部及种种敬礼法、梵音清和的行童，经过考核成为在家僧人。能诵经十一种者，经过考核可以成为出家僧人。汉人、番、羌诵读的具体佛经名录不尽相同③。在遇到寺庙修成、特殊节日等善时，僧人行童、室下常住二种行童以及道士行童等，可以剃度成为僧人。④

西夏社会僧人众多。仁宗死后"三七日"，西正经略使在护国塔下作佛事众"延请禅师、提举、副使、判使、住家、出家诸大众等三千余员"。西夏中书相贺宗寿亡故后，其子作种种佛事，请僧众等七千余员作法事活动。天庆二年，即金明昌六年（1195），仁宗去世二周年之际仁宗后罗氏于承诺三年内度僧西番、番、汉三千员，散斋僧三万五百九十员。应天四年，即蒙古太祖四年（1209）作广大法事时，作斋会的众僧达六万七千一百九十三员。

西夏僧人有党项人、汉人、吐蕃人、回鹘人以及天竺（印度）人，早期演绎、翻译佛经的主要是回鹘僧人，最著名者有西夏元昊和秉常时代的白法

① 史金波、白滨：《莫高窟榆林窟西夏文题记研究》，《考古学报》1982 年第 3 期。
② 谢继胜：《西夏藏传绘画——黑水城出土唐卡研究》，河北教育出版社 2002 年版，第 351—414 页。
③ 《天盛改旧新定律令》卷一一《为僧道修寺庙门》。
④ 《天盛改旧新定律令》卷一一《为僧道修寺庙门》。

信和白智光。① 西夏社会存在着涂改已亡故僧人家牒、顶替出家以及其他假冒僧人的现象。② 西夏的吐蕃僧人有帝师、上师、国师、法师,有传译佛经的高僧,也有普通的佛教徒。西夏吐蕃僧人法号前往往冠有"中国"字样,有的在"中国"前还有"羌"〔字〕或"西羌"字样,有的直接冠以"羌国"的字样。③

西夏一般称印度僧人为"西天达士""西天大师",其中嘭也阿难捺(胜喜)译过《圣胜慧到彼岸功德宝集偈》《佛说阿弥陀经》等。不动金刚,居护国寺,翻译密部,弘扬般若金刚。

还有一些僧人,游方至西夏,在西夏居住也成西夏僧人,如释吉祥(智吉祥、法吉祥),本中原人,游方至西夏,长时间留居,宋天圣五年(1027)偕金总持、日称等5人至宋朝东京,献梵书,并在译经院分别译出《佛说大乘智经》五卷、《佛说法乘义决定》三卷、《事师法五十颂》二纸等,时称西夏僧。④

(三)道教信仰

西夏有道教流传,保存至今的《吕观文进庄子·内篇义》《南华真经》《太上洞玄灵宝天尊说救苦经》《六壬课秘诀》《六十四卦图遗卦》《六十四卦图歌》

① 史金波:《西夏佛教史略》,宁夏人民出版社1988年版,第78—79、148—149页。

② 《天盛改旧新定律令》卷一一《为僧道修寺庙门》中列十三款阐述对伪僧人、道士以及知情者、主管者的处罚,归纳起来大体内容是:为伪僧人、道士情节严重的绞杀,情节较轻的判徒刑6年。"僧人、道士有出家牒而寺册上无名,不许其胡乱住。诸妇人不许无牒为尼僧。诸僧人、道士本人已亡,有出家牒,彼之父、伯叔、子、兄弟、孙诸亲戚同姓名等涂改字迹,变为他人出家牒而为僧人、道士者,按伪僧人、道士法判断。"

③ 俄罗斯科学院东方文献研究所手稿部藏黑水城文献 Инв. No.781、4772、8324、2517、7909、5112、2265。宁夏贺兰山拜寺沟方塔出土的活字版《吉祥遍至口和本续》的羌译者为"中国大宝胜路赞讹库巴啦捛",参见宁夏文物考古研究所《拜寺沟西夏方塔》,文物出版社2005年版,第19—20页。

④ 喻谦:《新续高僧传四集》卷一,北洋印书局1923年版。

《玄武大帝图》等道教文献及图像在西夏有传播[1]。《孔子和坛记》还被翻译成西夏文[2]。西夏的道士称为"仙人"[3]，中央设有管理道教的机构"道士功德司"，简称道德司，置一正、一副、一判、二承旨，其下2都案，2案头，属次等司，由政府颁发司印，司印为铜上镀银十五两。[4]

西夏社会供养"天一贵神"和"天官贵神"等神祇[5]，法律保护道观、影像等道观财产[6]。道士有一定的社会地位，[7]可以获赐穿黄、黑、

《玄武大帝图》（俄罗斯圣彼得堡艾尔米塔什博物馆）

---

① TK6《吕观文进庄子义》，《俄藏黑水城文献》第2册，第55—159页；TK97《南华真经》，《俄藏黑水城文献》第2册，第332—359页；TK151《太上洞玄灵宝天尊说救苦经》，《俄藏黑水城文献》第3册，第346—348页；TK172《六壬课秘诀》，《俄藏黑水城文献》第4册，第84—118页；TK293《六十四卦图遗卦》，《俄藏黑水城文献》第4册，第382页；TK322《六十四卦图歌》，《俄藏黑水城文献》第5册，上海古籍出版社1998年版，第37—80页。黑水城有一幅丝质彩《玄武大帝图》，参见［俄］米开罗·皮欧特洛夫斯基编，许洋主译《丝路上消失的王国——西夏黑水城的佛教艺术》，第244—248页。宁夏贺兰县宏佛塔出土也有彩绘《玄武大帝图》，参见雷润泽、于存海、何继英《西夏佛塔》，文物出版社1995年版，第61、191页。

② 俄 Инв. No.3781，参见［俄］克恰诺夫、聂鸿音《西夏文〈孔子和坛记〉研究》，民族出版社2009年版。

③ 道士，西夏文或写作"𗊱𗜖"或写作"𗊱𗢁"。《文海宝韵》解释"仙"为"仙人也，山中住求长寿道者之名是"。参见史金波、白滨、黄振华《文海研究》，中国社会科学出版社1983年版，第414页。

④ 《天盛改旧新定律令》卷一〇《官军敕门》《司序行文门》。

⑤ 《番汉合时掌中珠》中有"天一贵神"和"天官贵神"，《俄藏黑水城文献》第10册，第22页。

⑥ 《天盛改旧新定律令》卷三《盗毁佛神地墓门》规定"诸人不得盗窃损毁佛像、神舍、济教像、天尊、夫子宗庙等"。"神舍"当指道观，"济教像""天尊"指道教神像。

⑦ 《天盛改旧新定律令》卷三《盗毁佛神地墓门》《盗亲门》。

绯、紫，犯罪后可以以赐衣抵罪①。世俗人能诵读规定经卷，并经考核后可以成为道士，只是诵读的经卷包括一定的佛经文献。②但地位低下的依附人使军一般不得为道。③西夏社会也出现涂改已故道士度牒等冒充道士的现象④。

辟谷之术在西夏社会有一定的流传。元昊有子宁明也向道士学习道教，练习辟谷之术，气忤而死。⑤

西夏大到出征、小到日常出行，有用历日、"五行卦"和"金钱卦"等占法进行推演占卜的习惯⑥。元昊出征打仗时就常携《太乙金鉴诀》⑦。抄写佛经时，也会将一些道教东西附在其后，如《三观九门关键（钥匙）文》后附《道家偈》⑧。西夏的道士也会参加超度亡灵的法事⑨。施刻《太上洞玄灵宝天尊说救苦经》、绘制悬挂《玄武大帝图》等道家经典或图像也是西夏避凶求福的方法之一。次外，在遇到难产或其他一些灾难时，西夏人也会画符箓，用符箓进行

---

① 《天盛改旧新定律令》卷二《罪情与官品当》规定"诸有官人及其人之子、兄弟，另僧人、道士中赐穿黄、黑、绯、紫等人犯罪时，除十恶及杂罪中不论官者以外，犯各种杂罪时与官品当，并按应减数减罪"。

② 《天盛改旧新定律令》卷一一《为僧道修寺庙门》。

③ 《天盛改旧新定律令》卷一一《为僧道修寺庙门》规定"诸人所属使军，除属者头监情愿纳入于辅主所外，不许令为僧人、道士"。

④ 《天盛改旧新定律令》卷一一《为僧道修寺庙门》中列十三款阐述对伪僧人、道士以及知情者、主管者的处罚，归纳起来大体内容是：对伪僧人、道士情节严重的绞杀，情节较轻的判徒刑6年。"僧人、道士有出家牒而寺册上无名，不许其胡乱住。诸妇人不许无牒为尼僧。诸僧人、道士本人已亡，有出家牒，彼之父、伯叔、子、兄弟、孙诸亲戚同姓名等涂改字迹，变为他人出家牒而为僧人、道士者，按伪僧人、道士法判断"。

⑤ 《续资治通鉴长编》卷一六二，仁宗庆历八年正月辛未条记"（元昊）凡七娶……五曰野利氏……生三子，曰宁明，喜方术，从道士路修篁学辟谷，气忤而死"。

⑥ 黑水城出土有《大唐三藏本》和《观世音菩萨造诵诵卦本》，两篇作品记载的"五行卦"和"金钱卦"占法属于中原道家风格，可是题目却冠以"三藏"和"观世音菩萨"字样，被强行纳入了民间佛教的体系。参见聂鸿音《西夏道教补议》，《西夏学》第十七辑，甘肃文化出版社，2018年第2期。

⑦ 唐代王希明编撰《太乙金镜式经》十卷是受道教影响的术数类推演历日、推算占卜的书，其中有推演敌情等法。

⑧ 西夏文题名𗄊𗄊𗄊𗀀𗀀𗀀𗀀，编号 Инв. № 2251，后附《道家偈》。参见索罗宁《白云释子〈三观九门〉初探》，载《西夏学》第八辑，上海古籍出版社，2011年第2期。

⑨ 参见聂鸿音《西夏道教补议》，《西夏学》第十七辑，甘肃文化出版社，2018年第2期。

化解①，不过符箓是被画在佛经之后的。

小　结

早期党项把不能理解、难以抗拒的自然现象统归于"天"，每三年部族大聚，杀牛羊以祭天。西夏时依然认为天是世间主宰，西夏王室重视天神的祭祀，每年四月三日，神马、祭牛、神牛祭祀天神。随着社会的发展，出现了多样鬼神信仰。其中神主善，称善神；鬼主恶，称恶鬼。对善神要尊崇、设神帐以供奉、祭祀、祷告，居住的正室中留一间专门供奉鬼神，对鬼要有巫师咒语驱逐。占卜在西夏生活中占有重要的位置，日常的出行、修屋、耕种、婚姻、生育、遇盗、走失、疾病、择地理位置要占卜，遇有重大事件，特别是军事作战的出征更要占卜。占卜既有"炙勃焦""擗算""咒羊""矢击弦"等党项传统的方法，也有八卦、干支、五行推算等中原之法。

在政权的推动下，佛教逐渐成为西夏社会精神领域里最主要的支柱，西夏社会上下崇佛、寺庙林立、僧人众多、信徒广布，"佛"成了西夏教化民众、维持统治的手段之一。佛教渗透到上至西夏王室下到寻常百姓等各个阶层的方方面面。超度亡灵、追荐先人等要作法事；身体有恙，也会印施佛经，以求痊愈；西夏有道教、有道士有道教文献。出征作战，会以《太乙金鉴诀》等书籍推演敌情，日常生产生活会利用《六壬课秘诀》《六十四卦图歌》等书以占吉凶祸福，也通过施刻《太上洞玄灵宝天尊说救苦经》、绘制悬挂《玄武大帝图》等道家经典或图像以避凶求福。但总体上看，西夏的道教是附属于佛经的。

---

① 张九玲《西夏本〈佛顶心观世音菩萨大陀罗尼经〉述略》(《宁夏社会科学》2015 年第 3 期)指出《佛顶心陀罗尼经》有一种符箓，是从汉文底本摹录来的"秘字印"，可以用来"救产难"。西夏语韵图《五音切韵》一个抄本的皮质护封上出现了和《佛顶心陀罗尼经》相近的图形，在图形的右面还用西夏文写上"大般若"三个字。聂鸿音《西夏道教补议》(《西夏学》第十七辑，甘肃文化出版社，2018 年第 2 期)认为这是以秘字印为代表的道家因素附着着于佛教在西夏流传的表现。

十一、岁时节日和交际礼俗

（一）历法和岁时节日风俗

1. 历法

早期党项，无文字，但候草木以记岁时。内迁后，作为中原王朝的藩镇，一直使用中原历法。至李德明时期，还请求宋朝颁给历书，景德四年（1007）宋赐以《仪天历》[①]，乾兴元年（1022）宋赐仪天具注历。[②] 天授礼法延祚七年即宋庆历四年（1044），宋"颁历于夏国"。[③] 夏天佑民安八年即绍圣四年（1097），哲宗"诏罢赐夏国历日"。[④] 哲宗去世，徽宗继位后又下诏赐给夏国次年历日。[⑤] 夏正德五年即南宋绍兴元年（1131），宋以夏国为敌国，拒颁历日[⑥]。夏人庆元年即宋绍兴十四年（1144），夏仁宗派使臣入贺宋朝天中节，致送贺礼求历日。[⑦]

---

① 《续资治通鉴长编》卷六七，真宗景德四年十月庚申条记真宗"诏赐赵德明冬服及仪天历"。
② 《宋史》卷四八五《夏国传上》记"遣阁门祗候赐冬服及颁《仪天具注历》"。
③ 《宋史》卷一一《仁宗纪》。
④ 《续资治通鉴长编》卷四九○，哲宗绍圣四年八月丙申条。
⑤ 《宋大诏令集》卷二三六《赐夏国主并南平王李乾德历日诏》。
⑥ 《宋史》卷四八五《夏国传上》记"诏以夏本敌国，毋复班（颁）历日"。
⑦ （宋）宇文懋昭:《大金国志》卷一一，清文渊阁四库全书本，第12页。

在使用宋历的同时，自元昊称帝开始西夏也开始自制历日，行于国中①，后在政府机构中设"天监"②和卜算院③，负责观测天象、修纂历书。

西夏自制的历书或手写流通、或刻印发行、或活字印发④。有单纯的汉文本⑤、西夏文本⑥，还有西夏文汉文

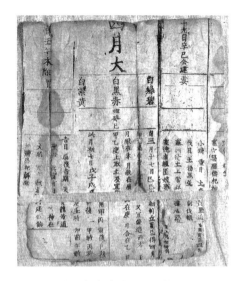

"西夏光定元年辛未岁具注历"（俄罗斯科学院东方文献研究所收藏）

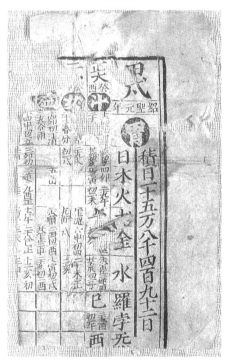

"宋绍圣元年刻本历书"（俄罗斯科学院东方文献研究所收藏）

---

① 《西夏书事》卷一八。

② 史金波《西夏汉文本〈杂字〉初探》(《中国民族史研究》(二)，中央民族学院出版社1989年版)认为"天监"是"司天监"的简称。

③ 《天盛改旧新定律令》卷一〇《司序行文门》。

④ 据史金波《黑水城出土活字版汉文历书考》(《文物》2001年第10期)考，黑水城出土的 TK269、Инв. No. 5229、5285、5306、5469、8117等为同一类历书残片，其中"明"字皆缺最末两笔，为西夏光定元年（1211）辛未岁具注历，活字印本。

⑤ TK297(《俄藏黑水城文献》第4册，第385、386页)据邓文宽考，此为淳熙九年壬寅岁（1182）具注历。史金波《西夏的历法与历书》(《民族语文》2006年第4期)依文中"明"缺末两笔，推断为西夏乾祐十三年壬寅岁（1182）具注历。1972年在武威小西沟岘发现有一纸写本汉文历书残片，据陈炳应《西夏文物研究》(宁夏人民出版社1985年版，第314—318页)考，其为西夏人庆乙丑二年（1145）的历书。

⑥ 俄 Инв N о .5282、5868、7926、8214、3582、4253、4434、4489、5947、6377、7385、8082，《俄藏黑水城文献》第10册，第139—140、142—174页。其中8214存年款，可译为"大白高国光定五年乙亥岁 御制皇光明万年注历□"。

合璧本①。

历书有仅有年月的简单历书②，有注有朔日干支、大小月、二十八宿、节气日等内容的历书③，有的注有月序、大小月、该月朔日干支、二十四节气、二十八宿以及日、木、火、土等九曜星宿与该月时日的关系。④有的有日期、干支、六甲纳者和建除十二客，二十八宿，望日、密日、沐浴、归忌，物候，神煞和选择宜忌等内容，且注入如七圣、天魁、玉堂、民日、天喜、天马、伐日、小时、土府、土符等神煞。⑤还有的有月序、月九宫、节气、日期、日干支、以金木水火土五行表示的纳音、建除十二客、有以星名表示的二十八宿、有表示月亮盈亏的上下弦、有类似星期的7日一注的蜜日注、有与节气对应的动植物变化的物候、有载明当日行为利弊的吉凶注、有当日日出日入时刻、有表明当日人神在身体的哪一部位的人神所在等内容。⑥

2. 节气

西夏习惯于将节气注入历书，大部分节气的西夏文含义同汉文一致，个

①　Инв. No.647（《俄藏黑水城文献》第10册，第141页），据陈炳应《西夏文物研究》（宁夏人民出版社1985年版，第318—323页）介绍英国人斯坦因在黑水城发现的文献中有西夏文汉文合璧历书残片，是每年一页、每月一行的历书，为表格式。每年一表占一页，缺年干支。表中每月占一竖行，各行分为上下很多横格，自上而下为月序、该月等。据史金波《西夏的历法与历书》（《民族语文》2006年第4期）介绍俄罗斯所藏黑水城出土文献有更多的西夏文汉文合璧历书，也为表格式。其中8085号历时最长，从庚子年至第二乙丑年共86年的历书，也即从西夏元德二年（1120）至天庆十二年（1205），其中缺戊午年历书，而Инв. No.647号残页，正为戊午年历书，补上所缺。此历书经西夏崇宗、仁宗、桓宗三朝，时间跨度大。推断这种历书可能是事先编写、推演后世历法的稿本。这是目前所知中国保存至今连续历时最长的古历书。

②　据史金波《西夏的历法与历书》（《民族语文》2006年第4期）介绍俄罗斯所藏黑水城出土8085号文献即为每年一页、每月一行的简单历书。

③　据陈炳应《西夏文物研究》（宁夏人民出版社1985年版，第318—323页）介绍斯坦因在黑水城发现的西夏文—汉文合璧历书残片中有朔日干支、大小月、二十八宿、节气日等内容。此件不仅是现存最早的西夏历书，也是目前所知最早有二十八宿的历书。

④　据陈炳应《西夏文物研究》（宁夏人民出版社1985年版，第314—318页）介绍1972年在武威小西沟岘即为此类历书。

⑤　此类历书见TK297，《俄藏黑水城文献》第4册，第385、386页。

⑥　据史金波《黑水城出土活字版汉文历书考》（《文物》2001年第10期）考，编号为Инв. No.5229、5285、5306、5469、8117的《西夏光定元年（1211）辛未岁具注历》等即为此类历书。

别几个有略微差别。

立春，西夏文写作"𗥃𗍫"，含义春立；雨水，西夏文写作"𗢲𗑐"，含义水雨；惊蛰，西夏文写作"𘝢𗷦"，含义虫惊；春分，西夏文写作"𗥃𘄡"，含义春分；清明，西夏文写作"𗢳𗺓"，含义离丁；谷雨，西夏文写作"𗦎𗑐"，含义稻雨；立夏，西夏文写作"𗆞𗍫"，含义夏立；小满，西夏文写作"𘄴𘄴"，含义草稠；芒种，西夏文写作"𗥃𘄡"，含义土耕；夏至，西夏文写作"𗆞𘄛"，含义夏季；小暑，西夏文写作"𗫂𘄴"，含义小热；大暑，西夏文写作"𘊟𘄴"，含义热大；立秋，西夏文写作"𘘜𗍫"，含义秋立；处暑，西夏文写作"𗥃𘄴"，含义稍热；白露，西夏文写作"𗤀𗾈"，含义露寒；秋分，西夏文写作"𘘜𘄡"，含义秋分；寒露，西夏文写作"𗼓𗾈"，含义寒霜；霜降，西夏文写作"𗾈𗺓"，含义露白；立冬，西夏文写作"𗏹𗍫"，含义冬立；小雪，西夏文写作"𗢳𗆭"，含义雪小；大雪，西夏文写作"𘊟𗆭"，含义雪大；冬至，西夏文写作"𗏹𘄛"，含义冬季；小寒，西夏文写作"𗫂𗼓"，含义小寒；大寒，西夏文写作"𘊟𗼓"，含义大寒。[1]

二月春雷乍动，惊醒了蛰伏在土中冬眠的动物，西夏把惊蛰写成惊醒了蛰伏虫子，即𘝢𗷦（虫惊）。三月杜鹃鸣啼，开始植树，树木渐茂且气清景明，用与火有关，且表示明亮的字"𗢳𗺓"（离丁）对应清明；西夏将小满写成"𘄴𘄴"（草稠），是以为四月份夏季来临，草木长稠。[2]

3. 节日

圣节：元昊建国后，西夏以每一季的第一个月的朔日（初一）为"圣节"，即一年的正月、四月、七月、十月的初一，让官民礼佛，共同祈福[3]。

---

[1]　史金波：《西夏文教程》，社会科学文献出版社 2013 年版，第 172 页。
[2]　彭向前：《西夏的二十四节气》，载李华瑞、姜锡东主编《王曾瑜先生八秩祝寿文集》，科学出版社 2018 年版。
[3]　《西夏书事》卷二二。

礼佛圣节：元昊时立，祭祀神畜，西夏每年于四月三日举行。用牲畜祭祀、散茶酒，有所谓"神马""祭牛""神牛"，[①] 并设国宴[②]。

除此外，正月、五月、九月为善月，此三月中全国要持长斋，行善事[③]。其中五月五日，元昊的生日，国中大庆，宋朝要在当时进行赏赐。元昊后，各代相沿，成为重要的礼佛日，国人在当日黄昏时九拜佛尊，以祈求消除一千八百罪孽[④]。九月十五日，仁宗生日，时逢该日贤圣聚集，禅僧讲法，君德民孝，敬爱皇王[⑤]。乾祐十三年，即宋淳熙九年、金大定二十二年（1182），刻字司主持刻印的《圣立义海》一书中，将该日定为"敬爱皇王"之日，此后每逢该日王室会举行刻印佛经等一系列佛事庆祝活动[⑥]。

国宴日，十月十一日。宋宝元元年（1038），元昊宣布立国，改元天授礼法延祚元年，该日成为西夏的国庆日，后世相沿每年庆祝，开国宴，臣僚建言献策，牵马出行，国人举行射击[⑦]。

元日即正旦节，每年的大年初一。这是一年的开始，西夏很重视。西夏文𫟪𫟪（正月）的"𫟪"（正）字由"𫟪𫟪、𫟪𫟪、𫟪𫟪"三字的各一部分

---

① 《天盛改旧新定律令》卷一九《畜患病门》规定"神马、祭牛、神牛一种有者，年四月三日于冬夏分别时，于旧宫内天神下当送马中散茶酒"。

② 《月月乐诗》记载西夏在四月夏季开始树草青绿而设国宴。参见［日］西田龙雄《西夏语〈月月乐诗〉研究》，日本京都大学文学部研究纪要第二十五，1986年版。

③ 丁福保：《佛学大辞典》，文物出版社1984年版，第1039页。

④ 甘肃武威出土的一份人庆五年汉文历日里记有"若于五月初五日，日落黄昏时九拜佛尊，可消一千八百罪孽"。参见陈炳应《西夏文物研究》，宁夏人民出版社1985年版，第318—319页。

⑤ 《圣立义海》"九月之名义"中"善月中会"条下记"贤圣聚日，禅僧兴日，君德民孝，敬爱皇王"。参见［俄］克恰诺夫著，李范文、罗矛昆译《圣立义海研究》，宁夏人民出版社1995年版，第53页。

⑥ TK121《佛说圣大乘三归依经》中有年款"乾祐十五年（1184）岁次甲辰九月十五日"；TK58《观弥勒菩萨上生兜率天经》中保留有"乾祐己酉二十年九月十五日"的题款及"奉天显道耀武宣文神谋睿智制义去邪惇睦懿恭帝谨施"的署名；TK145《圣大乘胜意菩萨经》发愿文中残存有"白高大夏国乾祐甲辰九月十五日奉天显道耀武宣文制义去邪惇睦懿"等内容。

⑦ 《圣立义海》"十月之名义"中"季初国宴"条下记"十月冬季国宴，臣僚献慧，牵马，国人射击"。参见［俄］克恰诺夫著，李范文、罗矛昆译：《圣立义海研究》，宁夏人民出版社1995年版；《月月乐诗》记载西夏在十月"收获储藏、心情安定又开国宴"。参见［日］西田龙雄《西夏语〈月月乐诗〉研究》，日本京都大学文学部研究纪要第二十五，1986年版。

组成，中间"舠"[正]字表示音，从汉字音，遵从汉制；"弑、蘋"表示一年的起始。元日、冬至是西夏最重视的节日，元日和冬至一样，国家开设宴会①，皇帝朝见百官，蕃宰相押班，百官依次朝谒，奏乐起舞，行三拜礼。官僚之间手持椒酒，相互拜访祝贺②。

上元节即正月十五日，西夏立国之初与中后期习俗有所变化。立国之初在该日有插杨树枝、供奉紫姑神、点灯等活动。于门头或屋旁边插杨树枝以辟凶祸，供奉紫姑神，请她预卜新年里的桑蚕活动。后来增加了驾车游览赏月、张灯结彩，彻夜欢歌起舞等内容③。

中元节即七月十五日，即佛教的盂兰盆节，中原地区的七月十五是为追荐祖先而举行的佛教节日，是时有结水陆道场，诵读佛经，放焰口、河灯，演《目连救母》杂剧等活动。西夏的中元节主要是为报父母之恩，供盂兰，结道场，寺院里贤圣僧人聚会，举行佛事活动④。

中秋节即八月十五，西夏的碾谷时节，全国演戏聚会，设网伺鹊、捕兽。同时还供养祭祀谷神波女⑤。

---

① 西夏文《月月娱诗》记载"正月中黑头赤面年初安稳设国宴"，《俄藏黑水城文献》第10册，第271页。

② 拜寺沟西夏方塔出土汉文诗集中的《元日上招抚》有诗句"首祚信归抠府客，和光先养抚徕臣。书[ ][ ]列持椒酒，咸祝[ ][ ]辅紫宸"。参见汤君《西夏佚名诗集再探》，《西夏学》第十二辑，甘肃文化出版社，2016年第1期。

③ 拜寺沟西夏方塔出土汉文诗集中《上元》有诗句"俗祭杨枝插杨枝户边，紫姑迎卜古来传""皓月婵娟随绮绣，香尘馥郁逐车[辇]，[ ][ ][ ][ ][ ][ ]，处处笙歌达曙天"。参见汤君《西夏佚名诗集再探》，《西夏学》第十二辑，甘肃文化出版社，2016年第1期。

④ 《圣立义海》中有"七月十五，[茂陵]报父母之恩，供神石，设具场，乃众神会聚之日也"。今改译为"七月十五日连报父母之恩，供盂兰盆，结道场，贤圣僧人聚日是也"。另"国内设礼"条有"君、臣、民等报恩孝顺父母，故期设石神器，悔过也"。此条"设石神器"亦改为"盂兰盆"，参见[俄]克恰诺夫著，李范文、罗矛昆译《圣立义海研究》，宁夏人民出版社1995年版，第52页。

⑤ 《圣立义海》"八月之名义"中"秋季中月"条下有"八月属酉，全国演戏聚会""设纲伺鹊、捕兽""中秋碾谷时节，供养谷神波女"。参见[俄]克恰诺夫著，李范文、罗矛昆译《圣立义海研究》，宁夏人民出版社1995年版。

重阳节即九月九日，有登高、聚会宴享、赋诗、酌酒、赏菊等活动[①]。

寒衣节即农历十月一日，要举行国宴进行庆祝，该日皇帝率领文武百官进行狩猎活动，同时要向贫民赏赐寒衣[②]。另外，宋朝也要在该节日里向西夏进行赏赐[③]。

冬至即农历十一月某日，冬至与元日是西夏最为重视的两个节日。西夏人认为冬至是阳气开始上升之始。节日当天，皇帝要举行盛大的朝会活动，百官由蕃宰相押班，依次朝谒，奏乐起舞，行三拜礼。豪门大族会举家团聚，大摆酒宴，为高堂父母祈福求寿，为舅姑献履贡袜[④]

除夕，腊月三十，晚上要驱除狐祟，辞旧迎新[⑤]。

打春，即立春，西夏官民走出户外，携彩杖，剪春幡戴于头上，并举行"执杖鞭牛"的活动，即用土塑牛，将五谷置于牛腹内，鞭打土牛成块后，五谷颗粒全掉出来，以此祈求来年的风调雨顺，五谷丰登[⑥]。

---

① 《圣立义海》"九月之名义"中"寒花迎霜"条下有："九月九日酌酒饮，民庶安乐祥和也。"参见［俄］克恰诺夫著，李范文、罗矛昆译《圣立义海研究》，宁夏人民出版社1995年版。另，《拜寺沟西夏方塔》收录的汉文诗集《重阳》写道："古来重九授衣天，槛里金铃色更鲜。玄甸安中应咏赋，北湖座上已联篇。孟嘉落帽当风下，陶令持花向户边。好去登高述古事，畅情酩酊日西偏。"参见汤君：《西夏佚名诗集再探》，《西夏学》第十二辑，甘肃文化出版社，2016年第1期。

② 《宋会要辑稿》兵二八之四二记，绍圣三年（1096）"十二月十四日，枢密院言：西人最重年节与寒食，兼以十二月为岁首，多是诸监军及首领会聚之时。若乘此不备之际，可以密选将佐，团结兵马，乘伺机便，出界掩击"。据王凯、彭向前《〈宋会要辑稿〉"西人最重寒食"考》《西夏学》第十七辑，甘肃文化出版社，2018年第2期考，此处"寒食"乃"寒衣"之误。

③ 《续资治通鉴长编》卷一四〇，仁宗庆历三年四月癸卯条记"（宋）置榷场，岁赐绢十万匹，茶三万斤，生日与十月一日赐赍之"（中华书局1995年版，第3363页）。（清）吴广成《西夏书事》记"生日于十月一日赐赍之"。据王凯、彭向前《〈宋会要辑稿〉"西人最重寒食"考》《西夏学》第十七辑，甘肃文化出版社，2018年第2期考，元昊生日为五月五日，此"于"为"与"之误。

④ 拜寺沟西夏方塔出土汉文诗集中有诗句"变泰微微复一阳，从兹万物日时长。得推河汉珠星灿，桓论天衢璧月光。帝室庆朝宾大殿，豪门贺寿拥高堂。舅姑履袜争新献，鲁史书祥耀典章"。参见汤君《西夏佚名诗集再探》《西夏学》第十二辑）按：舅舅在西夏社会中占有重要位置，同时盛行姑舅婚，此处舅姑除指舅姑外，还有公婆岳父岳母之意，文物出版社2005年版，第272页。

⑤ ［俄］克恰诺夫著，李范文、罗矛昆译：《圣立义海研究》，宁夏人民出版社1995年版，第52—55页。

⑥ 拜寺沟西夏方塔出土汉文诗集中《打春》有诗句："彩杖竞携官徒手，金幡咸带俗纶巾。土牛击散由斯看，触处池塘景渐新。"参见汤君《西夏佚名诗集再探》，《西夏学》第十二辑，甘肃文化出版社，2016年第2期。

（二）交际礼俗

1. 相见礼俗

朝堂礼仪。西夏社会中，自远祖拓跋赤辞臣属唐朝时就开始讲究上下尊卑、学习蹈拜礼仪。元昊立国前先"裁礼之九拜为三拜"[①]，建国后第二年五月即天授礼法延祚二年、宋宝元二年（1039），正式制定朝仪，规定朝6日一常参，即每6日皇帝在正殿会见群臣，9日一起居，即每9日群臣入见皇帝。不管是常参还是起居，均由番宰相押班，百官依序列朝谒，起舞蹈，行三拜礼。执笏要端、行立要正，趋拜不能失仪[②]。

交聘礼仪。夏辽、夏宋、夏金之间遇正旦、皇室生辰、登宝位、帝王及王室成员去世要派使臣出使。[③]西夏使节入朝时要"叉手展拜"[④]。西夏《天盛律令》中对他国来使的礼节有明确规定："他国使来者，监军司、驿馆小监当指挥，人马口粮当于近便官谷物、钱物中分拨予之，好好侍奉。使人原有上谕可来京师者当来，不应到来及曰我返回等，当住其处，奏报京师以待上谕。……不侍奉使人时，有官罚马一，庶人十三杖。"[⑤]

2. 交友、待客习俗

西夏人交友讲求心意相投，重德行，重才艺，而不重财富[⑥]。西夏人讲求

---

① 《续资治通鉴长编》卷一二三，仁宗宝元二年正月辛亥条。
② 《西夏书事》卷一二记"于正朔朝贺杂用唐宋典式，而见官署以六日为常参，九日为起居，均令番宰相押班，百官以次序列朝谒，舞蹈，行三拜礼。有执笏不端、行立不正，趋拜失仪并罚"。
③ 《续资治通鉴长编》卷三六五，哲宗元祐元年二月壬戌条。
④ （宋）孟元老：《东京梦华录》卷六《元旦朝会》，中华书局2012年版，第516页。
⑤ 《天盛改旧新定律令》卷一三《执符铁箭显贵言等失门》。
⑥ 西夏谚语有"心不同则不为伴，意不同则不同坐""有物不贵有智贵，无畜不贱无艺贱""山中积雪者高，人中有德者尊"等内容，参见陈炳应《西夏谚语——新集锦成对谚语》，山西人民出版社1993年版，第11、9、24页。

礼貌，见面要唱喏。① 对客人要用先茶酒后饮食②，饮食强调"饮剩余酒不多心"③。西夏质直尚义、浑朴忠厚，对朋友有无相共，倾囊相助。家中有余，即以予人，无则取之于朋友。相聚时，座次论长幼不论爵。酒醉，要相互持送至亲邻④。

亲戚、朋友之间要相互馈赠礼物，礼物要与身份等级相匹配，要符合"社物法"。其中"殿上坐节亲主、宰相等三十缗，诸节亲主、次、中等臣僚等二十缗，此外任职有官者十缗，庶人五缗，同品价者赠筵礼时，依此法之内计量送"。⑤

茶酒、饮食之余，西夏也有娱乐、消遣风俗。其中下棋较为普遍，有围棋子和象棋子⑥，其中象棋有制成西夏文的。西夏文中有表示棋弈的两字，为𗹲𗾔。

3. 民间互助习俗

西夏民间有互助性习惯，即自发组织互助组织——众会组织。会员自愿参加，交纳一定会财物，具体的聚会时间、聚会的地点、交纳的财物，互助内容，不同地区会有不同规定。

天庆虎年，即金明昌五年（1194）正月七五日，武威讹喻犬宝等人在讹喻犬宝处汇集，募集钱物，其中讹劳娘娘出一百五十钱，袜墨阿辛记出一百钱，令介小屋玉出一百五十钱，讹命小狗宝出五十钱，苏小狗铁出五十钱，

---

① 史金波：《西夏汉文本〈杂字〉初探》，载《中国民族史研究》（二），中央民族学院出版社1989年版。

② 西夏文《碎金》中记"姻友茶酒先，近食米面堪"。参见聂鸿音、史金波《西夏文本〈碎金〉研究》，《宁夏大学学报（社会科学版）》1995年第2期。

③ 陈炳应：《西夏谚语——新集锦成对谚语》，山西人民出版社1993年版，第8页。

④ （元）余阙《送归彦温赴河西廉使序》记西夏故地夏人风俗，载《青阳先生文集》卷四，四部丛刊本，国家图书馆出版社2010年版。

⑤ 《天盛改旧新定律令》卷六《军人使亲礼门》。

⑥ 马文宽：《宁夏灵武窑》，紫禁城出版社1988年版，第75、76、133页。

酩布小屋宝出五十钱，讹六氏舅金出五十钱，讹劳氏舅导出五十钱，吴氏狗牛宝出五十钱，讹命娘娘出五十钱，共计七百五十钱。

相比之下，黑水城地区的集会组织性更强，有规划组织和活动的规约。条约规定，每月聚会时，要送一升米谷、二升杂粮，并指出若不送时，罚交五斗杂粮；聚会一般会在每月的十五日，除有疾病、远行等不能前来者外，都要聚会，无故不来者要罚交五斗粮；遇会员有严重疾病者，其他会众要去看望，如果十日以内不去看望，则要送病药米谷一升。若其不送时，罚交一斗；遇会员中有人死亡时，其他人都要前来送葬，有不来者，罚交一石杂粮；遇会员妻子死亡办丧事时，其他会众应送一斗杂粮，如不送罚交三斗杂粮。会员要是惹上官司，被诸司问罪，这时要对当事会众罚一斗杂粮，若有不付者，缴五斗杂粮[①]。

（三）称谓习惯

1. 国名称谓

西夏，不是自称国名，是由于地处西陲，宋、辽、金三朝给它的方位性的称呼。自称国名有"大夏国""大夏""夏国""皇夏""大白高国""白高大夏国""番国"等。

大夏国，在外交、国内皆用到此称呼，有时简称"大夏""夏国"。宋宝元元年（1038）元昊称帝，在给宋朝所上表奏中书"国称大夏"。[②]夏人庆三年，即金皇统六年（1146），雕刻《妙法莲华经》时，在其文末尾处题"时大夏国人庆三年……"。

大夏国，源出国之前身夏州政权。402年，匈奴人赫连勃勃建立大夏国，都城为统万城。北魏时期在统万城置夏州。党项族北迁后，其中的拓跋部在

① 史金波：《黑水城出土社会众会条约（社条）》，《西夏学》第十辑，上海古籍出版社，2013年第2期。

② 《宋史》卷四八五《夏国传上》。

夏州一带逐渐形成割据势力。中和元年（881）三月，拓跋首领拓跋思恭应诏率兵助唐讨伐黄巢，中和三年（883）七月，获封夏国公，赐姓李，任定难军节度使，辖夏、绥、银、宥之地。从此至建国不管是夏州政权自身还是第三者都以夏称夏州政权及其首领。辽圣宗统和八年，即宋太宗淳化元年（990），李继迁受辽封夏国王、西平王，辽统和二十八年，即宋大中祥符三年（1010），德明受辽封夏国王、大夏国王。宋夏庆历和议后元昊受宋封夏国主。

大夏，"大夏国"之简称。西夏皇后罗氏印施汉文《金刚般若波罗蜜经》及《大方广佛华严经入不思议解脱境界普贤行愿品》时皆记为"大夏乾祐二十年岁次巳[1]西三月十五日正宫皇后罗氏谨施"。[2]另有汉文《大方广佛华严经入不思议解脱境界普贤行愿品》记作"大夏[天盛辛]巳十三[年]"。[3]金朝末年封西夏皇帝为大夏皇帝，两国兄弟相称。[4]

夏国，"大夏国"之简称。一般用在西夏给宋、辽上表奏中。大安九年（1082），元丰五年西夏西南都统嵬名济移书宋边将中称"为夏国方守先誓……"。[5]

皇夏，西夏臣僚对自己国家的尊称，出现在西夏陵园的汉文残碑中有"皇夏"之称[6]。

皇朝，仅国内自称。汉文《注华严法界观门》卷下末尾题款中有"皇朝天盛四年岁次壬申八月望日……"。[7]

大白高国，西夏文写作"𗾧𗯲𘂤𘄦"，直译为"白高国大"，西夏语音"庞

①　"巳"为"己"。

②　见于 TK14、TK61，《俄藏黑水城文献》第 1 册，上海古籍出版社 1996 年版，第 309 页；第 2 册，第 61 页。

③　见于 TK72，《俄藏黑水城文献》第 2 册，第 107 页。

④　《金史》卷三八《礼志十》记西夏使节见金朝皇帝仪式上称"弟大夏皇帝致问兄大金皇帝，圣躬万福"。

⑤　《宋史》卷四八六《夏国传下》。

⑥　李范文：《西夏陵墓出土残碑粹编》，文物出版社 1984 年版，图版 98。

⑦　见于 TK242，《俄藏黑水城文献》第 4 册，第 295 页。

喻领令"，意译为"大白高国"。
在一些重要的场所、官府主持的
重大活动、编修的重要书籍中都
会用此国名。秉常时，重修凉
州护国寺感通塔碑中就用国名
"大白高国"，仁宗仁孝陵墓碑
额的西夏文篆字碑额西夏文可
译为"大白高国护城神德至懿皇
帝寿陵志文"。西夏文《文海宝
韵》的书名全称汉译为《大白
高国文海宝韵》[①],《德行集》题款
中书"大白高国"。另，仁宗皇
后罗氏在施刻西夏文《佛说宝
雨经》《佛说长阿含经》时自称
"大白高国清信弟子皇太后罗
氏"。另《佛说阿弥陀经》《金
刚般若波罗蜜经》等佛经尾题
中也使用此西夏文国号。光定
五年，即金宣宗贞祐三年（1215）
皇帝御制颁布的历法中称"大白
高国光定五年乙亥岁"。

西夏寿陵碑额（宁夏西夏陵博物馆）

《注清凉心要》（俄罗斯科学院东方文献研究所收藏）

　　白高大夏国，即"白高"和"大夏"叠合在一起，其西夏文写作"𗗾𗗾
𗄼𗄼𗾈"，汉文即"白高大夏国"。常用于国内刊刻的佛经中。西夏文《金光

---

　　①　Инв. No.34154、8364西夏文写本《文海宝韵》,《俄藏黑水城文献》第7册，上海古籍出版社1997年版，第206页。

明最胜王经》中写作"𗾺𗙏𗰜𗩴𗴺"①。汉文《佛说大乘三归依经》《圣大乘胜意菩萨经》等题款中记作"白高大夏国"。②

除与"大夏"叠合连用外，大白高国还与"南瞻部洲"连用，即"南瞻部洲大白高国"。南瞻部洲是佛教中的四大部洲之一，包括西夏在内的中土皆在南瞻部洲。西夏文星象书中有"南瞻部洲中白高国嵬名皇帝"的记载。③还有一些民间的西夏文祭祀文书中也有"南瞻部洲大白高国"④。

白高、白高国，"大白高国"的简称，在一些场合下，径自用"白高"⑤或"白高国"。⑥作为国名"白高"，其可能与党项族祖先来源有关⑦，西夏人对舅舅的尊敬等同于白高，等同于神⑧。

邦面令，西夏文国名"𗾺𗩴（白高国）"的音译，书面上仅使用过一次，即西夏建国不久，上书宋朝告知宋朝自己已称帝建国，国名"邦面令"⑨。

番国，西夏，西夏文国称𗼙𗩴的意译，番，对应𗼙，有时写作"蕃"，是西夏主体民族的族称，音弥⑩，番国（𗼙𗩴）即用民族自称称国名。西夏人自

---

① 王静如：《西夏研究》第2辑，中央研究院历史语言研究所，单刊甲种第十一，1933年，第2页。

② 分别见于TK121、TK145，《俄藏黑水城文献》第3册，第53、237页。

③ 俄罗斯科学院东方文献研究所手稿部藏黑水城文献 Инв. No.6501。

④ 俄罗斯科学院东方文献研究所手稿部藏黑水城文献 Инв. No.7560。

⑤ 俄罗斯科学院东方文献研究所手稿部藏黑水城文献 Инв. No.117，其中有题款"白高乾祐癸丑二十四年十月"。

⑥ 俄罗斯科学院东方文献研究所手稿部藏黑水城文献 Инв. No.5189中有"白高国中玉身佛"。

⑦ 《圣立义海》在"山之名义"条下有"白河本源：白高河水源出，本源白坡，民庶根也"。参见［俄］克恰诺夫著，李范文、罗矛昆译《圣立义海研究》，宁夏人民出版社1995年版，第58页。另陈炳应《西夏谚语——新集锦成对谚语》第196条记"白高河，应当不呼名，地灰唇；十级陵，应当没有头，峰头缺"，山西人民出版社1993年版，第16页。

⑧ 《圣立义海》"甥者常敬舅"诗曰："敬舅如白高，与神等；爱甥如狐狸，如爱金。"参见［俄］克恰诺夫著，李范文、罗矛昆译《圣立义海研究》，宁夏人民出版社1995年版，第80页。

⑨ 《续资治通鉴长编》卷一三九，仁宗庆历三年正月癸巳条记"男邦泥定国兀卒曩霄上书父大宋皇帝"。此条还见于司马光所著《涑水记闻》其中的"邦泥定"记作"邦面令"，与西夏文对比，可知《续资治通鉴长编》记录有误，音译当为司马光"邦面令"。

⑩ 《番汉合时掌中珠》中用"番"指西夏主体民族党项。

己编著的《番汉合适掌中珠》《圣立义海》等书籍①、国家律令②及一些佛经中都使用𘝰𗧁（番国）③。

南方阇普梅那国，即由"南方阇普""梅那"等几名称合在一起的国名。"南方阇普"即前述南瞻部洲，"梅那"即木雅④。

2. 年号

元昊在正式立国前就仿照中原王朝自建年号，宋明道元年（1032），借口明道年号中的"明"与其父亲德明的"明"字相同，为避讳，将"明道"改为"显道"。⑤两年后，即显道三年（1034）七月，元昊建年号开运，不久又改广运⑥。后又改年号大庆。两年多以后，也就是大庆三年即宋宝元元年（1038）十月，郊坛备礼，称世祖始文本武兴法建礼仁孝皇帝，建国号大夏，年号天授礼法延祚。⑦

第二位皇帝毅宗谅祚的年号有延嗣宁国（1049）、天祐垂圣（1050—1052）、福圣承道（1053—1056）、奲都（1057—1062）和拱化（1063—1067）等五个，其中福圣承道西夏文写作"𗼨𗖍𗗲𗰔"。

第三位皇帝惠宗秉常的年号有乾道、天赐礼盛国庆、大安等三个。

第四位皇帝崇宗乾顺的年号有天安礼定、天仪治平、天祐民安、永安、

---

① 《圣立义海》"山之名义"中至少两次出现"番国"，在"冬夏降雪"一条中释文为"番国三大山冬夏降雪，日晒不融常有：贺兰山、积雪山、胭脂山"。参见［俄］克恰诺夫著，李范文、罗矛昆译《圣立义海研究》，宁夏人民出版社 1995 年版，第 58 页。

② 《天盛改旧新定律令》卷一八《他国买卖门》记"往随他国买卖者……已归，来至番国时，当引导于局分处，于彼视之，核校种种物成色数目，当敛之"。

③ 孙伯君《西夏文献中的帝、后称号》（《民族研究》2013 年第 2 期）指出俄 Инв. No.2852《等持集品》中皇帝名号可译作"番国永平皇帝"，其中"永平皇帝"指西夏仁宗仁孝。

④ 史金波、白滨《莫高窟榆林窟西夏文题记研究》（《西夏学》第二辑，宁夏人民出版社 2007年版）记"榆林窟 15 窟外室甬道北侧通道东有墨书西夏文题记：'南方阇普梅那国番天子国王大臣……'"。

⑤ 《宋史》卷四八五《夏国传上》。

⑥ 《续资治通鉴长编》卷一一五，仁宗景祐元年十月丁卯条记"是岁春，始寇西边，杀掠居人，下诏约束之。居国中，益僭窃，私改元曰开运。既逾月，人告以石晋败亡年号也，乃更广运"。

⑦ 《宋史》卷四八五《夏国传上》。

贞观、雍宁、元德、正德和大德等九个。

第五位皇帝仁宗仁孝使用的年号有大庆、人庆、天盛和乾祐等四个。

第六位皇帝桓宗纯祐使用的年号仅天庆一个。

第七位皇帝襄宗安全使用的年号有应天和皇建两个。

第八位皇帝神宗遵顼使用的年号仅有光定一个。

第九位皇帝献宗德旺使用的年号仅有乾定一个。

末主睍年号宝义。

西夏除新帝即位改元外，一朝之内出现政局变化、重大事件或奇异天象等现象也会改用新年号。元昊在完成击败唃厮啰、夺取河西走廊、设置十二监军司、创制西夏文字成功等重大事件后改元大庆[①]，新国建立时改元天授礼法延祚；仁宗时，彗星出现改元人庆，任得敬谋乱集团被除后改元乾祐。宋熙宁二年（1069），宋神宗遣河南监牧使刘航等册封秉常为夏国主，秉常改元"天赐礼盛国庆"以示庆贺[②]。夏天祐民安九年，即宋元符元年（1098），西夏国中出现彗星，乾顺大赦国中后改元永安。

3. 皇帝称谓

兀卒或吾祖，是西夏文𗅢𗏹的党项语读音，与汉文中的"皇帝"相当，立国之初多用此称[③]。

朕，西夏皇帝的自称，多用于国内，始于元昊。定川战役后，元昊张贴露布，自称"朕欲亲临渭水，直据长安"[④]。第五位皇帝仁宗仁孝在甘州所立黑

---

① 《续资治通鉴长编》卷一一九，仁宗景祐三年十二月辛未条。

② 保宏彪：《从西夏年号看西夏文化的阶段性》，《西夏学》第九辑，上海古籍出版社，2013 年第 1 期。

③ 《宋史》卷四八五《夏国传上》记"明年，遣六宅使伊州刺史贺从勖与文贵俱来，犹称男邦泥定国兀卒上书父大宋皇帝，更名曩霄而不称臣。兀卒，即吾祖也，如可汗号。议者以为改吾祖为兀卒，特以侮玩朝廷，不可许"。又《续资治通鉴长编》卷一二二，仁宗宝元元年九月条："时元昊自称兀卒已数年。兀卒者，华言青天子也，谓中国为黄天子。"兀卒、吾祖，同音异译，清四库馆臣改译本中作"乌珠"。

④ 丁传靖：《宋人轶事汇编》卷二〇，中华书局 2012 年版，第 1141 页。

水河建桥碑汉文碑文中6次使用"朕"自称，即"咸听朕命""朕昔已曾亲临此桥""固知诸神冥歆朕意""今朕载启精虔""朕之弘愿也""毋替朕命"。在西夏乾祐十五年即宋淳熙十一年、金大定二十四年（1184）印施《佛说圣大乘三归依经》发愿文中仁宗自称"朕适逢本命之年"。

官家，法律条文常称皇帝为"官家"，如《天盛律令》中有"欲谋逆官家，触毁王座者"皆斩，"不许诸人于殴打争斗中高声呼喊汉语'我要△△△△诛官家'"，"官家驿驾出"，"官家于殿坐朝时节"等。①

西夏皇帝在世时有尊号，死后有庙号，另外还有"城号"。皇后、皇太后有的也有尊号。

李继迁去世后，子德明继位后追认继迁"应运法天神智仁圣至道广德光孝皇帝"，庙号武宗②。元昊时追认谥号"神武"，庙号太祖，墓号裕陵③。追继迁妻野利氏为"顺成懿孝皇后"。

李德明去世后，元昊追认谥号光圣皇帝，庙号太宗，墓号嘉陵。追德明妻卫慕氏为惠慈敦爱皇后。除此外，德明还有尊号"德歌皇帝"（𘌰𗆧𘜶𗄈）。④

元昊，西夏第一代皇帝，大庆三年即宋宝元元年（1038），元昊建国前夕修建佛塔时称"圣文英武崇仁至孝皇帝"。⑤同年十月十一日，改元天授礼法延祚，称"世祖始文本武兴法建礼仁孝皇帝"⑥。

① 《天盛改旧新定律令》卷一四《误殴打斗门》；卷一九《供给驿门》；卷一二《内宫待命等头项门》。
② 《宋史》卷四八五《夏国传上》。
③ 《宋史》卷四八五《夏国传上》。
④ 俄 Инв. No.4225，《俄藏黑水城文献》第10册，第194页。
⑤ 汉文《大夏国葬舍利碣铭》有"我圣文英武崇仁至孝皇帝陛下，敏辩迈唐尧，英雄□汉祖，钦崇佛道，撰述蕃文"。碑文尾处有"天庆三年"。据牛达生《〈嘉靖宁夏新志〉中的两篇佚文》（《宁夏大学学报（社会科学版）》1980年第4期）考证"天庆三年"应为"大庆三年"，"圣文英武崇仁至孝皇帝"即元昊。
⑥ 《宋史》卷四八五《夏国传上》。《文海宝韵》"序言"中有"……𗼨𗟲𗦻……𗤁𘉋𗆧𘜶𗄈𗏹"等字，史金波《〈文海宝韵〉序言、题款译考》（《宁夏社会科学》2001年第4期）考其可译为"……本武 兴 法建礼仁孝皇帝"，《宋史》中元昊尊号残存。

　　另，元昊又称"风角城皇帝"（𘚿𗧘𘊝𗵽𘈈）[1]。"风角城皇帝"有时或写作"风角歌皇帝"（𘚿𗧘𗥃𘈈𗵽）[2] 或写作"风角圣王"（𘚿𗧘𗥽𗓽）[3] 或"风帝"（𘚿𘈈）[4]。另有谥号武烈皇帝，庙号景宗，墓号泰陵。[5]

　　第二代皇帝谅祚，尊号迪歌皇帝（𗵽𗥃𘈈）[6]，谥号昭英皇帝，庙号毅宗，墓号安陵[7]。谅祚母没藏氏受封宣穆惠文皇太后。

　　第三代皇帝秉常，尊号有救德主国广智增福民正久安大明皇帝（𗼒𘝵𗥑𘀄𗢭𗉖𗋽𗣼𗷨𗱠𗈶𗏁𘈈）[8]，"救德主世增福正民大明皇帝"（𗼒𘝵𗥑𘀄𗢭𗷨𗱠𗈶𗏁𘈈）[9]，明盛皇帝（𘈶𗉖𘈈）[10]，贵梁城皇帝（𘓓𗧘𘊝𘈈）、贵梁帝（𘓓𗧘𘈈）[11] 等。其母梁氏受封恭肃章宪皇太后，又称昭肃皇太后（𗋽𗢭

① 西夏文《妙法莲华经》序文中含有"𘚿𗧘𘊝𗵽𘈈"的语句，史金波《西夏社会》（上海人民出版社2007年版，第354页）将其翻译为"风角城皇帝以本国语言，建立蕃礼，创造文字，翻译经典，武功特出，德行殊妙，恤治民庶，无可伦比"，并认为其中的"风角城皇帝"为元昊。

② 《俄藏黑水城文献》第10册，第194页。

③ 《夏圣根赞歌》中有"𘚿𗧘𗥽𗓽"，聂鸿音《西夏文〈夏圣根赞歌〉考释》（《民族古籍》1990年第1期）考其为"风角圣王"。

④ 国家图书馆藏西夏文《过去庄严劫千佛名经》发愿文中有含有𘚿𘈈，史金波《西夏文〈过去庄严劫千佛名经〉发愿文译证》（《世界宗教研究》1981年第1期）译其为"风帝"，"风帝"即"风角城皇帝"元昊。

⑤ 《宋史》卷四八五《夏国传上》。

⑥ 俄 Инв. No.4225，《俄藏黑水城文献》第10册，第194页。

⑦ 《宋史》卷四八五《夏国传上》。

⑧ 此西夏文尊号见于俄藏 Инв. No.7564《佛说阿弥陀经》，参见孙伯君《〈佛说阿弥陀经〉的西夏译本》，《西夏研究》2011年第1期。

⑨ 此西夏文尊号见于国家图书馆藏《悲华经》，《中国藏西夏文献》第5卷，第223页。参见孙伯君《西夏文献中的帝、后称号》，《民族研究》2013年第2期。

⑩ 此西夏文尊号见于国家图书馆藏西夏文《〈金光明最胜王经〉流传序》和《现在贤劫千佛名经》的《西夏译经图》，《中国藏西夏文献》第5卷，第6页。参见史金波《西夏译经图》，《文献》1979年第1辑。

⑪ 此两尊号西夏文分别见于《西夏重修凉州护国寺感通塔碑》及李范文《西夏陵墓出土残碑粹编》，图版81。𘓓𗧘𘊝，史金波《西夏佛教史略》译为"珍陵城"（宁夏人民出版社1988年版，第248页）；日本学者西田龙雄《西夏语的研究》（Ⅰ）（座右宝刊行会1964年版，第165页）将其录为"𘓓𗧘𘊝"，并译为"面沟城"；李范文《西夏皇帝称号考》采西田龙雄录文但译为"面壁城"，并解释"面壁"为佛教用语，西夏以佛教为国教，用佛家语尊称皇帝，表示敬意（《西夏研究论集》，宁夏人民出版社1983年版，第79页）；孙伯君《西夏文献中的帝、后称号》（《民族研究》2013年第2期）中录文采史金波写法，译为"贵梁城"。此处采孙伯君说法。

□□□□）①、天生全能禄番佑圣式法皇太后（□□□□□□□□□□□□）②。

第四代皇帝乾顺，庙号崇宗，谥号圣文皇帝，墓号显陵，尊号有"神功禄胜化德恤民仁净皇帝"（□□□□□□□□□□□）③、"明城皇帝"（□□□□）④ 和"白城皇帝"等。另有谥号康靖皇帝，庙号惠宗。

第五代皇帝仁孝，尊号西夏时有奉天显道耀武宣文神谋睿智制义去邪淳睦懿恭皇帝（□□□□□□□□□□□□□□□□□□□□）⑤、天力大治孝智净广宣德拒邪纳忠长平皇帝（□□□□□□□□□□□□□□□□□）、护城圣德至懿皇帝（□□□□□□□）⑥、护城皇帝（□□□□）⑦，蒙元后西夏遗民用仁宗圣德珠城皇帝（□□□□□□□）来表达对仁宗的尊敬⑧。另有庙号仁宗，谥号圣德皇帝，墓号寿陵。

第六代皇帝纯祐，庙号桓宗，谥号昭简皇帝，墓号庄陵，其母罗氏受封章献钦慈皇后⑨。

---

① 此西夏文尊号见于《西夏重修凉州护国寺感通塔碑》，参见史金波《西夏佛教史略》，宁夏人民出版社 1988 年版，第 248 页。

② 此西夏文尊号见于国家图书馆藏《悲华经》，《中国藏西夏文献》第 5 册，第 223 页。参见孙伯君《西夏文献中的帝、后称号》，《民族研究》2013 年第 2 期。

③ 此西夏文尊号见于俄藏 Инв. No.87《佛说宝雨经》，参见孙伯君《西夏文献中的帝、后称号》，《民族研究》2013 年第 2 期。

④ 此西夏文尊号见于李范文《西夏陵墓出土残碑粹编》，文物出版社 1984 年版。参见孙伯君《西夏文献中的帝、后称号》，《民族研究》2013 年第 2 期。

⑤ 此尊号见于多个西夏文文献中，在有些文献中没有"制义去邪"。史金波认为"制义去邪"为大庆二年（1141）八月群臣上尊号所加。孙伯君《西夏文献中的帝、后称号》（《民族研究》2013 年第 2 期）认为没有此四字的为简称。

⑥ 此西夏文尊号见于李范文《西夏陵墓出土残碑粹编》，文物出版社 1984 年版。

⑦ 此西夏文尊号见于 Инв. No.799、3947《德行集》，《俄藏黑水城文献》第 11 册，上海古籍出版社 1999 年版，第 142、143、155 页；国家图书馆藏西夏文 B11·052《过去庄严劫千佛名经》发愿文中有西夏文，可译作"奉护城帝敕，与南北经校校"。参见史金波《西夏文〈过去庄严劫千佛名经〉发愿文译证》，《世界宗教研究》1981 年第 1 期。

⑧ 此西夏文尊号见于国家图书馆《金光明最胜王经》，《中国藏西夏文献》第 3 册，第 19 页；译文见史金波：《西夏文〈金光明最胜王经〉序跋考》，《世界宗教研究》1983 年第 3 期。□□，史金波译为"仁宗"，认为是仁宗尊号，孙伯君《西夏文献中的帝、后称号》一文（《民族研究》2013 年第 2 期）译为"仁尊"，认为是后人对仁宗的尊称。

⑨ 《宋史》卷四八六《夏国传下》。

第七代皇帝安全，庙号襄宗，谥号敬穆皇帝，墓号康陵①。

第八代皇帝遵顼，庙号神宗，谥号英文皇帝②。

第九代皇帝德旺，庙号献宗③。

西夏在遇到皇帝时，有一些特殊的习惯，以示区别于普通人。

首先，平阙式。在行文中遇到"帝"（㓮）、"皇帝"（㿹㓮）或"先圣"（㸰㓮，即先帝）采用提行（另起一行）或在其前空一格。空格书写的方式，有时也出现在书写"官"（㺉）字时，如《天盛律令》第一"谋逆门"中提到"没收入官"时，在"官"字前空一格。即便在私文书中也须遵守这样的格式。如黑水城出土西夏文天庆庚申年卖地契中，第9行提到"依官罚三两金"时，在"官"字前就明显空出一格。

其次，避讳。西夏有对皇帝避讳的习俗，会出现类似于中原避讳现象，但不严格。元昊在即位之初为避父德明讳，将宋"明道"年号，改为"显道"④。后来西夏人在书写或雕刻文献时，遇到"明"字有时会缺笔，以示尊敬⑤。书写西夏文时也会出现缺末笔的情况⑥。

---

① 《宋史》卷四八六《夏国传下》。
② 《宋史》卷四八六《夏国传下》。
③ 《宋史》卷四八六《夏国传下》。
④ 《宋史》卷四八五《夏国传上》。
⑤ 西夏文献中"明"字缺末两笔出现的频率较高，TK1《妙法莲华经》中有12处，TK3《妙法莲华经》中有10处、TK4《妙法莲华经》中有21处，TK11《妙法莲华经》中有2处，TK15《妙法莲华经》中有1处，TK98《大方广佛华严经入不思议解脱境界普贤行愿品》有1处，TK100《大方广佛华严经入不思议解脱境界普贤行愿品》有1处，TK141《仁王护国般若波罗蜜多经卷上》有4处，TK148《观无量寿佛经甘露疏科文》中"明"字皆缺笔，TK107《佛说普遍光明焰鬘清净炽盛思惟如意实印心无能胜总持大明王大随求陀罗尼经》全文5处皆缺笔，TK184《圣妙吉祥真实名经》全文2处皆缺笔，TK164《〈圣观自在大悲心总持功能依经录〉〈胜相顶尊总持功能依经录〉合刊本》》全文2处皆缺笔，TK165《〈圣观自在大悲心总持功能依经录〉〈胜相顶尊总持功能依经录〉合刊本》全文也2处皆缺笔，等等。
⑥ 西夏文《论语》中"䍐"（孝）缺末笔，《俄藏黑水城文献》第11册，第47—59页。西夏文《六韬》中"䍐"（孝）亦缺末笔。参见贾常业《西夏文译本〈六韬〉解读》，《西夏研究》2011年第2期。

4. 家庭亲属称谓

西夏亲属称谓有爹爹、娘娘、阿耶、阿娘、阿哥、阿姐、兄弟、女妹、妻眷、男女、阿舅、外甥、叔、姨、姑、舅等。

父亲：西夏社会中对父亲的称呼有“韈”，西夏文写作[illegible]，对应汉语的“父”；有“芭不”，西夏文写作“[illegible]”，对应汉语的“爹爹”；有“阿芭”，西夏文写作“[illegible]”，对应汉语的“阿耶”。

母亲：西夏社会中对母亲的称呼有“麻”，西夏文写作“[illegible]”，对应汉语的“母”；有“麻没”，西夏文写作“[illegible]”，对应汉语的“娘娘”；有“阿麻”，西夏文写作“[illegible]”，对应汉语的“阿娘”。

儿子，西夏社会中称儿子为“哆”，西夏文写作“[illegible]”，对应汉语中的“儿”。

女儿，西夏社会中称女儿为“名”，西夏文写作“[illegible]”。

孙，西夏社会中称孙子为“吕”，西夏文写作“[illegible]”，对应汉文中的“孙”。

叔叔，西夏社会中称叔叔“永”，西夏文写作“[illegible]”，对应汉文中的“叔”。

姨，西夏社会中称姨为“郎”，西夏文写作“[illegible]”，对应汉语中的“姨”，母之姊妹。

姑，西夏社会中称姑为“能”，西夏文写作“[illegible]”，对应汉语中的“姑”，父之姐妹。

公爹、岳父，西夏社会中称公爹、岳父均为“圪讹”，西夏文写作“[illegible]”，对应汉语中的“公公”“岳父”。

婆母、岳母，西夏社会中称婆母、岳母为“能勿”，西夏文写作“[illegible]”，其第一个字与“姑”同音，对应汉语中的“婆婆”“岳母”。

亲家翁，西夏社会称“夷波”，西夏文写作“[illegible]”。亲家母称为“夷磨”，西夏文写作“[illegible]”。

媳妇，西夏社会中称“勒耶”，西夏文写作“[illegible]”，即汉语中的“儿媳”。

婿，西夏社会中称“摩”或者“名摩”，西夏文分别写作“[illegible]”“[illegible]”，分别与汉文中的"婿""女婿"对应。皇帝的女婿称"摩秌"，西夏文写作"𘟖𗣺"，与汉语中的"驸马"对应。

西夏社会中男子称呼兄弟、姐妹与女子称呼兄弟、姐妹是不同的。男子称兄为"浪"，西夏文写作"𗄈"；称弟弟为"多"，西夏文写作"𗷲"。称姐妹为"囊"，西夏文写作"𗴺"。女子称兄弟为"没"，西夏文写作"𗙴"；称姐妹为"皆"，西夏文写作"𗣜"。哥哥、姐姐又可分别称为"阿哥""阿拶"，西夏文写作"𗁂𗄈""𗁂𗴺"。

舅舅，西夏社会称"乙""乙波"，西夏文分别写作"𗿒""𗿒𗼮"，同汉语中的"阿舅"。

外甥，西夏社会中称"嘧合"，西夏文写作"𗟻𗿱"。

舅、甥合称与"为婚"或"结婚"同音，"为婚"西夏文写作𗟻𗦲。

西夏养子称"成"，西夏文写作𘜶𗉛，养女称"成名"，西夏文写作𘜶𘒣，意来找来的儿子、女儿。

继母，西夏语中称继母为"五郎"，西夏文写作𗒘𗀼。西夏社会中叔伯之妻妾及母之姊妹称呼同继母。

西夏语中称丈夫音"窝逆"，此称又作"主人"解，如"物主人""畜主人""地主人"的"主人"二字即是"丈夫"二字。西夏语对妻子的称呼也有多种，除一般常用的称呼［逆命］外，还有一种俗称，"罨刻"，意为"户脚"。

小　结

早期党项，无文字，但候草木以记岁时，内迁后四时耕作皆用中原历法。建国后在采用中原历法制度的基础上，开始自制历法。有汉文、有西夏文、有夏汉合璧历书。历书内容有干支年月，同时注入二十四节气、二十八星宿、二九曜星宿与该月时日的关系、六甲纳者和建除十二客，望日、密日、沐浴、归忌，物候，神煞和选择宜忌以及神煞等内容。与历法相关联，西夏节日也是既有圣节、礼佛节、国宴日等独有的节日，也有正旦、上元节、中元节、中秋节、重阳、寒衣节、冬至、除夕等中原传统节日。节日的活动内容也根据民族与地方文化背景在继承的基础上稍有改变。

在亲属称谓上，西夏有爹爹、娘娘、阿耶、阿娘、阿哥、阿姐、兄弟、女妹、妻眷、男女、阿舅、外甥、叔、姨、姑、舅等。其中的男称、女称为西夏称谓中很独特的现象。西夏社会中叔伯之妻妾及母之姊妹皆称继母的习惯应当是西夏亲属认同或婚姻家庭形式的表现。

十二、文化习俗

早期党项无文字法令，内迁后开始使用汉字，接受儒家文化。建国前伴随着对西凉吐蕃和甘州回鹘的征服，汉文化、党项文化、吐蕃文化和回鹘文化成为西夏文化的最重要组成部分，加之周边回鹘文化、吐蕃文化、契丹文化、女真文化、鞑靼文化的影响，造就了西夏文化的多元性特点。

（一）语言文字习俗

唐宋时期随着社会的发展，边疆民族纷纷创制文字，回鹘创制了回鹘文，吐蕃创制了吐蕃文，契丹创制了契丹文，女真创制了女真文，党项创制了西夏文，西夏文实际上是党项文，由于学者以政权名命名，约定成俗。

1.党项语和西夏文

党项发源于青藏高原边缘，与吐蕃毗邻而居，党项语属于汉藏语系藏缅语族，除具有汉藏语系各语言都具备的共同特征，如每个音节有固定的声调、单音节词根占大多数、词序和虚词是表达语法意义的主要手段等外，还具有这一语系中藏缅语族的重要特点[1]。和所有从原始社会走来的民族一样，早

---

[1] 史金波：《西夏文教程》，社会科学文献出版社 2013 年版。

期党项有语言而无文字，但候草木以记岁时。内迁后使用汉文，立国前夕元昊命野利仁荣仿汉字创制自己的文字，称其为番文，[①] 尊为国字。国中设蕃学、汉学，蕃学教授番文，汉学教授汉文，西夏文和汉文皆是国家的通用文字。

官方编制的学习西夏文的教材有《三才杂字》《碎金》《义同》《音同》《文海宝韵》《五音切韵》《圣立义海》《贤智集》《论语小义》《周易卜筮断》《德行集》《新集慈孝传》《太宗择要录》等。其中《三才杂字》《碎金》《义同》，内容皆为日常生活常用字词，语句通俗，便学易会，是西夏人尤其是村邑庶民学习西夏文的主要教材。如果需要进一步的提升甚至入朝为官则需要学习《音同》等书籍。景宗至惠宗时期，学习番文是西夏人即包括党项与汉人的一条比较容易的入朝为官路径[②]。

《三才杂字》是西夏常用词语的汇集。以天、地、人分为三品，每品分为若干部，共40多部，每部又包括若干词。涉及自然现象、动物、植物和西夏社会、风俗状况。其各部目录分别为："上天第一"，包括天、日、月、星宿、闪、雷、云、雪、雹、霜、露、风、天河；"下地第二"，包括地、山、河海、宝、绢、男服、女服、树、菜、草、谷、马、骆驼、牛、羊、飞禽、野兽、爬虫昆虫；"中人第三"，包括族姓、人名、汉族姓、节亲与余杂义合、身体、舍屋、饮食器皿、□日略类、诸司与余用字合、军杂物。

《碎金》由西夏宣徽正息齐文智编，是"明文采""备才艺"的西夏文速

---

① 西夏文主要是表意性质的方块字，文字形式和汉字相近，共有6000多字。西夏字由横、竖、点、拐、撇、捺等笔画构成，斜笔较多，一般四角饱满，字体匀称。西夏文字的笔画多在10画上下，5画以下的字仅有一个，20画以上的字也很少。西夏文书写自上而下成行，自右而左成篇。还有少量的象形字和指事字。如西夏文"人"字像人形，"虫"字像一条多足的虫子，"丝绢"像一条虫在小屋内，指示蚕茧的形状。只是这类字极少，还不能说已成为系统的一类。

② 《西夏书事》卷一三记"元昊思以胡礼蕃书抗衡中国，特建蕃学，以野利仁荣主之……于蕃、汉官僚子弟内选俊秀者入学教之，俟习学成效，出题试问，观其所对精通，所书端正，量授官职。并令诸州各署蕃学，设教授训之"。至第四代皇帝崇宗乾顺时，由蕃学进而为官者诸州多至数百人。

成书籍。全文将 1000 个不重复的西夏字，编成长 200 句 100 联的五言诗。内容皆是社会习用词语，包括自然现象、时节变化、帝族官爵、番姓、汉姓、婚姻家庭、财务百工、禽兽家畜、社会杂项等。

《义同》，乾祐十九年（1188）由和尚梁习宝撰写，主司校读者御史承旨番学士梁德养校定而成，全书按同类词语汇集成句，每句七言，偶有八言者。内容也是社会习用词语，涉及范围同《三才杂字》《碎金》。

《圣立义海》，乾祐十三年（1182）刻字司印制，分门别类地记录了西夏的自然状况、现实社会制度与生活习俗以及伦理道德的书籍，体现着儒家的忠孝节义精神。①

《贤智集》，原名《劝世修善记》，西夏仁宗时期国师鲜卑宝源撰写的一部佛教文学作品集，宝源去世后，由比丘杨慧广和时任皇城检视司承旨成嵬德进作序出资刊印，以追思鲜卑宝源的功绩。②

《论语小义》《周易卜筮断》，仁宗朝宰相斡道冲用西夏文作。

《太宗择要录》，是一部讨论君王治国方略的著作。③

《德行集》，夏桓宗天庆年间（1194—1205）番大学院教授曹道安译传。有节亲讹计奉敕序，内述修身齐家治国平天下的儒家方略，系摘译自中原典籍而成。④

《新集慈孝传》，桓宗天庆年间（1194—1205）曹道安新集译，采自儒家的孝悌故事。⑤

---

① 《俄藏黑水城文献》第 10 册，第 243—267 页。参见［俄］克恰诺夫著，李范文、罗矛昆译《圣立义海研究》，宁夏人民出版社 1995 年版。

② 西夏文《贤智集》，据戈尔巴乔娃、克恰诺夫《西夏文写本和刊本目录》介绍共有 Инв. No.120、585、593、2538、2567、2836、5708、7016 等编号。

③ 作者、成书时间均不详。图版收录于《俄藏黑水城文献》第 11 册，第 112—116 页。

④ 《德行集》，图版收录于《俄藏黑水城文献》第 11 册，第 142—154 页。参见聂鸿音《西夏文德行集研究》，甘肃文化出版社 2002 年版。

⑤ 《新集慈孝传》，图版收录于《俄藏黑水城文献》第 10 册，第 121—138 页。参见聂鸿音《西夏文〈新集慈孝传〉研究》，宁夏人民出版社 2009 年版。

　　将汉文典籍译成西夏文是西夏学习汉文化的途径，也是学习西夏文的素材，尤其是西夏文创作早期，翻译的汉文书籍几乎是传播教授西夏文的全部载体。元昊时译有《孝经》《尔雅》《四言杂字》[①]等。后续《论语》《孟子》《孝经》《十二国》《贞观政要》《孙子兵法三注》《六韬》《黄石公三略》《将苑》《类林》等先后被译成了西夏文。

　　随着番学教育的发展，西夏社会各个层面都使用番文，《天盛改旧新定律令》《亥年新法》《法则》《贞观玉镜将》等法律条文皆有西夏文本。仁宗时用西夏文创制宫廷礼乐诗词集，包括《赋诗》《大诗》《月月乐诗》《道理诗》《聪颖诗》《盛德天顺歌》《有智无碍歌》《比邻国夏德高歌》《夏圣根赞歌》《新修太学歌》等[②]。户籍、军抄、赋税、审案等用西夏文记录，各种买卖、租赁、雇佣、交换契约用番文书写。印章、符牌使用西夏文。钱币用番、汉两种文字铸造，碑刻番汉文合璧。

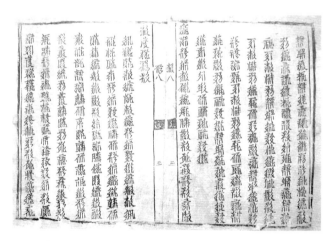

《论语全解》（俄罗斯科学院东方文献研究所收藏）

---

①　《宋史》卷四八五《夏国传上》。
②　TK121《赋诗》、TK121V《宫廷诗集》（甲种本）、TK876《宫廷诗集》（乙种本），《俄藏黑水城文献》第10册，第267—315页。参见［日］西田龙雄《西夏语〈月月乐诗〉研究》，日本京都大学文学部研究纪要第二十五，1986年版。

佛教活动中也大量使用西夏文，大量的汉藏文佛教经典被翻译成西夏文，并规定剃度为僧必须要会诵读一定的西夏文佛经。另外，西夏王室在寺院庆典活动或节日以及佛事活动中也用西夏文撰写发愿文。

民间日常生活中包括买卖、婚姻、结社在内的各种文契，文学创作，看病时的医方或药方、诵读佛经、礼佛供养、出游题记、碑刻铭文等都使用西夏文。

2. 汉语和汉文

汉语汉文和番语番文一样，也是西夏境内通用的语言文字，不但汉人说汉语、用汉字，一部分党项、回鹘人、吐蕃人也说汉语、用汉字。夏仁宗颁行的《天盛改旧新定律令》有番文和汉文两种文本，目前只保留下来番文文本。

汉字在西夏对外官方交流中从未中断过，夏天授礼法延祚二年即宋宝元二年（1039），景宗元昊上宋请称帝改元表，五年即宋庆历二年（1042）元昊复庞籍议和书，七年即宋庆历四年（1044）景宗元昊遣使入宋上誓表。奲都元年即宋嘉祐二年（1057），毅宗谅祚于宋乞赎大藏经表，五年即宋嘉祐六年（1061），毅宗谅祚于宋乞用汉仪表，六年即宋嘉祐七年（1062），毅宗谅祚于宋乞买物件表、于宋乞赎佛经大藏表、于宋乞工匠表。夏乾道元年即宋熙宁元年（1068），惠宗秉常乞宋颁誓诏表。天赐礼盛国庆三年即宋熙宁四年（1071）景珣贡宋乞绥州表，五年（1072）惠宗秉常谢即宋恩表，五年即宋熙宁六年（1073）惠宗秉常入宋进马赎大藏经表。大安九年即宋元丰五年（1082）星茂威名吉萧遗卢秉书，十一年即宋元丰七年（1084）惠宗秉常上贡宋表。夏天仪治平二年即宋元祐三年（1088）崇宗乾顺进谢恩马驼表，四年即宋元祐五年（1090），崇宗乾顺请以四寨易兰州塞门表。夏天祐民安四年即宋元祐八年（1093），崇宗乾顺请以兰州易塞门表、于保安军请和牒，六年即宋绍圣二年（1095），崇宗乾顺破宋金明砦遗宋经略使书。夏永安二年即宋元符二年（1099），崇宗乾顺遣使入宋谢罪表、再上宋誓表，三年即宋元符三年（1100），崇宗乾顺进登位土物表。夏贞观十三年即宋政和三年（1113），李讹遗统军梁哆唛书。夏元德五年即金天辅七年（1123），崇宗乾顺遣使诣金上誓表，六年即金天会二年（1124）崇宗乾顺贺金正旦表。夏正德二年即金天会六年（1128）崇宗乾顺发檄延安府文。夏天盛十三年即宋绍兴三十一年（1161）仁宗仁孝回应刘锜等檄书，十六年即金大定四年（1164）仁宗仁孝使诣金贺万春节附奏。夏乾祐元年即金大定十年（1170）仁宗仁孝既诛任得敬诣金上谢表，七年即金大定十六年（1176）仁宗仁孝以金却所献百头账再上表。

天盛十三年即宋绍兴三十一年、金大定元年（1161）仁宗仁孝设立翰林学士院，以著名文人王佥、焦景颜等为学士，命王佥等掌管史事，负责修纂实录。西夏末年，南院宣徽使罗世昌用汉字撰《夏国谱》。

西夏王室施刻西夏文佛经时也大量刻施汉文佛经。汉文《金刚般若波罗蜜经》《大方广佛华严经入不思议解脱境界普贤行愿品》是当时西夏最流行的两部经①。《金刚经》《普贤行愿经》《观音经》《观弥勒菩萨上生兜率天经》也是各大法会上散施的主要内容②。

百姓学习汉字的蒙学书籍有《杂字》，在各种文契、看病、诵读佛经、礼佛供养、出游题记等中普遍使用汉文，也用汉文创作文学作品③。

西夏王室也积极推广、发展汉文。毅宗谅祚于奲都五年，即北宋嘉祐六年（1061）向宋朝求《九经》《唐史》《册府元龟》等儒家书籍，宋廷下诏赐

---

① 《黑水城出土文献》中保留的罗太后施刻的《金刚经》有 TK14、18、39、41、42、44、45、46、48、49、52、54、57，《行愿品》有 TK61、69、64、65、161、71、71V、98、99、100 等。［俄］孟列夫著、王克孝译《黑城遗书（汉文）诠注目录·导言（一）》（《敦煌研究》1988 年第 4 期，第 105—106 页）指出，这两部经是西夏"最流行的经"。

② 西夏乾祐己酉年刊印的《观弥勒菩萨上生兜率天经》发愿文中有"散施番汉《观弥勒菩萨上生兜率天经》一十万卷，汉《金刚经》《普贤行愿经》《观音经》等各五万卷"。（TK82，《俄藏黑水城文献》第二册，第 55 页）

③ 有代表性的是宁夏方塔出土的抄本汉文《诗集》，N21.014［F051］，《中国藏西夏文献》第 15 册，第 132—161 页。《宋史》卷四八六《夏国传下》记载大德五年，即宋绍兴九年（1139）四月，西夏一官员家中长出灵芝，百官以为瑞相，上表皇帝祝贺，崇宗应景而作四言对偶句《灵芝歌》。

《九经》①。乾顺建国学，设弟子三百，立养贤务②，另设童子科③。学习四书五经儒家经典也成了进入西夏官僚体系的途径，尊崇孔子，祭祀孔庙。仁孝时国学弟子增至三千，并于人庆三年，即金皇统六年（1146），尊孔子为文宣帝，设科取士，又置宫学，亲自训导。④天盛六年，即金贞元二年（1154）仁宗派使臣到金国，要求购买儒学和佛教书籍，得到金朝皇帝的允许。⑤同时大力推行孝义，以维护统治秩序。西夏亦推广孝行，以孝治天下。"失孝德礼"是《天盛律令》中规定的十恶之一。《圣立义海》中记孝有三种"上孝帝之行也，天下扬德名，地上集孝礼，孝德遍国内；次孝臣僚，持以德忠礼，不出恶名，以帝之赏，孝侍父母；出力干活，孝侍父母，国人之孝"。⑥

3. 番汉双语互注

长期的共同生活使得西夏人有同时学习使用两种或两种以上语言文字的需要和习惯，政府职员中有专门的"译语"一职，负责各种不同文字的翻译。在与邻国的往来表奏中，西夏一般使用两种文字。与宋的表奏书汉字，旁边书对应番字；与西蕃、回鹘等地区的文书通常书番字，旁边附以各地区的原有文字⑦。北宋西北蕃官，由于长期处理沿边蕃部与西夏事务，也会学习番

---

① 有代表性的是宁夏方塔出土的抄本汉文《诗集》，N21.014［F051］，《中国藏西夏文献》第15册，第132—161页。《宋史》卷四八六《夏国传下》记夏大德五年，即宋绍兴九年（1139）四月，西夏一官员家中长出灵芝，百官以为瑞相，上表皇帝祝贺，崇宗应景而作四言对偶句《灵芝歌》。

② 《宋史》卷四八六《夏国传下》记"于蕃学外特建国学，设弟子员三百，立养贤务以廪食之"。

③ 斡道冲5岁时中童子举，天盛三年（1151）为蕃汉教授，推想他中童子举时至少要在15—20年前，由此可知西夏在仁宗以前的崇宗时就已经有童子科之设了。

④ 《金史》卷一三四《外国上·西夏》评价仁孝"能崇尚儒术，尊孔子以帝号，其文章辞命有可观者"。

⑤ 《金史》卷六〇《交聘表》。

⑥ ［俄］克恰诺夫著，李范文、罗矛昆译：《圣立义海研究》，宁夏人民出版社1995年版，第74—75页。

⑦ 胡玉冰：《西夏书校补》卷五《景宗》，中华书局2014年版，第224页。

语，了解蕃部习俗 ①。南宋还流传有《番尔雅》一卷，即西夏用番语翻译的《尔雅》②。

为适应两种语言及两种语言人群的需要，乾祐二十一年即宋绍熙元年（1190），西夏人骨勒茂才编制了《番汉合时掌中珠》。《番汉合时掌中珠》采用四行编制。中间两项分别为西夏文和相应意义的汉文，左右两项分别为中间西夏文和汉文相应的译音字，是西夏人、汉人相互学习对方语言文字的工具书。

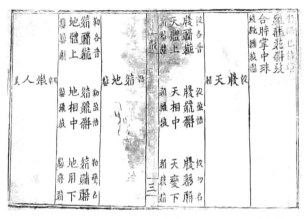

《番汉合时掌中珠》（俄罗斯科学院东方文献研究所收藏）

同时还编制了汉语注释的《纂要》。该书在给一个西夏文词语下方双行小注"汉语读作某某"或"汉语为某某"，通过这些注释就可以理解被注西夏字对应的汉语含义 ③。一些重要的文书或法律条文，也会有类似《纂要》的注释。《天盛改旧新定律令》在规定禁止臣民男女穿戴的颜色和花样以及一些特殊用品的条文中，就在颜色或花样词条下注出汉语的读法或含义。如在译为"鸟足黄"下方用西夏文注出"汉语石黄"，在"鸟足赤"下方用西夏文注出"汉语石红"，在"杏黄"下方用西夏文注出"汉语杏黄"，在"团身龙"下方用

---

① 《宋史》卷二七七《郑文宝传》记"文宝前后自环庆部粮越旱海入灵武者十二次，晓达蕃情，习其语。经由部落，每宿酋长帐中，其人或呼为父"。

② （宋）晁公武《郡斋读书志》卷七记"以夏人语依《尔雅》体译以华言"，四部丛刊本。

③ Ин в. No.124《纂要》，《俄藏黑水城文献》第 10 册，第 38—39 页。

西夏文注出"汉语团身龙"，在"冠子"下方用西夏文注出"汉语冠子"，在"舆辇"下方用西夏文注出"汉语轿子"。[①] 在一些社会文书中，也会出现西夏文与汉文互注的情况。光定十三年，千户刘寨上报所辖地区被杀人口时，在人名旁就有西夏文。另外，还有一些地方也出现夏汉合璧样式。如"凉州碑"即采用夏汉两种文字，两种文字虽不一一对应，但大体相同。

4. 其他语言文字

除西夏、汉语语言文字外，西夏境内还有藏文、回鹘文。藏文、回鹘文主要在佛教活动中使用。西夏有藏文佛经，也有回鹘文佛经[②]，在举行重大法事活动时，要用藏语念藏文佛经，在剃度时也要诵读相关的藏文经书。

同汉文、西夏文互注一样，一些西夏文、汉文佛经也用藏文注音。还有一些作品采用汉藏两种文字。如甘州黑水河建桥碑中采用的就是汉藏合璧式。

在同时使用多种语言文字的同时，一些语言尤其是汉文与藏文的语言融汇到了西夏文当中。涉及名词、动词、形容词、量词等各类词汇。汉文主要涉及世俗生活，如一些官、经略、郎君、府、州、县、堡、寨、关车、簸箕、圣、璎珞、箜篌等名词，还有如赶、拦、过、使、知、散、分、大、粗、细、正、完、全、羞、寸、卷、双等生活中的常用动词、形容词及量词等等。有些借用的词与西夏本语中的同义词同时流行使用，如山、海、功、沙等，都分别有一个借汉语词和一个本语词[③]。藏语对西夏语的影响主要是在一些佛教用语中。

与此同时，一些语言习惯也进入党项语中，改变着西夏语言习惯。比如"瑞雪"，在《番汉合适掌中珠》中也写成"瑞雪"，依党项的习惯应当

---

① 《天盛改旧新定律令》卷七《敕禁门》；卷一二《内宫待命等头项门》。
② 据史金波先生介绍，敦煌莫高窟北区石窟中先后发现了 1000 余枚回鹘文木活字，其中 960 枚为法国人伯希和发现，今藏法国吉美博物馆。这些木活字应属于 12 世纪晚期，最迟不晚于 13 世纪前期。这段时间正是敦煌属于西夏的时间。
③ 史金波：《西夏语中的汉语借词》，《中央民族学院学报》1982 年第 4 期。

写作"雪瑞"。

（二）西夏书法

1. 西夏文书法

西夏文仿汉字生成，是典型的方块字。部分字仅有一个简单的形体，笔画较少；多数字往往由多个形体左右、上下结合而成。总体上看，字型方正，上下略长，左右稍紧，有的文字右上角稍提，左下角略展。书体有楷书、行书、草书、篆书。楷书多用于书写和刻印世俗及佛经书籍；行书多用于日用和抄写；草书多用于文书和医方；篆书多用于印章和碑额。

楷书。雕刻书世俗与佛经、碑文、佛经抄写多用楷体。

行书。在世俗文献和佛教文献中都有使用。西夏乾定元年即宋嘉定十七年（1224）黑水城守将仁义，用行书书写告近禀帖。

草书。西夏草书有一定的书写规律，有时两三笔甚至数笔化成一笔，同一形态往往有相同的简化形体。但因人而异，繁简不一，同一形体也可能出现不同的变体。西夏翻译的《孝经》即为草书，[①]天赐礼盛国庆年间抄写的《六祖大师法宝坛经》也为草书[②]。

行草。西夏社会文书包括户籍、账目、契约、药方等，一般用草书和行草书写。

篆书。西夏文篆书大致可分成两种，一种类似汉文的小篆，《凉州碑》西夏"敕感通宝塔之碑文"即篆额双行竖写。西夏陵园的寿陵碑额"大白高国护城神德至懿皇帝志文"也是小篆。

另一种是西夏官印用篆字，类似汉文九叠篆文，笔画屈曲折叠，填满印面。西夏"首领"中的西夏文"首领"二字多用此法。也有四字和六字篆

---

① Инв. No.2627《孝经》，《俄藏黑水城文献》第 11 册，第 2—46 页。
② B11·002（84192V）《六祖大师法宝坛经》，《中国藏西夏文献》第 1 册，第 17—18 页。

字官印。① 此外，西夏文铜符牌"敕燃马牌"上下两块皆镌刻一西夏文篆书"敕"字。

2. 汉文书法

西夏的汉文书法直接继承了中原地区汉字书法，有楷书、行书、草书、篆书等类。在碑文、字书、佛经等处皆有楷书应用。西夏陵园碑刻中的汉文碑文皆为汉字正楷书写，不过碑文文字风格各不相同。② 黑水城遗址所出天盛四年（1152）刻印的《注华严法界观门》③、皇建元年（1210）所刻汉文《佛说大乘圣无量寿决定光明王如来陀罗尼经》《佛说般若波罗蜜多心经》《功德山陀罗尼咒》合刊本④，略带行书风格;《凉州碑》汉文部分，碑额篆文，正文楷书。汉文买卖典当等契约凭证多用行书或行草，甚至草书。

3. 藏文和回鹘文书法

藏文有有头字和无头字。有头字顶上有一短横，写起来清晰整齐；无头字无此短横，书写起来简洁方便。西夏的藏文刻本，发展并强化了有头字⑤。在抄写《般若波罗蜜经》时，采用非常正规的楷体字抄。此时期的藏文，仍保留着原定前古藏文的一些特征。如在西夏仁宗乾祐七年即金大定十六年（1176）所立甘州的黑水河建桥碑中，其中的藏文碑铭中仍保留着某些与语音不合的古旧成分，有时还有独体字 va，有时有反书元音 i 等。⑥

---

① 罗福颐等:《西夏官印汇考》，宁夏人民出版社 1982 年版;史金波、白滨、吴峰云:《西夏文物》，文物出版社 1988 年版，图 144—183。

② 卢桐:《西夏文书法研究初探》，《宁夏社会科学》1986 年第 4 期;李范文:《西夏陵墓出土残碑粹编》，文物出版社 1984 年版。

③ TK241、TK242《注华严法界观门》，《俄藏黑水城文献》第 4 册，第 250—295 页。

④ TK21《佛说大乘圣无量寿决定光明王如来陀罗尼经》《佛说般若波罗蜜多心经》《功德山陀罗尼咒》合刊本，《俄藏黑水城文献》第 2 册，第 1—7 页。

⑤ XT-40 号藏文《般若经》封面残页，右残，有头字，可以见到全书开始时使用书首符。参见史金波《西夏社会》，上海人民出版社 2007 年版，第 494 页。

⑥ 王尧:《西夏黑水桥碑考补》，《中央民族学院学报》1978 年第 1 期。

回鹘文有写本有刻本还有活字本。活字由硬笔书写，镌刻于木上。其中有单个元音、复音的活字，有由若干字母组成词的活字，有动词词干的活字，还有词缀活字，也有页面版框线和标点符号等①。

4. 书法家和写经手

西夏有相当数量的书法家，负责政府各类书写工作，还有大量的写经手。

浑嵬名遇，西夏切韵学士、阁门司官员，刻写《凉州碑》的西夏碑铭。

张政思，供写南北表章，书写《凉州碑》汉文碑铭。②

刘志直，翰林学士，工于书法③。

神宗遵顼，善于写隶书和篆书④。

索智深，《佛说大乘圣无量寿决定光明王如来陀罗尼经一卷》《佛说般若波罗蜜多心经》《功德山陀罗尼咒》合刊本的书者。

李阿显，《大白伞盖母之总持诵顺要论》、《佛说圣星母陀罗尼经》、《大乘默有者道中入顺大宝聚集要论》上卷、《大密咒受持经》等刻本佛经的写经手⑤。

裴阿势成，负责《现在贤劫千佛名经》《佛说圣佛母般若波罗蜜多心经》等佛经的写经任务。

王仁持，仁宗时切韵博士，《新集锦合辞》的写者。

罗瑞忠持，仁宗朝和尚，《贤智集》的执笔书写者。

刘德智，仁宗朝和尚，《佛说佛母出生三法藏般若波罗蜜多经》的写手⑥。

梁习宝，僧人书刻本《义同》《大乘默有者道中入顺大宝聚集要论》中卷、

---

① 《俄藏黑水城文献》第 2 册，彩色图版 61。
② 史金波：《西夏佛教史略》，宁夏人民出版社 1988 年版，第 246 页。
③ 《金史》卷六一《交聘表》。
④ 胡玉冰：《西夏书校补》卷九《神宗》，中华书局 2014 年版，第 1479 页。
⑤ 俄罗斯科学院东方文献研究所手稿部藏黑水城文献 Инв. No.7589、705、5031、6054。参见惠宏、段玉泉《西夏文献解题目录》，阳光出版社 2015 年版。
⑥ 俄罗斯科学院东方文献研究所手稿部藏黑水城文献 Инв. No.5536、7036、6740、2567、3706。参见惠宏、段玉泉《西夏文献解题目录》，阳光出版社 2015 年版。

《夜五更》等。

刘法雨，僧人，书写《诗歌集》。

裴慧净，僧人，书写《慈悲道场忏法》。

柔智净，僧人，书写《大乘圣无量寿经》。

马智慧，僧人，书写《佛说阿弥陀经》。

移合讹平玉，僧人，书写《维摩诘所说经》。

耶西般若茂，《新集碎金置掌文》的写者。

讹清舅茂势，《义同》的写者。

王吉祥合，抄写有《圣大乘守护大千国土经》《种咒王阴大孔雀明王经》及贝叶式《大方广佛华严经》等①。

却地房舍宝，《大悲心总持》《大密咒受持经》的书写者。

只移舅舅势，《秘密供养典》的写者。

移合讹吉祥铁，《正理滴之句义显用》的写者。

移合讹黑铁，《正理空幢要论》的写者。

嵬移师，《菩提心及常作法事》的写者。

一些多卷本的佛经，一般会有多个写手。西夏文《大般若经》总数近2000 卷，参与的写者有王伟德、居地老家、讹劳那征双等。禅定布斗，40 卷本西夏文《大般涅槃经》的写手之一②。

（三）书籍装帧

西夏社会的书籍装订形式有卷轴装、蝴蝶装、经折装、缝缋装、粘叶装、包背装、梵夹装等，还有一些属于两种形式之间的过渡形式。③

---

① 俄罗斯科学院东方文献研究所手稿部藏黑水城文献 Инв. No.5757b、6399、4271。

② 俄罗斯科学院东方文献研究所手稿部藏黑水城文献 Инв. No.7774、1076、2320、6613。

③ ［俄］捷连提耶夫 - 卡坦斯基著，王克孝、景永时译：《西夏书籍业》，宁夏人民出版社 2000年版，第 33—36 页。

1. 卷装

卷装又称卷轴装，将一张张裁好的纸按顺序粘连成长幅，以木棒等做轴。西夏写本佛经多采用卷装形式，如《显密十二因缘庆赞中围法事仪轨》等[①]。一些刻本佛经尤其包括表、图等内容的佛经刻本也多采用此装帧形式，如《禅源诸诠集都序科文》[②]《观无量寿佛经甘露疏科文》[③]等。另外，采用卷装形式的还有一些世俗文献如《官阶封号表》、西夏文写本《孙子兵法三注》、《诗歌集》、《音同文海宝韵合编》、草书医方以及一些户籍账册等。

采用卷装的汉文文献有刻本也有写本。刻本如《佛说圣大乘三归依经》《观无量寿佛经甘露疏科文》等，写本如《显密十二因缘庆赞中围法事仪轨》等。

部分藏文佛经也采用卷子装式。卷子竖放，藏文自左而右横写，自上而下列行，与敦煌唐代写卷一脉相承。

2. 蝴蝶装

蝴蝶装，将书页有字的一面沿中缝向内对折，将全书书页排好为一叠，再将中缝背面戳齐，以胶料粘连，用厚纸包裹做书面。此装帧是册页装订的最早形式，出现于宋朝。

西夏文世俗文献的刻本多是蝴蝶装，包括《番汉合时掌中珠》《文海宝韵》《音同》《天盛改旧新定律令》《贞观玉镜统》《三才杂字》《纂要》《圣立义海》《新集锦合谚语》《诗歌集》《论语》《孙子兵法三注》《六韬》《黄石公三略》《十二国》《贞观政要》《类林》《德行集》《贤智集》等。

---

① TK328《显密十二因缘庆赞中围法事仪轨》，《俄藏黑水城文献》第5册，第112—115页。

② Инв. No.4736Or12380—2239，Е.И. Кычанов，*Каталог тангутских буддийских памятников*，стр. 577.

③ TK148《观无量寿佛经甘露疏科文》，《俄藏黑水城文献》第3册，第241—254页。

部分佛教著作也采用蝴蝶装。如西夏文刻本《大方广佛华严经普贤行愿品》《圣妙吉祥真实名经》[①]、西夏文活字本《三代相照言集文》等。汉文刻本如《圣观自在大悲心总持功能依经录》《佛说父母恩重经》等[②]。藏文刻本如《胜相顶尊总持功德依经录》等，版心有汉文页码，只是这种蝴蝶装适应了藏文的书写方式，与汉文、西夏文蝴蝶装自右而左成行、自上而下书写、先书写右半面后书写左半面不同，而是自左而右书写，每行写到版心时，越过版心继续书写，也就是同一页左右两面的同一行是通读的。[③]

3. 经折装

经折装是将长卷按统一版面宽度反复折叠成册，多用于佛经，既有写本也有刻本。

4. 缝缋装、粘叶装和包背装

缝缋装是写本中的一种装帧形式，是把单页纸左右对折再上下对折，或上下对折再左右对折，将若干折叠好的单页在中缝线订成选，然后根据需要将数选缝缀成册。装订后再书写。汉文缝缋装有《诗集》《修持仪轨》[④]，西夏文缝缋装有《大乘默有者道中入顺大宝聚集要论》《灭时要论》《治净语取法事》《平等施食放顺要论》等。[⑤]

粘叶装，也是一种写本装帧形式。其装帧方法是将书叶纸对折后逐叶粘贴折缝的边缘，有时加粘单叶纸，一般纸质较厚，双面抄写。汉文粘叶装有

---

① 俄罗斯科学院东方文献研究所手稿部藏黑水城文献 Инв. No.728。

② TK139《佛说父母恩重经》，《俄藏黑水城文献》第 3 册，第 198—201 页；TK164《圣观自在大悲心总持功能依经录》及《胜相顶尊总持功能依经录》合刊本，《俄藏黑水城文献》第 4 册，第 29—51 页。

③ 俄罗斯科学院东方文献研究所手稿部藏黑水城文献 XT.67。

④ 牛达生：《从拜寺沟方塔出土西夏文献看古籍中的缝缋装》，《文献》2000 年第 2 期。

⑤ 俄罗斯科学院东方文献研究所手稿部藏黑水城文献 Инв. No.2519、7102、8210。

《金刚亥母集轮供养次第录》《拙火能照无明》等①。

包背装，书页正折，版心朝外，在与版心相对的书页余幅处打眼用纸捻穿装钉，然后用一张厚纸对折后粘于书脊，把书背包起来。西夏有这种装订形式，但多数没有包背。西夏文写本《圣六字增寿大明陀罗尼经》《大悲心陀罗尼经》等即为此种装订形式。②

5. 梵夹装

梵夹装由很多规格相等的长条纸页组成。藏文的长条书是自左向右横写、自上而下排行的。西夏书的梵夹装不同于藏文的长条书，它是自右向左排行、自上而下竖写。书纸质较厚，两面书写。第一面写完后或向上旋翻，在背面继续书写；或向右旋翻，在背面继续书写。

西夏的藏文书籍如《圣般若波罗蜜经》《辩法法性论》等多数为仿贝叶装式的梵夹装。有的叶中还有仿贝叶经用于穿绳线的圆孔。③

西夏文书籍如《大宝积经》《佛说遍照般若波罗蜜经》《慈悲道场忏法》《圣大悟阴王随求皆得经》等为梵夹装。

一些佛经由于长期使用，出现断裂，在进行修复时，会改变原来的装帧，还出现一些过渡形式。西夏时一些蝴蝶装，由于长期使用，书脊粘贴处脱落，为使其不致散乱，在靠近书脊处打眼后用线捻穿钉，出现蝴蝶装到包背装的一个过渡形式，如《维摩诘所说经》等。

还有一些经折装佛经，经过长时间使用折页处断裂，右边的一行靠折线的空余处打眼穿钉线捻，出现了从经折装向包背装过渡的装订形式。如西夏文《拔济苦难陀罗尼经》《圣佛母般若心经诵持顺要论》等。

---

① A14《金刚亥母集轮供养次第录》、A18《拙火能照无明》，分别见于《俄藏黑水城文献》第5册，第241—244、252—256页。
② 俄罗斯科学院东方文献研究所手稿部藏黑水城文献 Инв. No.570、619、4805。
③ 俄罗斯科学院东方文献研究所手稿部藏黑水城文献 ХТ.24。

　　还有一些刻本经折装，为修复折页断裂，从背面托裱，而成为卷装形式，这类如《菩提勇识之业中入顺》等。

　　西夏书籍的附件有卷轴、书皮、封面、系带、书皮上的签题等，这些附件主要起使用、保护以及装饰和美化等作用。

（四）纸、笔、墨、砚

1. 纸

　　纸是西夏最基本的文字载体，除部分来自宋朝外，多是西夏人自己生产制造的，西夏政府机构中设有专门从事管理造纸的部门——纸工院。纸工院内设 4 个头监，[①] 有专门从事造纸的纸匠。

　　西夏纸原料以苎麻、大麻、亚麻或棉布和树皮为主，多为白色和灰褐色，个别是黄绿色。白纸一般纸质很好，没有纤维结片或硬块；薄灰纸多数很柔软，表面稍涩滞，有大量纤维结片或硬块；浅褐色纸很薄，有纤维硬块，是廉价的纸，常用来书写公文；也有人工染成黄色的纸，多粘在其他较厚实的纸上。

　　西夏造纸经过切断和净化等备料处理、沤煮制浆、舂捣打浆和打槽匀浆、添加造纸助剂（包括染黄、防蛀的黄柏汁，提高强度和抗水性的淀粉，以及碳酸钙、滑石粉、分散剂）、使用火墙之类的人工干燥技术等流程。[②]

　　备料处理主要包括将破布、树皮等用水浸泡、剁碎，用锅煮熬，晾干后再行浸泡等过程。沤煮制浆主要是通过添加石灰、草木灰等起到增白和均匀纤维的功效。舂捣打浆和打槽匀浆起到纤维细碎使纸更加细匀的作用。

　　西夏既有不经过加工的生纸，也有经过加工的熟纸。熟纸有黄柏汁而成的黄纸，还有染黄再涂蜡熨平的蜡纸以及绀纸、金纸、银纸等。皇室和贵族

---

　　① 《天盛改旧新定律令》卷一〇《司序行文门》。
　　② 牛达生、王菊华：《从贺兰拜寺沟方塔西夏文献纸样分析看西夏造纸业状况》，《中国历史博物馆馆刊》1999 年第 2 期。

抄印佛经一般用黄纸、蜡纸或者用金泥字在绀纸上抄写[①]。麻纸多为白色或灰褐色,一般用来书写契约、账目、公文等。按用途及规格西夏纸张又有表纸、大纸、小纸、三抄、连抄、小抄、折四、折五等称呼[②]。表纸是把多层纸粘在一起用来做书籍封面的纸张。大纸和小纸是指纸幅大小不同的纸。三抄、连抄、小抄的区别与抄纸器有关。折四、折五应与纸的长度有关,折四纸可折成经折装的四页,折五纸可折成经折装的五页。

西夏对纸张的使用管理很严。有纸工库,内设 2 小监、2 出纳,负责纸的保存和出入库,[③]纸在库中可以有损耗,纸张不论大小,一律百卷中可耗减十卷,耗损率10%。[④]同时明令诸院簿册用纸不许超出实际用量,且要缴纳纸钱二十钱。[⑤]要求各司及地方军政府衙"种种簿籍当好好藏之","纸当依时总计成卷"。[⑥]

西夏有纸张两面书写的习惯。西夏文《瓜州审案记录》的背面用来抄写西夏文《六祖坛经》。仁孝年间形成的西夏文《诗歌集》即两面使用,一面刻本,一面写本。习字书写时也主要是二次利用。西夏经册的封面和封底也多是废弃的佛经或世俗文献。

西夏还利用宋纸,将宋朝公文用纸拿来作为印刷纸张。仁宗时刻字司刻印《文海宝韵》,采用的就是从夏宋边境获得宋朝边境军事文书。

---

① [俄]捷连提耶夫-卡坦斯基著,王克孝、景永时译:《西夏书籍业》,宁夏人民出版社2000年版,第10—30页。用泥金纸文献有西安市博物馆所藏西夏文《金光明最胜王经》、法国巴黎吉美博物馆藏西夏文《妙法莲华经》、甘肃省定西文化馆藏《大方广佛华严经》、敦煌研究院藏《高王观世音经》以及俄藏文献中的西夏文、藏文泥金写经等。

② 史金波:《西夏汉文本〈杂字〉初探》,载《中国民族史研究》(二),中央民族学院出版社1989年版。

③ 《天盛改旧新定律令》卷一七《库局分转派门》。

④ 《天盛改旧新定律令》卷一七《库局分转派门》。

⑤ 《天盛改旧新定律令》卷六《纳军籍磨勘门》记"诸院主簿、司吏每年纳簿时,写簿用纸,按簿上所有抄数,各自当取纸钱二十钱,由大小首领各自收取,当交主簿、司吏,不得超予。若违律超敛,则敛者以枉法贪赃判断,所超敛者应还原主"。

⑥ 《天盛改旧新定律令》卷一七《库局分转派门》。

西夏木质笔架（武威市博物馆藏）

2. 笔

西夏笔有毛笔和竹笔两种。

毛笔一般使用竹子做笔杆，以兽毛（主要是羊毛）做笔头，其中以黄羊尾毫最为著名，黄羊尾毫较为挺拔、耐用。西夏翰林学士刘志直，曾取黄羊尾毫制笔，被国人仿效①。

竹笔，即将竹子削成样笔，笔尖蘸墨书写②，书写出的字体整齐，刚健有力，西夏曾用竹笔书写西夏文《孟子》。

除毛笔、竹笔外，还有木笔或芦茎笔，西夏即曾用木笔或芦茎笔书写藏文《般若波罗蜜经》③。

3. 墨

西夏书籍和文书绝大多数是以墨书写或印刷的。西夏制墨的主要原料为炭墨。西夏文"墨"是由"炭"字和另外一个与"墨"字发音相近的字组成。西夏解释为"写文字用墨之谓，复炭墨之亦谓也"。④炭墨又以松烟墨为主，即燃烧松木之炭。西夏雕印的文献一般墨色浓深，光亮美观，不浸纸，不褪

---

① 胡玉冰《西夏书校补》卷九《仁宗》记"使人为武功大夫刘志直、宣德郎韩德容。志直，志真弟，官翰林学士，工书法。西北有黄羊，志直取其尾毫为笔，国中效之，遂以为法"。

② 史金波、白滨、吴峰云《西夏文物》图 265 中有武威小西沟岘山洞发现的两支竹笔。一支长13.6 厘米，未使用过；一支长 9.5 厘米，笔尖有墨迹。笔尖约为笔长的四分之一。（文物出版社 1988年版）

③ 俄罗斯科学院东方文献研究所手稿部藏黑水城文献 XT.16。

④ 史金波、白滨、黄振华：《文海研究》，中国社会科学出版社 1983 年版，第 665 页。

色。手写的西夏文献字迹则墨色深浅不一。除墨外，在极少数情况下，西夏还有朱笔或泥金书写。

4. 砚

西夏有砚台与砚滴，两者皆以瓷质为主。瓷砚台有圆、方等形状，砚内水池有月牙型或莲花型等造型，有的砚底会刻人名之类的汉字或画押记号，图案各不相同，釉色也有区别[①]。

褐釉凤首瓷砚滴（中国社会科学院考古研究所藏）

西夏黑釉辟雍瓷砚（宁夏博物馆藏）

（五）绘画风俗

西夏有在佛寺洞窟、墙壁、纸张、绢帛、雕板、木板上绘制图画的习惯。

1. 壁画

壁画内容。党项内迁之前，西北地区已有佛教流传，河西

西夏素烧圆形瓷砚台（中国社会科学院考古研究所藏）

---

① 马文宽《宁夏灵武窑》（紫禁城出版社 1988 年版）图 30 所呈瓷砚台为素烧，圆形，直径 7.5—8 厘米，高 2 厘米，砚内一侧有圆形凸起以便蘸笔，上有墨迹，水池呈月牙型。砚底有汉字"黑儿"，下有图案，类似画押记号。史金波、白滨、吴峰云《西夏文物》（文物出版社 1988 年版）图 306 所呈瓷砚台为一长方形一端残缺，残长 7.8 厘米，宽 9.8 厘米，高 3.8 厘米，砚面施褐色釉，水池作曲形蓬瓣状，砚足呈纵向拱形，不挂釉。

走廊一带自凉、魏开始就是佛教兴盛之地，寺窟林立，民众多为信徒。党项进入这些地区后，继承了原有的佛教，也继承了开窟建寺，在洞窟、佛寺壁面上绘制图画的活动。绘制内容多为佛教题材，如佛像、说法图、经变图、菩萨像、佛教故事等①。绘画风格多样，有将人物置于山水、林木、亭台楼阁之中的，人物表情自然生动，如榆林窟3窟中的《文殊变图》《普贤变图》《五十一面千手观音变》《十一面观音图》《观无量寿经变》《天请问经变》等。也有颜色对比强烈、场面严肃神秘的藏传佛教绘画，如《十一面观音图》《观无量寿经变》《天请问经变》以及观音、五方佛、胎藏界、金刚界曼荼罗图等。

西夏唐僧取经图（榆林窟第3窟普贤变·唐僧取经图，《中国石窟艺术·榆林窟》160）

①　敦煌的莫高窟、榆林窟、东千佛洞，玉门的昌马石窟，酒泉的文殊山石窟，张掖的马蹄寺石窟，固原的须弥山圆光寺石窟，内蒙古的百眼窑石窟等都有西夏的佛窟，留下了西夏画匠们的作品。一些佛寺墙面上也绘有壁画，如《凉州重修护国寺感通碑铭》中，赞美塔寺修成后庄严美丽的情景时提到"壁画菩萨活生生"，证明凉州寺庙中的壁画绘有生动的菩萨画像。

　　唐代高僧玄奘西行取经故事是西夏洞窟壁画的绘制内容之一。西夏绘制的取经故事中有玄奘、孙行者、马、菩萨等形象[①]。有的观音菩萨化身白衣人与玄奘作交谈、悟空站立于二人之间、白龙马自行[②]；有的玄奘双手合十向观音遥拜、孙悟空手拉着马缰举到头部上前方遮阳远眺[③]；有的唐僧师徒二人与白龙马站在波涛汹涌的河水对面向菩萨肃然而立、白马背驮大莲花宝座，莲花宝座上包裹光芒四射。[④]

　　西夏还有将世俗社会生活场影响绘入佛画中的习惯。在绘制《五十一面千手观音变》时，西夏画师在观音像的两边按照对称均衡的原则，画出了166种包括锹、镐、锄、犁、耙、斧、锯、镑、剪、尺、规在内的器物和《犁耕图》《踏碓图》《酿酒图》《锻铁图》等多个生产生活场景，以此来表达观音的千眼智慧。

西夏藻井（莫高窟第16窟，《中国石窟·敦煌莫高窟》第5卷第116页）

---

　　①　西夏绘制的西游记图画有6幅，榆林石窟第2窟和第29窟的水月观音经变画中各有一幅，东千佛洞第2窟中心塔柱两侧甬道南北的水月观音图中各绘有一幅，榆林窟第3窟有两幅，此处暂介绍3幅。

　　②　见于榆林窟第29窟，著名敦煌学家段文杰先生认为这可能表现的是玄奘取经初期的情景。双手合十的应该是玄藏，白衣人为菩萨化身，大嘴披发头戴金环的为孙悟空。还有他们的白马。参见刘玉权《榆林窟第29窟水月观音图部分内容新析》，《敦煌研究》2009年第2期。

　　③　见于榆林窟第2窟《水月观音图》，敦煌研究院编：《中国石窟艺术·榆林窟》，江苏美术出版社2014年版，第138图。

　　④　见于榆林窟第3窟《普贤变图》，敦煌研究院编：《中国石窟艺术·榆林窟》，江苏美术出版社2014年版，第160图。

西夏绘制壁画时很讲究装饰图案，有龙、凤、团花图案、宝相花图案、交枝卷草、波状卷云纹等，尤喜用龙、凤装饰藻井[①]。

另外，西夏还有将施主、供养者绘制在墙壁上，并在旁边留下姓名的习惯。施主、供养人有皇帝、后妃[②]、官员、僧人、普通信众[③]。

西夏的壁画善用线描。在衣物、建筑物、人物像中大量使用线描技术。其中人物像中，经常是几种线描配合使用。肉体轮廓用细而圆润的铁线描表现，须眉头发用纤细而飘忽的游丝描表现，衣纹褶皱用折芦描表现。

西夏早、中期往往在整窟或大面积千佛、供养菩萨画中使用敷彩，多以石绿色打底。少量的说法图、经变图用红色打底。西夏壁画的装饰部分，如藻井图案中的团龙、盘凤、平棋图案、团花图案或边饰上的花蕊，人物装饰上的璎珞、耳环、手镯、臂钏之类，往往有浮塑贴金或沥粉堆金。晕染一般比较清淡，所染颜色，边界清晰。

---

① 莫高窟 310、245 窟顶为团龙藻井，234 窟为五龙藻井，16 窟为一团龙四凤藻井、400 窟为凤首龙形藻井。参见史金波《西夏文化》，吉林教育出版社 1983 年版，第 144—152 页。

② 莫高窟 409 窟窟主室东避门南北两侧绘有男女供养人。其中有关南侧男供养人身份学者有回鹘王、西夏皇帝之争。持"回鹘王"之说的有杨富学《沙洲回鹘及其政权组织》（1990 年《敦煌国际研讨会文集》（石窟史地编），辽宁美术出版社 1995 年版）及刘玉权《敦煌西夏石窟研究琐言》（《敦煌研究》2009 年第 4 期）等。持"西夏皇帝"说者有史金波《西夏皇室和敦煌莫高窟刍议》（《西夏学》第四辑，宁夏人民出版社 2009 年版）及任怀晟《敦煌莫高窟 409、237 窟男供养人像考》（《敦煌学辑刊》2019 年第 3 期）等。此处采"西夏皇帝说"。

③ 榆林窟第 29 窟壁画中有说法僧人、供养人及其家属，各人物旁有西夏文题记。据史金波《莫高窟、榆林石窟西夏文题记研究》（《西夏学》第二辑，宁夏人民出版社 2007 年版）考，此窟为沙州监军赵麻玉修葺，图画中的高僧为鲜卑智海，其他人物为赵麻玉自己、其子、其孙、女眷及侍从等。史文中涉及多处供养人像及其姓名榜题。如莫高窟第 61 窟甬道北壁，有 12 个比丘供养人的像，每个人像近旁都刻有姓名，有的姓名还为夏、汉合璧式。

2. 卷轴画 ①

卷轴画或绘制在纸上，或绘制在绢帛上。其中和中原地区风格相以的有《水月观音图》《普贤图》《大势至菩萨图》《阿弥陀佛来迎图》。藏传佛教风格的有《金刚座上的佛陀图》《金刚座佛与五大塔图》《药师佛图》《十一面八臂观音图》《绿度母图》《佛顶尊胜曼荼罗图》《金刚亥母图》《胜乐金刚图》《不动明王图》等。

与中原地区风格相近的佛画，一般主佛（菩萨）恬静端庄，其他人物生动、活泼，画面丰富，有些图绘有党项生活场景或党项人。在《水月观音图》的下方绘制了西夏超度亡者的场面。左下方，将逝去亡者，绘成手持香炉的老者，带一童子乘云渡河。右下方绘制四人弹琴吹笛起舞，为亡者歌舞超度，四人一人前秃发，后留发梳两辫，一人脑后剃发，头前留发，两边梳辫或戴帽。皆穿高筒靴，短衣长裤。这是西夏党项人的传统服饰，适应

---

① 西夏卷轴画主要出土于中国内蒙古额济纳旗的黑水城遗址，现保存在俄罗斯圣彼得堡爱尔米塔什博物馆，约有 200 多幅。另宁夏拜寺口双塔中西塔的天宫内发现了《上乐金刚图》《上师图》，青铜峡一百零八塔出土了《大日如来佛图》，贺兰县宏佛塔有《胜乐金刚图》《千佛图》《护法力士图》《炽盛光佛图》《玄武大帝图》，甘肃武威亥母洞也出土了西夏唐卡。

西夏《阿弥陀佛来迎图》(图片出自《俄藏黑水城艺术品》14)

西夏《水月观音图》(图片出自《俄藏黑水城艺术品》22)

西夏阿弥陀佛净土（《俄藏黑水城艺术品》3）

于畜牧骑射生活。[1] 在《阿弥陀佛来迎图》中，主佛阿弥陀佛，形象高大，立于右方，身披袈裟，手结来迎印，一道光芒自佛头顶射至两个施主身上，施主一男一女，男手持如意，女双手合十，两人皆着党项服。另两幅《接引男正行者于阿弥陀佛净土途中图》和一幅《接引女正行者于阿弥陀佛净土途中图》中，亡者亦为党项人，化身婴儿上升天空[2]。

另有众多佛画，色彩浓重，背景多平铺蓝色和绿色，冷暖色调对比强烈，布局饱满，结构繁复，表现出明显的藏传佛教绘画特点。[3] 如《阿弥陀佛净土世界》《十一面八臂观音像》中观音端坐在正中莲花座上，11种面孔分别表示出慈悲相、愤怒相，最顶上一面则为佛面。图上部有5身坐佛像，左右和下方分格画有8幅图像作为中心观音像的陪衬。在《不动明王图》中，不动明王单腿跪于一莲花座上，火焰背景中又有小不动明王，三眼，二臂，系虎皮腰裙，头戴附有头盖骨的王冠，一大蛇盘绕其身。在《绿度母图》中，绿度母端坐于蓝色莲花上，右腿踏一莲花，左腿

① ［俄］米开罗·皮欧特洛夫斯基编，许洋主译：《丝路上消失的王国——西夏黑水城的佛教艺术》，第173页。

② ［俄］米开罗·皮欧特洛夫斯基编，许洋主译：《丝路上消失的王国——西夏黑水城的佛教艺术》，第180—189页。

③ ［俄］米开罗·皮欧特洛夫斯基编，许洋主译：《丝路上消失的王国——西夏黑水城的佛教艺术》。

弯曲。右臂向外伸展，姿势优美，左手持莲花。唐卡上下两端各加缝宽幅长条，内有空行母奏乐。①

除佛画外，西夏还有世俗画，如《西夏皇帝和随员图》《相面图》。②

3. 版画

版画是木雕版印刷的绘画，西夏创制的木版画有佛经卷首扉页画与单幅木刻版画两类。

佛经卷首雕刻的佛画以佛、菩萨画像、说法图居多，有些图旁有榜题，注明场所或人物名称。榜题或西夏文或汉字，或两种文字。如西夏文本经折装《观弥勒菩萨上生兜率天经》卷首有经图，占经折装 8 页，绘有佛、菩萨、天王、神、僧、俗等像 100 余身，宫殿、房舍、场所或人物旁有西夏文榜题③。西夏文《妙法莲华经观世音菩萨普门品》，卷首有扉画 2 面，为水月观音图，绘观世音菩萨、奉宝飞来的善财童子，向观音礼拜的文职官员。后为上图下文、是经文和图解版画，共 54 面。经文上部约三分之一处分段绘图 55 幅。第一幅是经题上的题图，由莲花、卷云和栏柱组成，后每幅图为下面经文的图解。图中有佛、神、鬼、怪、僧、俗等人物 70 多身。④汉文《观弥勒菩萨上生兜率天经》卷首也有经图，绘图内容同西夏文，榜题为汉文。汉文《佛说转女身经》卷首有经图一幅 6 面，其中有释迦牟尼佛在王舍城耆阇崛山中讲经，日净夫人腹中胎儿听讲，从母右胁中出生，变为菩萨等故事情节。画中绘僧俗人物 80 余身及多处建筑物。⑤《大方广佛华严经普贤行愿品》卷首

---

① ［俄］米开罗·皮欧特洛夫斯基编，许洋主译：《丝路上消失的王国——西夏黑水城的佛教艺术》，第 105—236 页。
② ［俄］米开罗·皮欧特洛夫斯基编，许洋主译：《丝路上消失的王国——西夏黑水城的佛教艺术》，第 242、255 页。
③ 伊凤阁：《观弥勒菩萨上生兜率天经释文》，《"国立"北平图书馆馆刊》第 4 卷 3 号"西夏文专号"，1932 年。
④ 刘玉权：《本所藏图解本〈观音经〉版画初探》，《敦煌研究》1985 年第 3 期。
⑤ TK8《佛说转女身经》，《俄藏黑水城文献》第 2 册，第 198—199 页。

有大毗卢遮那佛说法图，佛跏趺而坐，法光圈外有朵朵祥云，菩萨、弟子错落安坐于左右听讲①。

西夏的单幅木刻版画也主要是佛画，一般大的佛事活动中或大量印施佛经时都会印施佛画。夏乾祐十五年即金大定二十四年、宋淳熙十一年（1184），印施彩绘木刻印本佛画五万一千万余帧②。天庆二年即金明昌六年、宋庆元元年（1195）罗太后在印施《佛说转女身经》做佛事时，印彩绘功德三万余帧③。天庆三年即金明昌七年、宋庆元二年（1196）罗太后在仁宗去世三年的法事活动中施放7万多帧佛画。

西夏灭亡后，西夏遗民仍然有佛经前刻印扉页画的习惯。如《金光明最胜王经》卷首就有版画，绘人物50多身。西夏文佛经《慈悲道场忏法》，各卷卷首皆有《梁皇宝忏图》④，绘梁武帝初为雍州刺史时，夫人郗氏生前狠毒，死后化为蟒蛇，夜入宫求梁武帝超度的故事，含有人物44身。图左下部有一屈曲盘卷的巨蟒似在仰首叙述，旁边西夏文字译为"郗氏变蛇身处"。上部梁武帝戴帝冠，着交领宽袍，与手持禅杖的僧人志公对话，谈论超度郗氏事。众官员站立阶前，官服捧笏。从蟒蛇头部化出云气升腾为云朵，上立一女子，旁有西夏文为"郗氏天生（升天）处"。右部佛坐于中央，双足踏莲花上。前下跪一女子，即升为天人的郗氏。⑤元朝大德六年（1302）西夏遗民主持参与雕印西夏文《现在贤劫千佛名经》时，在卷首绘制了惠宗秉常时的译经场面。整个图画，占两面篇幅，正方形，边长27厘米，图中刻僧俗人物25身，有西夏文题款12条，记图中主要人物的身份和姓名。上部正中的高僧为译主

---

① TK142《大方广佛华严经普贤行愿品》，《俄藏黑水城文献》第3册，第216页。
② TK121《佛说圣大乘三归依经》发愿文中有"敕有司印造斯经番汉五万一千余卷，彩画功德大小五万一千余帧"，《俄藏黑水城文献》第3册，第52页。
③ TK12《佛说转女身经》发愿文中有"命工镂板印造斯典番汉共三万余卷并彩绘功德三万余帧散施国内臣民"，《俄藏黑水城文献》第2册，第292页。
④《中国藏西夏文献》第4册彩图五。在卷以正文前有元代在建康奉敕集此经的西夏文小字刻款，证此经及经图为元代刊印。
⑤《国家图书馆学刊》2002年增刊《西夏研究专号》图版1。

"都译勾管作者安全国师白智光"。旁列16人为"助译者",其中前排8僧人分别旁边榜题,右面4人分别为北却慧月、赵法光、嵬名广愿、昊法明。左面4人分别为曹广智、田善尊、西玉智园、鲁布智云。图下部人身较大,左为"母梁氏皇太后",右为"子明盛皇帝",即西夏惠宗秉常。皇帝头戴尖顶圆花冠,内穿圆领内衣,外套交领绣花宽袖大衣,手持鲜花。太后戴凤冠,上穿交领宽袖衫,下系裙,外穿宽袖大衣,手持香炉。两边侍从各有所持。中间桌案上有贝叶、卷装、册页装经书。下有黑白二犬围绕象征财富、系有花带的钱币戏耍。[①]明代,西夏遗民刻印的西夏文《高王观世音经》卷首也有佛画,是佛经故事的图解。

4. 木板画及其他

西夏有在木板画上直接用颜料绘画的习惯。绘画有佛教内容也有非佛教内容。施刻木板佛画是西夏重要的佛事活动内容,木板画中会留下施刻者的姓名。曾有耶和松柏山及其妻梁氏,施刻两幅坛城,一幅高130厘米,宽108厘米;另一幅高111厘米,宽131厘米。分别由六七块木板拼成,木板外有细木框。坛城正中为佛顶尊胜,有三脸,每脸有三眼、八臂,由里向外面有圆、方、圆三层坛城,坛城外书写西夏文陀罗尼。主画完成后,在木板右角分别又将二人像绘入,并留下姓名[②]。

西夏的墓室中也有放置木板画的习惯。内容多为亡者生前或者是亡者期望的生活场景。如有护卫的重甲武士、照顾生活起居的侍仆以及生活所需的家禽、家畜等。如果亡者信奉佛教,也可以将佛像等画在木板上[③]。

西夏人在草原、山中放牧时,有时会将自己熟悉的如羊、马、磨盘、骑者等形象或者佛教文字刻画在放牧的岩壁上[④]。

---

① 史金波:《〈西夏译经图〉解》,《文献》1979年第1期。
② 史金波、白滨、吴峰云:《西夏文物》,文物出版社1988年版,图84—87。
③ 宁笃学、钟长发:《甘肃武威西郊林场西夏墓清理简报》,《考古与文物》1980年第3期。
④ 见于鄂尔多斯草原以北的那仁乌拉山中发现的岩画。贺兰山岩画中有西夏文字"佛""兴盛佛法"等内容。

西夏牵马木板画（武威市博物馆藏）

西夏乐伎图（敦煌莫高窟第 327 窟，图片出
自《中国石窟·敦煌莫高窟》第 5 卷第 113 页）

（六）音乐歌舞习俗

西夏社会中有番乐和汉乐两种音乐，从地方至宫廷都有专门的乐人[①]。政府行政机构中设"番汉乐人院"，包括番乐人院、汉乐人院。[②]宫廷中有乐人，设教坊。教坊管理宫廷雅乐以外的音乐、舞蹈、百戏的教习、排练和演出等事宜。地方设乐府都勾管所、有监乐官，负责组织、管理乐人，收集民间歌词、声律诸事。[③]

1. 歌舞习俗

党项人善歌舞，使用的乐器有：三弦、六弦、琵琶、琴、筝、箜篌、管、

[①]《宋史》卷一四二《乐志十七》"元丰六年五月，召见米脂砦所降戎乐四十二人，奏乐于崇政殿"。按：这里的"乐人"应该是西夏米脂寨的专门乐人。

[②]《天盛改旧新定律令》卷一〇《司序行文门》。

[③] 赵彦龙、穆旋：《从出土档案看西夏官吏请假制度》，《档案管理》2014 年第 4 期。

笛、箫、笙、筚篥、七星、大鼓、丈鼓、拍板、龙笛、凤管、篆筝、弦管、嵇琴、云箫、柘枝、水盏、笙簧、勒波、笛子、腰鼓、铜钹、横笛、胡琴、花盆鼓、牛头瓷埙等①。夏州拓跋政权采用中原礼乐，元昊建国时，革五音为一音。夏人庆五年即金皇统八年、宋绍兴十八年（1148），仁宗仁孝命乐官李元儒采用中原乐书，参照西夏制度，修定乐律，赐名《鼎新律》。

西夏社会下自寻常百姓，上到宫廷贵族，小至日常生产、婚、丧、嫁、娶，大至战时出征、使臣交聘、佛事

西夏乐舞图（《俄藏黑水城艺术品》22）

法会都有歌舞音乐②。惠宗秉常招汉界乐人入宫歌舞，崇宗乾顺重视音乐，自作《灵芝颂》并与大臣相唱，其子弟仁忠、仁礼二人善歌咏。仁宗朝，创制《赋诗》《大诗》《月月乐诗》《道理诗》《聪颖诗》《盛德天顺歌》《有智无碍歌》等宫廷礼乐辞。③大战出征及凯旋时都会饮酒起乐④，《野战歌》是景宗元昊出征时的常携书籍之一⑤。元昊连年用兵，点集兵马不断，百姓编唱《十不

---

① 敦煌莫高窟 327 窟有弹筝、琵琶，130 窟有拍板、腰鼓、笙、排箫，164 窟有拍板，307 窟有铜钹、笙、横笛、曲项琵琶、筚篥、琵琶、腰鼓、拍板。参见孙星群《西夏辽金音乐史稿》，第 68—71 页；榆林窟西夏壁画中有 4 件胡琴图像，3 窟有 2 件，3 窟中五十一面观音像有乐器图像 10 余种，东千佛洞 7 窟东壁药师佛经变乐队中有乐器胡琴、笙、琵琶、腰鼓、拍板、横笛、筝、花盆鼓等。其中的花盆鼓是中国石窟中唯一一件花盆鼓形象。参见庄壮《西夏的胡琴和花盆鼓》，《敦煌研究》1997 年第 4 期；牛头瓷埙，见于马文宽《宁夏灵武窑》，紫禁城出版社 1988 年版，第 4 页。

② 《旧五代史》卷一三八《外国列传二》记党项人"既醉，连袂歌呼，道其土风以为乐"；《金史》卷一三四《西夏传》记"夏国声乐清厉顿挫，犹有鼓吹之遗音焉"。

③ 《俄藏黑水城文献》第 10 册，第 267—327 页。

④ （宋）王偁《东都事略》卷一二七记，夏天授礼法延祚七年辽兴宗耶律宗真率兵攻夏，元昊"奉卮酒为寿，大合乐，乃折箭为誓"。

⑤ 《宋史》卷四八五《夏国传上》。

如歌》，以表达不满①。西夏人也喜欢唱诵宋代诗词歌曲。宋人沈括在陕西为边帅时，曾作过几十首歌，让士兵传习歌唱，这歌词曲调由边境传入西夏，被西夏人歌唱。宋人柳永的词在西夏也是家喻户晓，广为传唱②。

此外，西夏也会"柘枝""曲破""八佾"等乐舞。

西夏丧葬中很讲究乐舞。遇青年男女殉情而亡者，双方父母用彩缯裹尸，置尸体于悬崖木栅之上，击鼓尽乐而散。③一般丧葬中，在举行殡葬仪式时，所有乐器要全部击响起来④，但不能是游戏和娱乐消遣的乐歌⑤。在超度亡灵的法会上，也要奏乐起舞。⑥德明母亲去世后，以歌舞哀送⑦。在各类佛事活动中更要以乐礼佛⑧。

西夏出使邻邦的使臣包括正副使、内侍、阁门、文书、译语等，在宴会上也会饮酒作歌，只是不能失态，否则要受处罚。⑨

西夏灭亡后，西夏遗民仍然保留着善歌舞的传统。有相当部分的专业西夏乐人在元代仍然从事音乐，进入皇宫进行表演，至元十七年（1280）元建

①《宋史》卷四八五《夏国传上》。

② （宋）叶梦得《避暑录话》卷三记"柳永……善为歌词。余在丹徒，尝见一西夏归朝官云：'凡有井水饮处，即能歌柳词。'"。

③ 陈炳应：《西夏文物研究》，宁夏人民出版社 1985 年版，第 176—178 页。

④ ［意］马可波罗口述，鲁斯梯谦笔录，陈开俊译：《马可波罗游记》，福建科学技术出版社 1981 年版，第 50—51 页。

⑤《天盛改旧新定律令》卷二〇《罪责不同门》中若"父母、丈夫等已死，孝礼未毕而忘哀寻乐时，判刑六个月；游戏、听乐歌、坐他人筵上时，打十三杖"。

⑥ 甘肃景泰出土西夏文《水陆法会祭文》中有"功名已就，足登官靴，白昼黑夜沉眠于甜蜜的音乐声中，如同神仙似的快乐"。参见孙寿龄《西夏文〈水陆法会祭文〉考析，载《西夏学》第一辑，宁夏人民出版社 2006 年版。黑水城出土西夏水月观音图左下方有一亡者，化身童子升天。亡者对岸有四个乐舞者为其歌舞超度，一人跳舞，另三人中一人弹奏，一人吹奏，一人拍掌击节。参见［俄］米开罗·皮欧特洛夫斯基编，许洋主译《丝路上消失的王国——西夏黑水城的佛教艺术》，第 173 页。

⑦《宋史》卷四八六《夏国传下》记，德明母故，（宋）"以殿中丞赵积为吊赠兼起复官告使，德明以乐迎至枢前"。

⑧ 刘文荣：《党项民族踏歌考——以瓜州东千佛洞西夏第 7 窟〈涅槃变〉所见乐舞图像为中心》，《艺术探索》2018 年第 3 期。

⑨《天盛改旧新定律令》卷一一《使来往门》。

昭和署，管领河西乐人①。西夏音乐被称为"也葛傥兀"，包括在大曲中②。

2. 戏曲和杂技

西夏戏曲有影戏、杂剧、傀儡等，杂剧中角色也称"把色"③，有进行戏曲表演的专门场地"勾栏"④，还有"马背戏"⑤，有杂技表演⑥。每年秋收之际也就是八月西夏举国有"演戏游乐"活动⑦。

小 结

早期党项人有语言而无文字，党项语属汉藏语系藏缅语族。内迁后逐渐接受汉语，使用汉文。西夏建国前夕，创制了自己的文字，被"尊为国字"。从此番汉文通用，番文（西夏文）在官署文书、法律条令、审案记录、买卖文契、官私账目、文学著作、历史书籍、字典辞书、碑刻、印章、符牌、钱币等方面被广泛使用，大量的汉文典籍、汉佛经、藏文佛经被译成西夏文。与此同时，西夏社会还有汉语汉文、藏语藏文、回鹘语回鹘文等其他语言文字，其中汉文是与番文并行的官方文字，在社会政治、经济各个方面被各个民族包括党项族广泛使用。为适应境内多民族多文化的国情，西夏不但有番

---

① 《元史》卷八五《百官职一》。

② （元）陶宗仪《南村辍耕录》卷二八《乐曲》有"也葛傥兀"即"也可唐兀"，"也可"蒙古语"大"意，唐兀是元代对西夏党项人后裔的称呼。"也可唐兀"可翻译成"大西夏"。

③ 俄 Д x 2822《杂字》中有"把色"，［宋］吴自牧《梦粱录》卷二〇《妓乐》，"般杂剧"下有"其吹曲破断送者谓之把色"，"把色"，杂剧中的角色。

④ 俄 Д x 2822《杂字》"屋舍部"中有"勾栏"一词，勾栏是宋元戏曲在城市中的主要表演场所，相当于现在的戏院。或许西夏也建有勾栏。

⑤ 《天盛改旧新定律令》卷五《军持兵器供给门》。

⑥ 榆林窟西夏洞窟第 3 窟东壁五十一面千手观音变《踏碓图》右部有一圆台，台上三人各立一方板作舞蹈状，似在表演杂技。敦煌研究院主编：《中国石窟艺术·榆林窟》，江苏美术出版社 2014年版，第 147 图。

⑦ 《圣立义海》"八月之名义"中下有"秋季中月，国内演戏游乐，设网伺鹊、捕兽"，其中"演戏游乐"应该包括"戏曲""杂技"等。参见［俄］克恰诺夫著，李范文、罗矛昆译《圣立义海研究》，宁夏人民出版社 1995 年版，第 52 页。

汉对照的辞书《番汉合时掌中珠》，还有大量的夏汉合璧书籍、夏藏合璧碑文、佛经等。在多种语言的影响下，传统的党项语言也在悄然地发生着一些变化，其他语言尤其是汉语词汇及语法习惯走进了党项语言中。

西夏有在洞窟佛寺墙壁、纸张、绢帛、雕板画、木板上绘制图画的习惯，绘制内容以佛经为主，包括配之以佛教故事的佛像、说法图、经变图、菩萨像。佛教故事有原生故事，也有如唐僧取经之类的当地民间传说故事。西夏人擅长歌舞，下自寻常百姓，上到宫廷贵族，小至日常生产、婚、丧、嫁、娶，大至战时出征，使臣交聘、佛事法会都有歌舞音乐。西夏社会中有番乐和汉乐两种音乐，西夏灭亡后，该地的音乐被统一称为"河西乐"，成为元朝音乐的组成部分。

十三、西夏家庭

（一）家庭习俗

1. 家庭结构

西夏人的亲属以"节"（音"则"）区分辈分高低和亲疏等次。节分同节、节上和节下。同节即同辈，节上、节下分别类似汉族的长辈和晚辈。节上、节下又依据亲疏远近分为一节、二节、三节等。一节较自身直接的亲属远一层，二节更远一层。皇帝的近亲称"节亲主"。节亲又可分为族亲、姻亲两种，族亲是本人同族人，姻亲是以婚姻结成的亲戚。

西夏社会最小的单位是基本家庭，基本家庭一般由夫妻和未成年子女组成，孩子成年后另组成一家庭。以父系为线，一个基本家庭与曾祖父母、祖父母、父母、未出嫁的姑，平辈未成婚的兄弟、未出嫁的姐妹，儿子、儿媳、孙子、孙女等构成大家族。一般居住生活以最小的家庭为单位，遇生产、生产资料和畜牧的分配、兵役、赋役则以大家族为单位①。

---

① 《俄藏黑水城文献》第14册第118—123页收有一户籍，依据史金波《西夏户籍初探》可以看出，该户籍统计的单位"户"中一般只包括户主与配偶或户主、配偶与未成年孩子。另在《俄藏黑水城文献》第14册第256—257页收录的一份军籍文书中，据史金波先生解读，其户则较大，有男人大人、小孩各2人，分别年40岁、25岁、5岁、3岁；女人大人3人，分别年50岁、30岁、25岁。

2. 家庭观念

西夏提倡孝道，孝子说教是西夏谚语、书籍的重要篇章之一。西夏认为"子身为父母骨肉""（父母）恩功高如天"，要求"子于父母老时有喜忧""孝子侍父母""使父母不忧思""外出时求指教""听从指教""老亦不失子礼""不说邪语""不怀异心""父母唤子""无行不得孝名""出行常思父母""言出念父母""依义嬉戏""勤于差遣""敬念父母"等。孝子要"持三种礼"：父母在时依孝礼尽心侍奉，父母亡故要依礼殡葬，守孝三年，不忘供祀，三年守孝期间，与父母在时一样行孝[1]；"父母患病则孝子忧戚，患病时，不梳头发，不穿新衣，不为嬉唱，不饮酒，不出行，不大笑，不大怒，依病合药，饮时，孝子亲手喂父母。未痊愈时如自身有病忧戚也"[2]。

如果子女、儿媳对自己高祖、曾祖及祖父、祖母、父、母、庶母等长辈撒土灰、唾口水，如果触及身上、脸上或者当面说坏话、顶嘴、辱骂要处以绞杀。以上长辈除非犯有谋逆、失孝德礼、背叛三大罪外，子女、儿媳不得举报，如若举报，亦要判绞杀[3]。儿女要孝顺父母，要按父母之意行事侍奉。同时，作为侄子要孝顺叔姨，作为女婿要如同儿子一般敬顺岳父岳母，作为儿媳要侍奉公婆[4]。

家人、亲戚有赡养老人的义务，违者为官者罚马一匹，庶人责十三杖。九十岁以上老人除谋逆罪外，其他各类罪均不治罪。八十岁至九十岁者主犯减二等，从犯减三等，七十岁到八十岁老人，主犯减一等，从犯减二等[5]。

---

① ［俄］克恰诺夫著，李范文、罗矛昆译：《圣立义海研究》，宁夏人民出版社1995年版，第74页。

② ［俄］克恰诺夫著，李范文、罗矛昆译：《圣立义海研究》，宁夏人民出版社1995年版，第71—75页。

③ 《天盛改旧新定律令》卷一《不孝顺门》。

④ 《圣立义海》在"叔侄名义"中有叔姨为"父母侧系"，孩子"上孝父母，次则孝叔姨也"。在"婚礼名义"中有"姻子族婿，族女姻媳，婚礼如儿子敬岳父岳母"。在"媳礼名义"中有"勤侍公公婆母"。参见［俄］克恰诺夫著，李范文、罗矛昆译《圣立义海研究》，宁夏人民出版社1995年版。

⑤ 《天盛改旧新定律令》卷二《老幼重病减罪门》。

西夏皇帝，在每年十月份，即天气寒冷时，对给百姓老幼贫孤者赐衣食[①]。

女子在未嫁居母家时，要顺从父兄。婚嫁后，要顺从夫，夫亡后要顺从子。要听父母语，侍奉公婆[②]。

西夏社会认为夫妻为因缘之合，夫妻要相互敬爱，死后合葬一墓。在家庭分工上，一般是男主外，女主内，强调互相依靠[③]。

兄弟之间，西夏社会认为是同根手足，长兄要爱护幼弟，幼弟要尊敬长兄，兄弟要互相帮助，相依相靠。

姐妹之间是前缘和合，共生本源，应互相照顾。

（二）姓名习俗

西夏姓氏有番姓与汉姓及小部分的昭武九姓。西夏人重视姓氏，常用的蒙学书籍如《杂字》《碎金》《义同》中都有专门的姓氏篇。

1. 番姓

西夏番姓，西夏文写作𑙡𑙢，音［弥没］。隋唐时党项共有八大姓氏，分别为细封氏、费听氏、往利氏、破丑氏、野利氏、房当氏、米禽氏、拓跋氏，其中以拓跋氏最为强。内徙后，随着部落自身繁衍以及与西北原有民族的融

①《圣立义海》"十月之名义"中"觉寒生悯"条下记"君冬时觉寒，对民庶中老幼贫孤赐衣食也"。参见［俄］克恰诺夫著，李范文、罗矛昆译《圣立义海研究》，宁夏人民出版社1995年版，第54页。

②《圣立义海》"依三种孝顺条"中有"媳居母家，顺从父兄；婚世至嫁，顺从夫；夫亡后顺从儿子也"。此外还有"听父母语""勤侍公公婆母""常勤待命""不为己意""寻求家财"等条。参见［俄］克恰诺夫著，李范文、罗矛昆译《圣立义海研究》，宁夏人民出版社1995年版，第81—82页。

③《圣立义海》在"夫妇名义"中有"依因缘合""治家出行""智妇敬夫""家宅威仪""才齐言庆""世代敬颂""死后共墓"等。在"治家出行"条中有"夫妇对坐，女天男地者，家事妇治，外事男行，是内外，故互相依靠也"。参见［俄］克恰诺夫著，李范文、罗矛昆译《圣立义海研究》，宁夏人民出版社1995年版，第70页；西夏文《碎金》中有"门下妇人知，外情夫君管"。参见聂鸿音、史金波《西夏文本〈碎金〉研究》，《宁夏大学学报（社会科学版）》1995年第2期。

合，至西夏建国，发展成300余个。主要以双音节为主，偶有三音节、四音节和单音节。有些用西夏文写，有些用汉字写，有些既有西夏文写法又有汉文写法。其中132个姓氏有汉文写法，具体如下：嵬名氏、习勒氏、兀乜氏、卫慕氏、仁多氏、天籍辣氏、韦移氏、毛乜氏、毛庞氏、瓮氏、嚖令氏、令介氏、令咩氏、冬至氏、宁浪氏、左移氏、光宁氏、匈奴氏、吃乜氏、吃埿氏、回纥氏、如定氏、回鹘氏、并尚氏、庄浪氏、杂里氏、杂咩氏、杂母氏、杂辣氏、杂熟氏、乩咩氏、西壁氏、嚖讹氏、讹嚖氏、讹留氏、讹啰氏、讹静氏、讹藏氏、讹藏屈怀氏、吴嚖氏、床啰氏、折氏、折嚖氏、来兀氏、来里氏、沙州氏、没嚖氏、没细氏、没啰氏、没赏氏、没藏氏、纽卧氏、纽尚氏、芭里氏、保细氏、连奴氏、卧氏、卧利氏、卧没氏、卧咩氏、夜浪氏、妹轻氏、妹勒氏、季嚖氏、季卧、庞静氏、泪丁氏、直多氏、细母氏、细卧

"《杂字》"（俄罗斯科学院东方文献研究所收藏）

氏、细赏氏、细遇氏、罔氏、罔佐氏、耶布移氏、逊讹氏、便嚖、咩、咩氏、咩布氏、咩迷氏、咩铭氏、契丹氏、特胡氏、拽臼氏、拽税氏、浑货氏、祐税氏、药乜氏、赵嚖氏、轻宁氏、迺来氏、迺税氏、骨勒氏、骨婢氏、党移氏、埋笃氏、恶恶氏、悟儿氏、楱厥氏、浪讹氏、特啰氏、破丑氏、都啰

氏、勒瓦氏、勒啰氏、啰哆氏、执嵬氏、梅讹氏、谋宁氏、野马氏、野利氏、野货氏、野遇氏、野蒲氏、隈才氏、麻乜氏、麻奴氏、麻骨氏、嵬哆氏、嵬迎、嵬咩氏、嵬宰氏、嵬恶氏、赏啰氏、铺主氏、鲁布氏、路哆氏、慕容氏、蔡令氏、播盃氏、磨讹氏。

其中的嵬名，与早期的拓跋氏一脉相承，在其首领拓跋思恭时，因助唐平定黄巢起义有功，被赐李姓，任定难军节度使，辖夏、绥、银、宥之地。自此夏州政权的拓跋氏皆以李相称。宋太平兴国七年（982），夏州政权留后李继捧入宋献四州之地，宋赐李继捧赵姓。李继捧族弟李继迁拒绝入宋，继而开始了率族抗宋立国的道路。至其孙元昊称帝前，改族姓"嵬名"，西夏文写作"𗼨𘄄"，作为帝君之姓，嵬名、𗼨𘄄永远在西夏诸姓氏篇的首位。

野利，西夏文写作"𗼨𗼨"，即早期八大姓中的野利，在西夏建国中立下过汗马功劳。李继迁立宋之初，就与野利豪羌联姻，野利氏生德明。元昊又娶野利女，生子宁令哥，建国后立为太子。野利后兄长，野利旺荣、野利遇乞两兄弟善兵法，有谋略，宋夏之间大的战役如三川口、好水川等都有两人的功劳在里面。国立后，野利旺荣掌西夏国明堂左厢的兵力，人称野利王；野利遇乞掌天都右厢的兵力，人称天都大王。另有野利仁荣，创制西夏文，元昊称之为"股肱之臣"。

破丑，即早期八大姓中的破丑，夏州政权时，部族女分别嫁与唐大都督府安抚平夏番落使李重建、后晋绥州刺史李仁宝、后周绥州刺史李彝谨之子李光琇、李光睿三代四人。同时破丑氏也与李氏之外的拓跋氏、野利氏等党项大族保持着联姻①。李继迁时，有首领破丑重遇贵，与李继迁、李继冲等诱杀宋银夏诸州都巡检使曹光实，袭击银州②。

---

① 杜建录、王富春、邓文韬《陕西横山出土〈故野利氏夫人墓志铭〉初探》（《西夏学》第十九辑，甘肃文化出版社，2019 年第 2 期）中指出陕西横山出土《故野利氏夫人墓志铭》中墓主野利氏丈夫即银州都知兵马使拓跋，其长女"妻破丑彪罗"，"次娉破丑方受"。
② 《宋史》卷四八五《夏国传上》。

妹轻，即党项八大姓中的米禽，西夏文写作"□□"。[1]

卧利，即党项八大姓中的往利，西夏文写作"□□"。[2]

除以上外，还有相当部分姓氏源出族名。卫慕氏，西夏文写作"□□"，银夏大族，元昊母族；没藏氏，谅祚母亲，银夏大族。庞静，宋夏争夺前沿白豹城部族；保细氏，夏州地区党项族；猥才氏，麻奴氏，出李继迁反宋奔走之地地斥泽地区的部族；都啰氏，西夏文写作"□□"，河西凉州部族；咩布氏，西夏文写作"□□"，河西凉州地区部族；庄浪氏，河西、河湟地区有庄浪四族；执嵬氏，西夏文写作"□□"，银夏故地部族；野马氏，西夏文写作"□□"，河西地区部族；仁多氏，河湟地区部族；恶恶，西夏文写作"□□"，源出魏晋南北朝的柔然[3]；鲜卑，西夏文写作"□□"，源出魏晋南北朝的鲜卑；契丹，西夏文写作"□□"，出自与唐以来的契丹族；回鹘，西夏文写作"□□"，源出唐代北方强族回鹘；回纥，西夏文"□□"，源自回鹘未改之前的称呼；匈奴，西夏文写作"□□"，源自秦汉时的北方强族匈奴。

西夏的姓氏还有一些取自传说中的祖先名。□□、□□、□□、□□、□□、□□、□□、□□、□□。其中□□、□□为兄弟。□□、□□、□□为兄弟，此三兄弟被西夏奉为圣根，放在他们的诗歌里。

□□、□□两姓氏是以西夏人心目中的神山命名的。沙州，西夏文写作

<hr>

[1]　佟建荣《西夏姓名研究》（社会科学文献出版社 2015 年版）考汉文姓氏"妹轻"与西夏文□□勘同。新《唐书》卷二二一《党项传》记：党项"以姓别为部，一姓又分为小部落，大者万骑，小数千，不能相统，故有细封氏、费听氏、往利氏、颇超氏、野辞氏、房当氏、米禽氏、拓跋氏，而拓跋最强"。《旧唐书》卷一九八记"有细封氏、费听氏、往利氏、颇超氏、野辞氏、房当氏、米擒氏、拓跋氏，而拓跋最为强族"；《宋史》卷四九一《党项传》记："党项，古析支之地，汉西羌之别种，后周世始强盛，有细风氏、费听氏、往利氏、颇超氏、野乱氏、房当氏、来禽氏，拓跋氏最为强族。""米禽氏""米擒氏""来禽氏"，同一姓氏。彭向前《党项西夏专名汇考》（甘肃文化出版社 2017 年版）考《宋史》中"来禽"实为"米禽"之误，"来""米"书籍传抄过程中，形近致误；"米禽"西夏汉文献中写作"妹轻"。

[2]　佟建荣《西夏姓名研究》（社会科学文献出版社 2015 年版）考，汉文姓氏"卧利"同西夏文姓氏□□勘同。彭向前《党项西夏专名汇考》（甘肃文化出版社 2017 年版）考，卧利即"往利"。

[3]　聂鸿音：《西夏文献中的"柔然"》，《宁夏师范学院学报》2010 年第 5 期。

"𗾪𗏵"，即取自西夏河西重镇沙州。

冬至，西夏文写作"𗼻𗣼"，就是二十四节气中的冬至。

除此外，西夏的一些姓氏还取自身体部位名称、植物名称、动物，或标以数字、天干、地支等[①]。

2. 汉姓

西夏文《碎金》中收集了 120 个汉姓[②]，西夏文《杂字》中收集了 84 个，汉文《杂字》中收集近 200 个[③]。其中《碎金》将汉姓编成了上下对应的五言对偶句，读起来朗朗上口。

张王任钟季，李赵刘黎夏。田狄褚唐秦，温武邢袁枝。金严陶萧甄，胡白邵封崔。息传茫廉罗，司段薄徐娄。江南蔡子高，羊鞠钱伯万。董隋贾迺卓，韩石方穆回。解周燕尚龚，何傅儿奚德。耿郭君邱铁，史申嵇孙合。曹陆倪苏姚，浑酒和殷陈。牛杨孟杜家，吕马纪不华。寇婴宗许虞，韦翟权薛安。吴九邹聂丁，侯窦左糜潘。[④]

使用汉姓的并非全部是汉人，许多党项人也使用汉姓。党项人经常使用的汉姓有李、梁、苏、刘、张、王、吴等，西夏文分别写作"𗼨""𘊞""𗿢""𗥓""𗅴""𗼳""𘕣"。其中的李姓，为皇室改嵬名之前的姓氏，唐朝所赐国姓，元昊虽然弃李姓改嵬名，但李姓还是西夏民众所喜用的姓氏之一，如李讹哆、李屈移、李讹移岩名、李家妹等。同时也是皇室喜欢赐给臣民的姓氏。如乾顺时赐嵬成安公主至夏的辽国挞马李姓[⑤]。梁姓为党项大族，第二代皇帝毅宗母族即梁氏，舅舅梁乞埋，第三代皇帝秉常母亲也出梁氏，其舅

---

① 史金波:《西夏文化》，吉林教育出版社 1983 年版，第 184—188 页。
② 聂鸿音、史金波:《西夏文本〈碎金〉研究》，《宁夏大学学报（社会科学版）》1995 年第 2 期。
③ 史金波《西夏汉文本〈杂字〉初探》（《中国民族史研究》（二），中央民族学院出版社 1989 年版）指出西夏汉文本《杂字》中"汉姓部"前残，余 138 个姓，估计缺几十个姓。
④ 聂鸿音、史金波:《西夏文本〈碎金〉研究》，《宁夏大学学报（社会科学版）》1995 年第 2 期。
⑤ 《西夏书事》记李合达"本萧姓，为辽国挞马，嵬成安公主至夏，有口才，骁勇长骑射。乾顺留之，始授文思使，转右侍禁，尝从征讨有劳，升副都统，赐国姓"。

舅名梁乞遇。族人遍布西夏境内。苏姓有苏奴儿、苏渴嵬、苏吃曩、苏木醜辛等；刘姓有刘折兀埋、刘番家、刘屈栗崖、刘奇彻、刘狗儿等；张姓有张丰正、张灵州奴、张屈栗等；王姓有王那征遇等；吴姓有吴箇、吴没兆、吴埋保、吴惠满等。①

党项人使用汉姓，有在汉姓后加蕃名的习惯。如上文所举李讹啰、梁乞埋等。还有一些党项人将番姓缀于汉姓之后。如"浑嵬名遇""翟嵬名九""张讹三茂""吴嵬名山"等。其中浑是西夏境内的汉姓，嵬名西夏帝君姓。讹三，党项番姓。

除汉姓外，西夏人还使用一些如曹、康等源出中亚的昭武九姓。

3. 命名习惯

西夏人取名和身份有一定的关系。总体看，皇帝姓名多与乾坤帝祚有关，有的带有儒家文化气息，官员姓名多带有明显的儒教道德色彩。普通百姓人家的姓名文化色彩较淡，种类多样。

皇家的名字有元昊、德明、谅祚、秉常、乾顺、仁孝、纯祐、安全、遵顼、德旺、睍等。大臣或部族首领的名字多含有"仁""荣""忠""德""茂""昌"等。如野利仁荣、野利旺荣、仁多保忠、纽卧文忠、骨勒茂才、纽卧德昌、恶恶存忠、恶恶世忠、习勒遵义、天籍辣忠毅、庄浪义显、讹留元智、讹德昌、讹罗绍甫、讹罗绍先、迺令思敬、迺令思聪、卧德忠、连都敦信、芭里直信、芭里安仁、芭里庆祖、芭里昌祖等。

普通百姓人家的名字多饱含美好而朴素的期望，有祝愿茂盛、昌盛、富贵等好的发展势头的，这类人名中常含有"𗥃""𗤁""𘝯"等字词；有祝愿吉祥的，这类人名中常用"𘝞""𘝞𗥃""𘟣𘟣"等字词；有祝愿快乐、安乐的，这类人名中常用𗈁、𘊰、𘊼等；有表达珍爱的，这类人名中常用𗥃。有表达长

---

① 以上汉姓的使用皆参阅佟建荣《西夏姓氏辑考》，宁夏人民出版社 2013 年版。

寿、福禄的，这类人名中常用𗰓、𗄼𗥫。

有含有动物名称的，涉及的动物有狗、猪、驴三类。这类人名数量仅次于表达期望、祝愿的人名。其中又以含狗的人名最多。

有含有民族称谓的，这类人名典型的有弥药乐、犬汉、羌秽、藏黑等。其中弥药为党项人称谓，羌、藏为吐蕃的称谓。

有含有宗教色彩的，如𗾔𗦲（禅定）、𗷲𗩾（般若）、𗭁𗧘（塔）、𗏁𗿦（那征）等。

有含有自然界物体名称的，涉及的有山、水，其中以山为主。

有含有月份的名字，涉及的月份有正月、四月、五月、七月、八月、九月、十月、腊月及善月。

有含有地名的人名，如贺兰（𗈁𗣼）、天都（𗏁𗄌）、甘州（𗎫𗜀）、�（沙州）、𗅱𗜀（灵州）等。

有含有表示身份的人名，主要有子（𘒣）、舅（𗫻）、奴（𗆟）等。西夏含"奴"的著名人物有夏景宗元昊自卫队长中有"五里奴"。还有含"五斤""六斤"等斤两人名的。

命名制度上，与汉地讲究行辈、避尊者讳的习惯不同，西夏党项人存在父子（父女）、母子（母女）、兄弟（姐妹）连名现象。父亲名字𗆍𗣼𗏁𗨁（麻藏达家茂）、母亲名字𗦎𗑫𗧘𘝞𗑗（梁氏小宝），儿子可以起名𗏁𗨁𗑗（达家宝），既包含父亲名字中的𗏁𗨁（达家），又包含母亲名字中的𗑗（宝）。女儿起名𗏁𗨁𗫻（达家舅），包含父亲名字中的𗏁𗨁；有兄弟可以分别命名𘚄𗣼𗏁𗨁𗙼、𘚄𗣼𗷲𗩾𗙼。

小　结

西夏人的亲属以"节"（音"则"）区分辈分高低和亲疏等次。由夫妻和未成年子组成的家庭是西夏社会最小的单位，这种小家庭是西夏基本的居住单位，遇生产、生产资料和畜牧的分配、兵役、赋役时，则需要由包括曾祖父母、祖父母、父母、未出嫁的姑，平辈未成婚的兄弟、未出嫁的姐妹，儿子、儿媳、孙子、孙女在内的大家族承担。家庭内强调孝道，强调晚辈孝顺长辈、夫妻敬爱、手足相亲、姐妹相助。

西夏姓氏以番姓、汉姓为主，杂以昭武九姓。其中番姓 300 余个，除少数如"野利""破丑"等沿自早期党项大姓，多数诞生于隋唐五代部族繁衍、融合过程中。最典型的如"鲜卑""匈奴""契丹""回鹘"等姓氏，这些姓氏原本是西北地区活动过的民族，在同党项的融合过程中成为西夏的姓氏。还有"浑""慕容"等鲜卑姓氏，在西夏时也变成了西夏姓氏。

西夏人名更是丰富多彩，"元昊""旺荣""保忠""茂才"等名，用字文雅，与汉文化人名无差别；"猪狗""六斤""正月""三月"等，朴素简单；"般若""禅定""金刚"等，宗教色彩浓烈。在命名制度上，与汉文化讲究避尊者讳不同，西夏存在着父子（父女）、母子（母女）、兄弟（姐妹）等连名现象。

附录　党项与西夏风俗资料汇编

（一）饮食习俗

1. 畜牦牛、马、驴、羊，以供其食。不知稼穑，土无五谷。五月草始生，八月霜雪降。求大麦于他界，酝以为酒。（《旧唐书》卷一九八《党项传》，第5291页）

2. 其每至京师，明宗为御殿见之，劳以酒食，既醉，连袂歌呼，道其土风以为乐，去又厚以赐赍，岁耗百万计。（《旧五代史》卷一三八，第1845页）

3. 土产大麦、荜豆、青稞、糜子、古子蔓、咸地蓬实、苁蓉苗、小芜荑、席鸡草子、地黄叶、登厢草、沙葱、野韭、拒灰荍、白蒿、咸地松实。（《辽史》卷一一五《西夏传》，第1524页）

4. 德明卒，时年五十一，追谥曰光圣皇帝，庙号太宗，墓号嘉陵。宋赠太师、尚书令兼中书令，以尚书度支员外郎朱昌符为祭奠使，六宅副使、内侍省内侍押班冯仁俊副之，赙绢七百匹、布三百匹，副以上酝、羊、米、面。将葬，赐物称是。

每举兵，必率部长与猎，有获，则下马环坐饮，割鲜而食，各问所见，择取其长。（以上出《宋史》卷四八五《夏国传上》，第13992—13993页）

5. 西北少五谷，军兴，粮馈止于大麦、荜豆、青麻子之类。其民则春食鼓子蔓、碱蓬子，夏食苁蓉苗、小芜荑，秋食席鸡子、地黄叶、登厢草，冬则畜沙葱、野韭、拒霜、灰莜子、白蒿、碱松子，以为岁计。其人能寒暑饥渴。（《隆平集》卷二〇，第603页）

6. 烹牛羊，具酒食。（同上书卷二〇第604页）

7. 戎人皆贫窭，饮食被服粗恶，无可恋者。（《续资治通鉴长编》卷三七，太宗至道元年三月己巳条，第810页）

8. 每欲举兵，必率酋豪与猎，有获，则下马环坐饮，割鲜而食，各问所见，择取其长。（同上书卷一一五，仁宗景祐元年十月丁卯条，第2704页）

9. 又闻贼更欲每年入中青盐十万斛，今只以解盐半价约之，已及二十余万贯，并所许岁币，仅四十余万，此乃与北敌之数相当。议者又欲许其入中青盐，却复所侵边地，臣窃思之，亦恐未为完计也。缘青盐即于保安军入中，必难尽易，当须官自辇置别州，且疲敝之后，可复兴此劳役乎？自来缘边属户，与西界蕃部交通为常，大率以青盐价贱而味甘，故食解盐者殊少。边臣多务宽其禁以图安辑，惟汉户犯者，坐配隶之刑，曾无虚月。今若许入中青盐，其计官本已重，更须增价出卖，则恐缘边蕃汉，尽食西界所贩青盐，无由禁止。（同上书卷一四六，庆历四年正月庚子条，第3536—3537页）

10. 贺兰山下河西地，女郎十八梳高髻。茜根染衣光如霞，却召瞿昙作夫婿。紫驼载锦凉州西，换得黄金铸马蹄。沙羊冰脂蜜脾白，筒中饮酒声渐渐。（《元诗选初集》丙集《河西歌效长吉体》，第716页）

11. 果子，栗杏，梨，檎，樱桃，胡桃，蒲桃，龙眼，荔枝，李子，柿子，橘子，甘蔗，枣，石榴，桃。

柳榆，松柏，菜蔬，香菜，芥菜，薄荷，菠陵，茵陈，百业，蔓菁，萝萄，瓠子，茄子，蔓菁菜，苦蕒，胡萝葡，汉萝葡，半春菜，马齿菜，吃兜芽，瓜。

常葱，蒜，韭，盐，醋，芜荑，胡椒，椒，干姜。

斛豆，五谷，麦，大麦，荞麦，糜，粟，糯米，炒米，蒸米，术米，白

米，面，豌豆，黑豆，荜豆。（以上见《番汉合时掌中珠》,《俄藏黑水城文献》第 10 册，第 26 页）

12. 梡匙，筋，勺，笊篱，檠子，楪，盉盘，铛，鼎，急随钵子，火炉镞，甄，铛盖，笼床，纱罩，茶铫，茶臼，瓶盏。（同上书第 30 页）

13. 准备食馔，细面，粥，乳头，油饼，胡饼，蒸饼，干饼，烧饼，花饼，油毬，盏䭔，角子，馒头，酸馅，甜馅，设筵已毕。（同上书第 35 页）

14. 粳米，糯米，白米，粮米，糯米，折米，蒸米，炒米，秫米，□米，黍米，大麦，小麦，小米，青稞。

赤谷，赤豆，豌豆，绿豆，大豆，小豆，豇豆，荜豆，红豆。

荞麦，稗子，黍稷，麻子，黄麻，麦□，麦□，麦曲，麦面，籽子，稻谷，黄谷。

清水曲，百花曲。

绫罗，纱线，匹段，金线，紧丝，透贝，川纱，梭子，线轴，绵贝，尵丝，绢帛，挑线，絣金，蟠线，京纱，圈纱，隔织，纈罗，线罗，川锦。

披袄，褫襕，袄子，背心，背子，淹心，汗衫、衬衣，皮袴，腰绳，束带，皂衫，手帕，罗衫，禅衣，绰绣。

大袖，袈袋，绣袴，宽袴，窄袴，袈裟。

袜头，丝鞋，朝靴，木履，草履，袜勒。

披毡，睡袄，征袍，三祜，褐衫，毡袜，皮袄。

暖帽，头巾，掠子，幞头，帽子，冠子，合子。

束子，钗子，鞞子，钏子，鋋子，镜子，环子，剪子，箱子，笼子，笑子，柜子，匣子。

珍珠，璎珞，海蛤，碧钿，玛瑙，珊瑚，珞□，金银，琉璃，砗磲，琥珀，玻璃。

鍮石，铜银，锡蜡，钗花，火锥，鞞花，篦梳，木梳，假玉，卞玉，无瑕，绣复，被衣。

梨果，石榴，柿子，林檎，榛子，橘子，杏仁，李子，榛子，木瓜，葫桃，茄瓠，笋蕨，蔓菁，萝蒲，荆芥，茵陈，蓼子，薄荷，兰香，苦苣，□蒜，乌枚，杏梅，桃梅，南枣，芸苔，□果，越瓜，春瓜，冬瓜，南瓜，青蒿，桃条，梨梅，杏煎，回纥瓜，大石瓜（以上见《杂字》，《俄藏黑水城文献》第 6 册，第 139 页）

15.弥药勇健行，契丹步履缓。羌多敬佛僧，汉皆爱俗文。回鹘饮乳浆，山讹嗜荞饼。

断树斧斤头，芟割壮工镰。烧瓦要沙着，洗麻须杖敲。铛鼎器皿盆，碗匙筷子勺。姻友茶酒先，近食米面堪。盐巴椒芜荑，酥油菜奶酪。

来牟豆长大，粟黍秋熟迟，斛豆衔斗升，鏂铁称斤两。褐绢量尺寸，大数估算得。分别号独一，结合千百亿。（以上出聂鸿音、史金波《西夏文本〈碎金〉研究》，《宁夏大学学报（社会科学版）》1995 年第 2 期）

16.顺时配鸣：八月后，始放羊牛马鸣配、孕驹。

果木熟时：桃、栗、榛、蒲桃等熟，取熟麻熬落果做汁。

国人收穈：八月时凉，穈熟，国人收割。编黑白棘碾压，国（颂）安乐诗。（《圣立义海研究》，第 52 页）

17.月末储藏：八月末，储干菜，瓜熟冷食。

果木尾熟：栗子、胡桃、李子熟也。

梅花迎霜：地草美招霜。九月九日斟酒饮，民庶安乐，时□□也。（同上书第 53 页）

蓄水结果：粳稻、大麦春播灌水，九月收也。

杂宝丰盛：九月草籽结果，兽畜满运。（以上同上书第 53 页）

18.畜兽宜居：四畜中，牦牛、羊等居山得安。

土山种粮：待雨种稻，地多不旱，穈、粟、麻、荞相宜。

畜类饶逸：坡谷草、药，四畜中白羊放牧易肥，每年产羔乳汁美。

向柔择种：坡谷地向柔，待雨宜种荞麦也。

畜类饶益：四畜中宜羊牛。

不种生菜：草泽不种谷粮，夏菜自长，赈济民庶。（以上同上书第 57 页）

19. 贺兰山尊：冬夏降雪，有种种林丛、树、果、芜荑及药草。（同上书第 58 页）

20. 焉支上山：冬夏降雪，炎夏不化。民庶灌耕，地冻，大麦、燕麦九月熟。利养羊马，饮马奶酒也。（同上书第 59 页）

21. 依行得孝名：孝子长大，谦恭自爱，勿为杂言，于众勿称你我，不为此三种品行，虽日日屠牛羊侍奉父母，亦不得孝名也。（同上书第 72 页）

22. 父母患病时：父母患病则孝子忧戚，父母患病时，勿梳头发，勿穿新衣，勿唱戏，勿饮酒，勿设郊宴。（同上书第 74 页）

23. 羊毛马鞭狗不食，黑袄襕服染不显。

饮剩余酒不多心，穿补衲衣不变丑。

该学不学学饮酒，该教不教教博弈。

亲家头有羊毛袋，腹侧酥油挂木叉。

吃干米时要加水，守寡妇人更往说。

帐室门阃栓系马，碓杵底下安有足。（陈炳应《西夏谚语——新集锦成对谚语》，第 8 页）

24. 擀毡吹糜天不同，挖坑凿井□地宫。

长寿衣服有补缀，（邪麻）食馔共菜粥。

吃食（尼则列）颚不破，喝饮乳酪唇不白。

面容不喜酪浆酸，嘴唇不甜苦藁苦。（以上同上书第 10 页）

25. 勇鹰险处抓兔子，老虎情面狐饮酥。

饮酒量多人不少，空胃半腹人不死。（以上同上书第 11 页）

26. 苦藁根须籽久苦，豺狼小崽小又腥。

不靠山驿不利行，不让饮酒害于饮。（以上同上书第 12 页）

27. 喝你的酥，揪我心我，穿你的丝，软我脊我。

十袋坚果不去换食，虽有十女难脱孤名。

让食大畜，母羊水肿，让利大商，贫妇乞食。

盐豉不捞出汁不咸，米皮不磨掉饭不甜。（以上同上书第 13 页）

28. 亲者无好于亲父母，肉者无甜于骨上肉。（同上书第 14 页）

29. 脚步未稳，先聚众，谁跟从？割肉未出，要立根，何以吃？

心中厌白雪，不会吃白酥，心中厌黑火，不会踏黑土。（以上同上书第 16 页）

30. 米中有石，烧煮百年，不会成饭，心中有恶，修炼万艺，不能得道。

男喂马，以前未喂骑时喂，思莫及，女俭食，从前未俭煮时俭，测未及。

男不恼怒，青草栏圈长天，更下雨，女不恼怒，（萨胡）（恰能）长出，牛有乳。

千羊毛，风吹去，春毛风吹秋毛剪，百牛乳，狗喝去，晨朝喝去中午挤。（以上同上书第 18 页）

31. 不贵食馔盛少少，口湿颚湿当无得，测量喜衣裁窄窄，手可以过碍于肩。（同上书第 19 页）

32. 宰杀殺雍十二份，放置莫错皆怨主，独卖□骨期亲眷，放置在上皆信伏。

救国之男或不为杀，则与灰狼赤豺二兽同。有孕之畜食不为散，则与盲电跛霜所作同。（以上同上书第 20 页）

33. 爱惜美衣，节省甘食。（同上书第 21 页）

34. 说话时紧目，饮酒时胀腹。（同上书 22 页）

35. 十羊中有肥，两家中有智。

骄慢无朋友，独饮不乐助。

强健人独力，待乳犊独乳。

取槽足迹井上，取碓足迹家中。

食面时风已起，治饮时水已浊。

无美衣穿线缕，无甜食吃菜蔬。（以上同上书第 23 页）

36. 男骑马，自己好，女挤牛，它无乳。

生而居陆地上，死遂丢赤险坑。

善养畜，入富名，善养子，众称贵。（以上同上书第 24 页）

37. 男女妙手正午依法制奶酪。

八月里山坡日暖稻谷熟，良田稻谷卧畦边。人人外出周边走，番汉部族铁屏障。杂用黑稻白稻来捕鸟，逐鹿割稻三番忙不休。

九月里田头割稻穗，山丘草场依法行。百草菜蔬果实采，形形色色九月食。五谷丰盈国安乐，黄白稻麦霜未结，慧人有意积钱财。（聂鸿音《关于西夏文〈月月乐诗文〉》,《固原师专学报》2002 年第 5 期）

38. 饮水酥油独饮食，饮水饮酥穿喉过。（聂鸿音《西夏诗文全编》，第 132 页）

39. 大小麦，问食饮；四年谷，谁已食？

青珍白稻，湿地有珠蚌，稻麦水下鱼。

白鹤下豹皮不妙，黑头不着黑衣；赤面物虚头不食，赤面不吃俗甘。（以上同上书第 133 页）

40. 不收农田自生果，不食田间原出穗。

筵席皱眉食不香，宴时面恶食不甘。

发怒禁宰羊，西食无边行走不□，羊一宰而度过饥处。

盛宴烧烤不觉寒，手指暖；筵席烧烤不觉冷，手已温。

筵席食物水啜饮，盛宴面食水亦甜。

巧妇食泣无子嗣，女子食泣不二宅。（同上书第 134 页）

41. 黄牛酥油良骦酪，聚集吞食不众多；牛红肉味马白乳，切割人食各一二。

聚宝马稻问长者，白稻食品问食客。马牛若财谁富有？麦子若穗谁果腹？（以上同上书第 138—139 页）

42. 巧貌食肉不穿白，美人饮酒不洒酒；巧貌食肉不清齿，丽人饮酒不唾涕。

饮酒不语水及□，□上依靠不倾动。（以上同上书第 139 页）

43. 诸人设筵、下葬、家来大□客等，其间行饮食时，不许将臀部尻骨全置。若违律置者，当出钱五缗，以予举报者，食者勿治。其中主人不愿，食者强以令置之者，举赏当由食者出，主人勿治。

诸人以汉筵熟食为丧葬筵等，准备食馔，心口菜十五种以内，唇喉二十四种以内，又树果品共二十四道以内行之，依不同次第，一种种分别计算，不许使过之。若违律诸人举报时，举赏钱五缗，当由设筵者出予举者。（《天盛改旧新定律令》卷二〇"罪则不同门"，第 608 页）

（二）衣着习俗

1. 服裘褐，披毡以为上饰。（《隋书》卷八三《党项传》，第 1845 页）

2. 服裘褐，披毡为上饰。（《北史》卷九六《党项传》，第 3192 页）

3. 男女并衣裘褐，仍披大毡。（《旧唐书》卷一九八《党项传》，第 5291 页）

4. 衣白窄衫，毡冠，冠后垂红结绶。自号嵬名，设官分文武。其冠用金缕贴，间起云，银纸帖，绯衣，金涂银带，佩蹀躞、解锥、短刀、弓矢，穿靴，秃发，耳重环，紫旋襕六袭。

民庶衣青绿。（以上出《辽史》卷一一五《西夏传》，第 1523 页）

5. 少时好衣长袖绯衣，冠黑冠，佩弓矢，从卫步卒张青盖。出乘马，以二旗引，百余骑自从。

衣皮毛，事畜牧，蓄性所便。英雄之生，当王霸耳，何锦绮为？

始衣白窄衫，毡冠红里，冠顶后垂红结绶。

文资则幞头、靴笏、紫衣、绯衣；武职则冠金帖起云镂冠、银帖间金镂冠、黑漆冠，衣紫旋襕，金涂银束带，垂蹀躞，佩解结锥、短刀、弓矢韣，马乘鲵皮鞍，垂红缨，打跨钹拂。便服则紫皂地绣盘球子花旋襕，束带。民

庶青绿，以别贵贱。(《宋史》卷四八五《夏国传上》，第 13993 页)

6. 臣偶以狂斐，制小蕃文字，改大汉衣冠。衣冠既就，文字既行，礼乐既张，器用既备，吐蕃、塔塔、张掖、交河，莫不从伏。(同上书第 13995—13996 页)

7. 其文人服靴笏、幞头；武臣金帖镂冠，衣绯衣，金涂银黑束带，佩蹀躞，穿靴。余皆秃发，耳重环，衣紫，旋襕六垂束带，佩解锥刀、弓矢，垂鲵皮鞍马带缨。议事即率诸酋适野，藉草而坐。

其五曰野利氏，身颀长，有智谋，曩宵畏之。戴金起云冠，使它无得冠者。(《隆平集》卷二〇，第 602 页)

8. 戎人皆贫窭，饮食被服粗恶，无可恋者。(《续资治通鉴长编》卷三七，太宗至道元年三月己巳条，第 810 页)

9. 衣皮毛，事畜牧，蕃性所便。英雄之生，当王霸耳，何锦绮为！(同上书卷一一一，仁宗明道元年十一月壬辰条，第 2594 页)

10. 始衣白窄衫，毡冠红里，顶冠后垂红结绶。

其伪官分文武，或靴、笏、幞头；或冠金帖镂冠，绯衣，金涂银黑束带，佩蹀躞，穿靴，或金帖纸冠，间起云银帖纸冠，余皆秃发，耳重环，紫旋襕，六垂束带，佩解结锥、短刀、弓矢韣，乘鲵皮鞍，垂红缨，打跨钹拂。民庶衣青绿，用此以别贵贱。元昊初制秃发令，先自秃发。及令国人皆秃发，三日不从令，许众杀之。(以上同上书卷一一五，仁宗景祐元年十月丁卯条，第 2704 页)

11. 遇乞从女也，颀长，有智谋，曩宵畏之，戴金起云冠，令他人不得冠。(同上书卷一六二，仁宗庆历八年正月辛未条，第 3901 页)

12. 本国窃慕汉衣冠，今国人皆不用蕃礼。明年欲以汉仪迎待朝廷使人。(同上书卷一九五，仁宗嘉祐六年十一月己巳条，第 4730 页)

13. 夏国使、副皆金冠短小样制，服绯窄袍，金蹀躞，吊敦，背叉手展拜。(《东京梦华录》卷六《元旦朝会》，第 516 页)

14. 贺兰山下河西地，女郎十八梳高髻。茜根染衣光如霞，却召瞿昙作夫婿。紫驼载锦凉州西，换得黄金铸马蹄。沙羊冰脂蜜脾白，筒中饮酒声渐渐。（《元诗选初集》丙集《河西歌效长吉体》，第 716 页）

15. 褐衫，袄子，袜肚，汗衫，布衫，衬衣，裙袴，祜，纽子，腰绳，背心，领襟。（《番汉合时掌中珠》，《俄藏黑水城文献》第 10 册，第 31—32 页）

16. 折花、戴花。（同上书第 35 页）

17. 搅海寻珊瑚，选择串璎络。钿珠玉耳环，钗擈簪腕钏。金银珍宝多，价高库进出。绫罗帛褐裹，召工裁画缝。袄子短小合，裙裤长宽宜。兜肚围胸肋，鞋袜套脚胫。寒裘皮□，雨披毯褐衫。绵麻线袋细，毛毡褐囊粗。（聂鸿音、史金波《西夏文本〈碎金〉研究》，《宁夏大学学报（社会科学版）》1995 年第 2 期）

18. 父母患病时：父母患病则孝子忧戚，父母患病时，勿梳头发，勿穿新衣，勿唱戏，勿饮酒，勿设郊宴。（《圣立义海研究》，第 74 页）

19. 数户穿紫莫得缯，数人做官彼莫欢。

为穿紫服皆下跪，为有坐位屈下位。

羊毛马鞭狗不食，黑旋襕服染不显。

饮剩余酒不多心，穿补衲衣不变丑（以上出陈炳应《西夏谚语——新集锦成对谚语》，第 8 页）

20. 去到冰上脱皮鞋，行于雨中穿皮衣。（同上书第 10 页）

21. 为生威仪死锦服，为死情面生垢服。（同上书第 11 页）

22. 穿父锦服子威风，学于良师徒威风。

没有胡子拿镊子，肚子未大松腰带。（以上同上书第 12 页）

23. 帐门被拉起，未曾置毡，衣襟被掀起，未曾有裤。

姓名虽改变，我知住处，衣服俱改小，显示人高。（同上书第 15 页）

24. 美色已显，服羊皮裘不会丑；勇名已定，坐于末位不会弱。（同上书第 17 页）

25. 喜衣全集，宝物已聚，无不借债，官位升高，院墙已拓，器皿不减。

喜衣已成，鱼都卧冰下，不觉冷；草料已切，骆驼吃（萨胡），不刺颚。（以上同上书第 18 页）

26. 不贵食馔盛少少，口湿颚湿当无得；测量喜衣裁窄窄，手可以过碍于肩。（同上书第 19 页）

27. 已高贵者，豹皮安袋，虎皮藕府上摆设真华丽，已贫贱者，牛皮□袋，牛皮囊，路上所带白灰皮。（同上书第 20—21 页）

28. 修整网头，拂试笔唇。

银肚已共，金乳必同。

爱惜美衣，节省甘食。（同上书第 21 页）

29. 细毛料续断，粗毛料无毛。（同上书第 22 页）

30. 缝衣要针线，衣服要领襟。

无美衣穿线缕，无甜食吃菜蔬。（同上书第 23 页）

31. 高坡红草弯弯不动如雉尾，蒲苇黑头戴帽冠。（聂鸿音《关于西夏文〈月月乐诗文〉》，《固原师专学报》2002 年第 5 期）

32. 妙白衣服独细软，龟甲蚕茧一命同。

经纬二种不成双，粗衣细衣一身服。

歪斜如皮裘，已破不肯缝。（《西夏诗文全编》，第 132 页）

33. 白鹤下豹皮不妙，黑头不着黑衣。（同上书第 133 页）

34. 我国境行才艺，其他国境行衣服。（同上书第 137 页）

35. 白银黄金污染库，经纬二种烂衣衫。金银两库污染，丝绢二种穿烂。（同上书第 138 页）

36. 才男不大胜黄金，天工地案助我脚，妙白衣服细软坚；良子小小赞如金，天造地设载我胫，细腰龟甲保命全。（同上书第 139 页）

37. 功名已就，足登官靴，白昼黑夜沉眠于甜蜜的音乐声中，如同神仙似地快乐。（孙寿岭《西夏文水陆法会祭文考析》，《西夏学》第一辑）

38.诸有官人及其人之子、兄弟，另僧人、道士中赐穿黄、黑、绯、紫等人犯罪时，除十恶及杂罪中不论官者以外，犯各种杂罪时与官品当，并按应减数减罪，其法按以下所定实行，勿施一种黥刑。(《天盛改旧新定律令》卷二"罪情与官品当门"，第138—139页)

39.全国内诸人鎏金、绣金线等朝廷杂物以外，一人许节亲主、夫人、女、媳，宰相本人、夫人，及经略、内宫骑马、驸马妻子等穿，不允此外人穿。其中冠"缅木"者，次等司承旨、中等司正以上嫡妻子、女、媳等冠戴，此外不允冠戴。(同上书卷七"敕禁门"，第283页)

40.诸寡妇、未嫁女等有诚心为佛法，异议无有而为僧人者，当令寻只关担保者，依所欲住家或出家为僧人。自中等司承旨、中书、枢密、都案以上人之母亲、妻子等衣绯，此外以下者当衣黄。"(同上书卷一一"为僧道修寺庙门"，第406—407页)

（三）居住习俗

1.织牦牛尾及粘羺毛以为屋。(《隋书》卷八三《党项传》，第1845页)

2.织牦牛尾及粘羺毛为屋。(《北史》卷九六《党项传》，第3192页)

3.俗皆土著，居有栋宇，其屋织牦牛尾及羊毛覆之，每年一易。(《旧唐书》卷一九八《党项传》，第5290页)

4.党项，其俗皆土著，居有栋宇，织毛罽以覆之。(《旧五代史》卷一三八，第1845页)

5.德明城怀远镇为兴州以居。(《宋史》卷四八五《夏国传上》，第13992页)

6.其民一家号一帐，男年登十五为丁，率二丁取正军一人。(同上书卷四八六《夏国传下》，第14028页)

7.俗皆土屋，惟有命者得以瓦覆之。(同上书第14029页)

8.十月己巳，夏国进百头帐，诏却之境上。(《金史》卷七《世宗纪》，第

168页）

9.赵德明始城怀远镇而居之，号兴州。（《续资治通鉴长编》卷九六，真宗天禧四年十二月辛未条，第2234页）

10.熙河路都大经制司言："军行至天都山下营，西贼僭称南牟，内有七殿，其府库、馆舍皆已焚之。"（同上书卷三一九，神宗元丰四年十一月己丑条，第7709页）

11.避暑宫，贺兰山拜寺口南山之巅，伪夏元昊建此避暑，遗址尚存。人于朽木中尝有拾铁钉长一二尺者。（《（弘治）宁夏新志》卷一，第44—45页）

12.畜养家宅，修造舍屋，楼阁帐库（《番汉合时掌中珠》，《俄藏黑水城文献》第10册，第29页）

13.栅堂，厨庖，回廊，重栿，平五栿，檐栿，杌栿，椽樏，檩，栏柶，柱脚，提木，石顶，枓拱，墙圈，泥舍，和泥，运土，木植……木槛，硃，赤沙，白土。

帐毡，毛栅，门帘，天窗，沙窗。

灯树，灯盏，灯毯，灯草，火炉（以上同上书第30页）

14.火筋，火枕，火栏，桌子，柜子，匣子。

交床，椅子，矮床，踏床。

枕毡，褥子，菧（以上同上书第31页）

15.正堂，□栅，挟舍，散舍，房子，房子，厨舍，横廊，基阶，门楼，亭子，摄集，草舍，客厅，草庵。（《杂字》，《俄藏黑水城文献》第6册第143页）

16.内宫赞圣光，殿堂坐御位。皇后后宫居，太子楼阁戏。（聂鸿音、史金波《西夏文本〈碎金〉研究》,《宁夏大学学报（社会科学版）》1995年第2期）

17.房室者，房室也，屋也，家舍也，室居也，帐也，屋也，住宿处是也。（史金波、白滨、黄振华《文海研究》，第416页）

18.屋舍者，舍也，房室也，室也，门也，家也，居也，院也，庭也，居

住之谓也。(同上书第 466 页)

19. 近冬安乐:近寒时修治家舍,身添夹衣,家户安乐。(《圣立义海研究》,第 53 页)

20. 擀毡吹糜天不同,挖坑凿井□地宫。(《西夏谚语——新集锦成对谚语》,第 10 页)

21. 拂试瑞室,修盖神宫。(同上书第 21 页)

22. 坡头筑室,树下铺毡。(同上书第 22 页)

23. 天已晚,当睡觉,毡已到,当置枕。(同上书第 24 页)

24. 房星所做为衣食,赤面做事食与衣。(《西夏诗文全编》,第 107 页)

25. 瓦殿栏舍妙羊儿,不□节略大象禄。

思量安步无念想,屋后施马引堂屋。(以上同上书第 108 页)

(四)行旅习俗

1. 出入乘马,张青盖,以二旗前引,从者百余骑。(《辽史》卷一一五《西夏传》,第 1523 页)

2. 正军马驼各一,每家自置一帐。团练使上,帐、弓、矢各一,马五百匹,橐驼一,旗鼓五,枪、剑、棍椿、抄袋、雨毡、浑脱、锹、钁、箭牌、铁笊篱各一。(同上书第 1524 页)

3. 少时好衣长袖绯衣,冠黑冠,佩弓矢,从卫步卒张青盖。出乘马,以二旗引,百余骑自从。(《宋史》卷四八五《夏国传上》,第 13993 页)

4. 渡沙碛,无水,行人皆载水。凡二日至都啰啰族,汉使过者,遗以财货,谓之"打当"。次历茅女喝子族,族临黄河,以羊皮为囊,吹气实之浮于水,或以橐驼牵木栈而渡。次历茅女王子开道族,行入六窠沙,沙深三尺,马不能行,行者皆乘橐驼。(同上书卷四九〇《高昌传》,第 14110 页)

5. 大辇方舆、卤簿仪卫。(《西夏书事校证》卷九,第 112 页)

6. 教被马,马鞍,马毡,辔,衔铁,攀胸鞦,□□,蹬,马鞭,马毯。

（《番汉合时掌中珠》，《俄藏黑水城文献》第 10 册，第 35—36 页）

7. 珂贝鞍桥买，帐幕马毡寻。弓箭刀剑执，伴导运输往。

运货驼骆强，驮重毛驴弱（以上出聂鸿音、史金波《西夏文本〈碎金〉研究》，《宁夏大学学报（社会科学版）》1995 年第 2 期）

8. ……等成为博士，其人又荣升为夫子，出内宫门坐四马车上，威仪围绕，臣僚导引，乐人戏导，送国师院宴请。（史金波《〈文海宝韵〉序言、题款译考》，《宁夏社会科学》2001 年第 4 期）

9. 十一月属子，乃大寒时，冰益坚，舟难行。（《圣立义海研究》，第 54 页）

10. 行驿时求教诲：孝子远近出行时，先到父母处求指教，依父母嘱咐行。归来跪拜，察父母色，柔声问安。

出行常念父母：孝子出行，父母牵挂，心下常念，故子应行大路，勿行危路，遇水应坐舟，平安渡过，勿使父母忧虑。（以上同上书第 70—71 页）

11. 路长骑马显威力。

快马星速无伦比。

秋驹奔驰需母引，日月虽高浮于天。（以上出《西夏谚语——新集锦成对谚语》第 9 页）

12. 天雨未来修水渠，无有艺业知用力。

为头无偏给置枕，因无有渡修道路。

沙路消失置黑丸，婚姻争执怨媒人。（以上同上书第 10 页）

13. 不量地程骑弱马，不测畜高搜□它。

是非语快如鸟有翼，利害意传如马善驰。（以上同上书第 12 页）

14. 好男住此处，名声四野赞，抚马关圈内，足迹及他邦。（同上书第 16 页）

15. 骑马上山峰，下马在泥中。（同上书第 22 页）

16. 戏者急速戏，驰马阔处驰。

勇力男，春不游，岳母女，秋不游。

千子心和说话，百牛并驾俱来。（以上同上书第 23 页）

17. 男骑马，自己好，女挤牛，它无乳。（同上书第 24 页）

18. 野兽出行引领小兽慧心待其戏，红锦蝴蝶鹰展翅，阳光灿烂遍布十丘似锦毡。（聂鸿音《关于西夏文〈月月乐诗文〉》,《固原师专学报》2002 年第 5 期）

19. 骑马不行，蛮地上不宽，小道不劳苦；骑马不驰，蛮地上高处，寻路不疲乏。

丈夫弯弓伏小兽，行程良骥足牛皮。（以上出《西夏诗文全编》，第 139 页）

20. 卷帘者、测城、主飞禽、系花鬘、御车主、牵骆驼。（《天盛改旧新定律令》卷五"军持兵器供给门"，第 224 页）

21. 牧主：正军有官马、弓一张、箭六十枝、箭袋、枪一枝、剑一柄、囊一、弦一根、长矛杖一枝、拨子手扣全；正辅主有弓一张、箭二十枝、长矛杖一枝、拨子手扣全；负担有弓一张、箭二十枝、长矛杖一枝、拨子手扣全。

农主：正军有官马、剑一柄、弓一张、箭三十枝、枪一枝、囊一、拨子手扣、弦一根、长矛杖一枝。（以上同上书卷五"军持兵器供给门"第 225 页）

22. 帐门后宿使：正辅主有弓一张、箭六十枝、有后毡木橹一、拨子手扣全、长矛杖一枝。负担有弓一张、二十枝箭、拨子手扣全、长矛杖一枝。

帐门后宿属：正军有官马、披、甲、弓一张、箭百枝、箭袋、枪一枝、剑一柄、圆头木橹一、拨子手扣全、五寸叉一柄、囊一、弦一根、鏊斧头二、长矛杖一枝。

内宿后卫等属：正军有官马、披、甲、弓一张，箭百枝、箭袋、枪一枝、剑一柄、圆头木橹一、长矛杖一枝、拨子手扣全、五寸叉一柄、弦一根、囊一、鏊斧头二、铁笨篱一；正辅主有弓一张、箭六十枝、有后毡木橹一、长矛杖一枝、拨子手扣全。

神策内外侍等属：正军有官马、披、甲、弓一张，箭五十枝、箭袋、枪一枝、剑一柄、圆头木橹一、拨子手扣、宽五寸革一、弦一根、囊一、鏊斧

头一、长矛杖一枝。（以上同上书卷五"军持兵器供给门"第 227—228 页）

23. 正辅主有弓一张、箭三十枝、有后毡木橹一、拨子手扣、长矛杖一枝。（同上书卷五"军持兵器供给门"，第 228 页）

24. 来遣沟、坚金、来嗦、草丘、红有、五儿、鼻捕、三波、特奴、菊主、啰嵬、旁契、旌竖、嘭连、定远县、卖住、石口、大都督府、连子旁、水木、黑谢、树黄、贺兰沟、荆棘口。"（同上书卷十七"库局分转派门"，第 536 页）

25. 官家驿驾出，随时供给，诸人借领所需骑乘时，群牧司、行宫司二种司内之骆驼当分别驱派。

官家驿驾出，三司、皇城等应遣所需骑乘骆驼者，三司、皇城、行宫司等大人当派其一以供职"（同上书卷一七"供给驮门"），第 575—576 页）

（五）丧葬习俗

1. 人年八十以上死者，以为令终，亲戚不哭。少而死者，则云大枉，共悲哭之。有琵琶、横吹，击缶为节。（《隋书》卷八三《党项传》，第 1845 页）

2. 人年八十以上死者，以为令终，亲戚不哭；少死者，则云夭枉，共悲哭之。有琵琶、横吹，击缶为节（《北史》卷九六《党项传》，第 3192 页）

3. 老死者以为尽天年，亲戚不哭；少死者则云夭枉，乃悲哭之。死则焚尸，名为火葬。（《旧唐书》卷一九八《党项传》，第 5291 页）

4. 喜报仇，有丧则不伐人，负甲叶于背识之。（《辽史》卷一一五《西夏传》，第 1524 页）

5. 五月，母冈氏薨，除起复镇军大将军、右金吾卫上将军，员外置同正员，余如故。以殿中丞赵积为吊赠兼起复官告使，德明以乐迎至枢前，明日释服，涕泣对使者自陈感恩。及葬，请修供五台山十寺，乃遣阁门祗候袁瑀为致祭使，护送所供物至山。复献马五百匹，助修章穆皇后园陵（《宋史》卷四八五《夏国传上》，第 13990 页）

6. 德明卒，时年五十一，追谥曰光圣皇帝，庙号太宗，墓号嘉陵。宋赠太师、尚书令兼中书令，以尚书度支员外郎朱昌符为祭奠使，六宅副使、内侍省内侍押班冯仁俊副之，赙绢七百匹、布三百匹，副以上酒、羊、米、面。将葬，赐物称是。（同上书第 13992 页）

7. 君等应知世界之一切偶像教徒皆有焚尸之俗。焚前，死者之亲属在丧枢经过之道中，建一木屋，覆以金锦绸绢。枢过此屋时，屋中人呈献酒肉及其他食物于尸前，盖以死者在彼世享受如同生时。迨至焚尸之所，亲属等先行预备纸扎之人、马、骆驼、钱币，与尸共焚。据云，死者在彼世因此得有奴婢、牲畜、钱财等若所焚之数。枢行时，鸣一切乐器。其焚尸也，必须请星者选择吉日。未至其日，停尸于家，有时停至六月之久。其停尸也，方法如下。先制一匣，匣壁厚有一掌，接合甚密，施以绘画。置樟脑、香料不少于匣中，以避臭气。旋以美丽布帛覆于尸上。停丧之时，每日必陈食于枢前桌上，使死者之魂饮食。陈食之时，与常人食时相等。其尤怪者，卜人有时谓不宜从门出丧，必须破墙而出。此地之一切偶像教徒焚尸之法皆如是也。（冯承钧译《马可波罗行记》，第 123—124 页）

8. 筵上乐人呼，丧葬巫客侍。（聂鸿音、史金波《西夏文本〈碎金〉研究》，《宁夏大学学报（社会科学版）》1995 年第 2 期）

9. 合孝日礼：孝子父母在时，依父母之意行动，践行侍孝。父母亡则三年孝日勿断，与父母在一样行孝，故得孝名。（《圣立义海研究》，第 74 页）

10. 孝子三种礼仪：父母在时，依礼尽孝，尽心勤侍。亡则依礼殡葬。其后时日，孝子勿忘供养。循此三种礼，则名孝子也。（以上同上书第 74—75 页）

11. 世代敬颂：夫妇者，生时同枕眠，死后共墓埋。诗中云："野獐黑鹿相伴，志夫贞妇相随。"

死后共墓：夫妇者，生时居一家，相敬终寿。及亡同地墓，共棺入葬也。（以上同上书第 85 页）

12. 生死孝仪:同姓有亲戚。生相敬,神仪佑助。亡后,亲疏之人常行礼,穿孝服依高氏行也。(同上书第 93 页)

13. 墓,丘墓也,烧尸处,骨尸所围之谓(《文海研究》,第 460 页)

14. 丘,丘者,丘墓也,烧人尸处,地圈之谓也(同上书第 547 页)

15. 草青草黄年复年,幼死丧葬代复代。

捕捉活人藏墓中,谋害清人烧青草。(以上出《西夏谚语——新集锦成对谚语》,第 9 页)

16. 先哭不哭尸去乃哭,先鸣不鸣母孤乃鸣。(同上书第 13 页)

17. 白高河,应当不呼名,地灰唇;十级墓,应当没有头,峰头缺。(同上书第 16 页)

18. 生而居陆地上,死遂丢赤险坑。(同上书第 24 页)

19. 维大夏乾祐岁次乙巳六月壬子朔十九日庚午。直祭主曹铁驴次乙巳年四月内殁父亲。龟筮协从,相地袭吉,宜于西城郭外安厝宅兆。谨用钱九万九千九百九十九贯文,兼五彩信币,买地一段,东西七步,南北九步。东至青龙,西至白虎,南至朱雀,北至真(玄)武,内方勾陈,分擘掌四域。丘承(丞)墓伯,封步界畛;道路将军,齐整阡陌。千秋万岁,永无殃咎。若辄犯河(诃)禁者,将军亭长,收付河伯。今次性(以牲)酒饭,百味香新,共为信契。财地交相分付,工匠修营安厝已后,永保吉利。

知见人:岁月主。

保人:今日直符。

故气邪精,不得忏恢(怯)。先有居者,永避万皇(里),主人内外存立(亡),悉皆安吉。急急如五帝使者女青律令。(姚永春《武威西郊西夏墓清理简报》(《陇右文博》2002 年 2 月)

20. 应翻检头字,当收葬,不允作咒,倘若一年以内收葬,未作咒则徒一年,一年虽已过,但未告局分处收葬,未作咒则徒六个月。作咒则主人及巫者皆绞杀。其中巫者不知,则因未仔细问,有官罚马一,庶人十三杖。(《天

盛改旧新定律令》卷七"杀葬赌门"，第290页）

21. 庶民自身有因，有过错，不念不服，因欲思行报怨，生恶心，在宗庙、地墓、碑表、堂殿等上动手及损坏官鬘金抄等，一律与向官家谋逆者已行为之罪状相同。（同上书卷一"失孝德礼门"，第114页）

22. 以直接贪财，对宗庙、地墓、堂殿等上动手盗毁，及盗窃隐藏毁官鬘金抄等，不分主从，以剑斩杀，自己妻子、同居子女等当连，迁往异地，当入牧农主中。（同上书第115页）

23. 族、姻二种亲节，依上下服五种丧服法不同而使区分，其中妇人丧服法应与丈夫相同。（同上书卷二"亲节门"，第134页）

24. 应服三年丧：子对父母，妻子对丈夫，父死长孙对祖父、祖母，养子对养父母，子对庶母，未出嫁在家之亲女及养女。应服一年丧：对祖父、祖母、兄弟、伯叔姨、亲侄，父母对子女，在家之姑、姐妹，在家之亲侄女，丈夫对妻子，父死对改嫁母，祖父长子死对长孙，父母对养子，养子对原来处父母，父死改嫁庶母对往随子，改嫁母对原家主处所遗子，亲女及养女等出嫁后对父母。应服九个月丧：对一节伯叔姨、伯叔子兄弟及其在家之姐妹，孙子，在家之孙女，出嫁姑、姐妹女，出嫁侄女，养子对所来处姑、姐妹、兄弟，侄之妻子，对兄弟、侄子等到他处为养子者，母对与原丈夫分离处在家女，亲儿媳，女出嫁后对伯叔姨、姑姐妹、兄弟、甥等。（同上书第135—136页）

25. 应服五个月丧：族亲：对曾祖父母、二节伯叔姨、姑，从祖父、姐妹及妻子，兄弟之孙，伯叔侄子，二节伯叔子兄弟、姐妹，伯叔子出嫁姐妹，出嫁孙女，曾孙，兄弟之妻，养子对所来处出嫁姑、姐妹及伯叔子兄弟等，祖父、祖母长子死对长孙妻子，出嫁女对自己兄弟和兄弟之子为他人养子，及兄弟等之妻子，出嫁女对伯叔子兄弟。

姻亲：对母之父母、舅、姐妹之子，母子姐妹以及其子，同母不同父姐妹，庶母之父母、兄弟、姐妹。（以上同上书第136—137页）

26. 应服三个月丧: 族亲: 对高祖父母、三节伯叔及姑, 曾祖之姐妹, 及兄弟以及其妻子, 三节伯叔子兄弟、姐妹, 兄弟之曾孙, 祖父之伯叔子兄弟及其妻子并姐妹, 伯叔子兄弟之孙, 二节伯叔侄子及住家未嫁女, 玄孙, 伯叔子出嫁侄女, 兄弟之出嫁孙女, 出嫁女对祖父之伯叔子兄弟、妻子并姐妹, 孙媳, 伯叔子兄弟之妻子, 兄弟之孙媳, 出嫁女兄弟之孙, 出嫁女对伯叔子兄弟之子, 母随嫁子与后父家门内同。

姻亲: 对女之子, 姐妹等儿子姐妹, 舅之子, 姑之子, 妻子之父母, 子盖, 女儿子之妻子、姐妹儿子之妻子, 婿, 姐妹子之妻子。(以上同上书第137—138页)

27. 诸人出葬时以畜做陪葬者当退回, 不允屠杀。若违律屠杀时, 承诸人屠杀自有牛、骆驼、马之罪"。(同上书卷二"盗杀牛骆驼马门", 第155—156页)

28. 不准诸损毁地墓、陵、立石、碑记文等。违律时, 于殿上座节亲、宰相、诸王等所属地墓上动手者徒六年, 至棺椁上则徒十二年, 棺椁损坏至尸者当绞杀。(以上同上书卷三"盗毁佛神地墓门", 第184—185页)

29. 以下臣民等所属地墓上动手, 徒三年, 至棺椁上徒六年, 损坏棺椁而至尸则徒八年。又损坏无尸之坛、台、陵、立石、碑文、石兽时, 一律当依前比损坏地墓罪减三等。若以暴力进行数次损坏, 贪取地墓中物, 则按强盗、偷盗法则及毁损罪, 依重者判断。

诸人尸已埋及或已烧, 尸灰未舍弃, 已集土而放置, 如彼损毁墓场时, 使与前述于地墓棺椁上动手罪同等判断。

死人未送往地墓中, 暂停放尸, 放置时动手损毁, 则当比于地墓上动手诸罪行减一等。若贪物, 则计量物, 与盗罪比, 依其重者判断。

地墓丘场实未损坏, 沿其根边耕种者, 不治罪。地墓丘场已损坏, 痕迹不明, 未知所耕, 刨土而出人尸, 则于无碍妥善处掩埋。骨殖勿暴露。若已见骨尸不埋, 随意抛掷时, 无论尸主明不明, 一律徒二年。

　　诸人因逃难、乞丐者死，准许于官私闲地中埋烧，不准其处家主人往他人地中埋烧尸体。违律时有官罚马一，庶人十三杖，将尸体掘出，放自己地中。若地主人不告诸司，自己随意将尸体地上抛掷时，按前述耕地出他人尸体不埋法判断。（以上同上书第 185 页）

　　30. 诸人损毁地墓、丘坟、陵等时，当准许他人举告，若曾祖及祖父、祖母、父、母等地墓被他人损毁，子、孙、曾孙等已知觉，因贪赃徇情不举告议合时，当比地墓损毁者各罪状减二等。（同上书第 186 页）

　　31. 诸人不得以著籍官马祭葬。违律者有官罚马一，庶人十三杖。（同上书卷六"官披甲马门"，第 249 页）

　　32. 诸人已犯罪，经官已杀者，一年以内不允收葬，一年已过时，当由小巫为之。先告都审刑司，当派巫小监者。应翻检头字，当收葬，不允作咒。倘若一年以内收葬，未作咒则徒一年，一年虽已过，但未告局分处收葬，未作咒则徒六个月，作咒则主人及巫皆绞杀。其中巫者不知，则因未仔细问，有官罚马一，庶人十三杖。

　　不允诸人用各种食馔、物作巫，及钱尼助香赌钱物。若违律时，一缗以上则打赌者有官罚马一，庶人十三杖。告赏十缗钱，犯罪者富出给，赌物当还给属者。（以上同上书卷七"杀葬赌门"，第 290 页）

　　33. 待命当值者中，父母、子、兄弟、妻眷等死，嫁女娶妇，所有丧葬，其余与之相似不可不为等，有所告时，当告管事前内侍、内宿司等，是实言，则当令寻担保只关者。（同上书卷十二"内宫待命等头项门"，第 442 页）

　　34. 父母、丈夫等应服三年丧服者已死，闻之而不哭泣时，徒三年。孝礼未毕而除丧服，忘哀寻乐时，徒六个月。游戏、听乐歌、坐他人筵上时，十三杖。又服一年丧服之节上死而不哭泣时，徒三个月，除丧服、忘哀寻乐□□□□□□又服自九个月至三个月丧服死而不哭泣时，于前述服一年丧服之罪上，服者是节上则当减二等，是节下则当减一等。孝日以内下葬，则当除丧服。若无主贫儿无力服之，及依土地法无麻布等，不须服，勿治罪，当

为自然孝礼。（同上书卷二〇"罪则不同门"，第604—605页）

35.诸人设筵、下葬、家来大口客等，其间行饮食时，不许将臀部尻骨全置。若违律置者，当出钱五缗，以予举报者，食者勿治。其中主人不愿，食者强以令置之者，举赏当由食者出，主人勿治。

诸人以汉筵熟食为丧葬筵等，准备食馔，心口菜十五种以内，唇喉二十四种以内，又树果品共二十四道以内行之，依不同次第，一种种分别计算，不许使过之。若违律诸人举报时，举赏钱五缗，当由设筵者出予举者。（以上同上书卷二〇"罪则不同门"，第608页）

（六）婚姻习俗

1.妻其庶母及伯叔母、嫂、子弟之妇，淫秽烝袭，诸夷中最为甚，然不婚同姓。（《旧唐书》卷一九八《党项传》，第5291页）

2.其俗淫秽蒸报，于诸夷中最为甚。（《隋书》卷八三《党项传》，第1845页）

3.其俗淫秽蒸报，于诸夷中为甚。（《北史》卷九六《党项传》，第3192页）

4.德明娶三姓，卫慕氏生元昊，咩迷氏生成遇，讹藏屈怀氏生成嵬。（《宋史》卷四八五《夏国传上》，第13992页）

5.凡五娶，一曰大辽兴平公主，二曰宣穆惠文皇后没藏氏，生谅祚，三曰宪成皇后野力氏，四曰妃没啰氏，五曰索氏。（同上书第14000页）

6.春正月辛未，夏国主曩霄卒。曩霄凡七娶：一曰米母氏，舅女也，生一子，以貌类他人，杀之。（《续资治通鉴长编》卷一六二，仁宗庆历八年正月辛未条，第3901页）

7.俗轻生重死，任性忘义。凡育女稍长，靡由媒妁，暗有期会，家不之问。情之至者，必相挈奔逸于山岩掩映之处，并首而卧，绅带置头，各悉力紧之，倏忽双毙。一族方率亲属寻焉，见不哭，谓男女之乐，何足悲悼！用彩缯都包其身，外裹之以毡，椎牛设祭，乃以其草密加缠束，然后择峻岭，

架木为高丈，呼为"女栅"，迁尸于上，云于飞升天也。二族于其下击鼓饮酒，尽日而散。(《西夏纪事本末》，第 81 页）

8. 贺兰山下河西地，女郎十八梳高髻。茜根染衣光如霞，却召瞿昙作夫婿。紫驼载锦凉州西，换得黄金铸马蹄。沙羊冰脂蜜脾白，箇中饮酒声渐渐。(《元诗选初集》丙集《河西歌效长吉体》，第 716 页）

9. 男女长大，遣将媒人，诸处为婚，索与妻眷，室女长大，嫁与他人，送予沇房，亲家翁、亲家母，并诸亲戚，尽皆聚集，儿女了毕，方得心定。(《番汉合时掌中珠》，《俄藏黑水城文献》第 10 册，第 18 页）

10. 为婚是旧仪，亲戚从今非。媒人奉承美，集体问姿容。贫富福高低，吃穿处处至。民庶男女混，衣食己方谋。爹爹子孙颂，娘浪女妹惜。迎媳婆母安，得婿岳公喜。门下妇人知，外情夫君管。(聂鸿音、史金波《西夏文本〈碎金〉研究》，《宁夏大学学报（社会科学版）》1995 年第 2 期）

11. 父教子礼：男十五择偶，令习文业。逾十五，迎娶妻眷，令习战斗。女年十五，媳仪准备。逾十五，出嫁婚配也。

母养子安礼：男十五养身，避水火灾，勿伤残肢体。逾十五，为求精神。女十五，母教家务，令学妇礼。逾十五，为说人家，备办衣鞋室舍，操办不停。

父母永爱子：儿女幼时，悉心抚养，长大成人，父母仍疼爱，直至衰老。父母活时，置子心上，爱心不绝。

天下至亲：天下地上，父母疼孩、亲孩者。盼儿忧女，超过 [父母] 自身安乐，儿女成家，方才心定。(以上出《圣立义海研究》，第 70 页）

12. 长大婚姓：兄弟长大得姓，祖地父舍续族裔。姐妹成人，婚嫁得姓，国称神仪。(同上书第 80—81 页）

13. 姑侄名义：姑者，父之妹。侄女，与父母亲缘同。长大各自婚嫁，寻觅异姓结亲。(同上书第 81 页）

14. 前缘神定：人之亲戚婚姻者，皆前世因缘和合，此世为亲戚婚姻也。

男女同相见：人为婚姻，依宗别姓，平等相寻。女问男之年龄，男遣媒求女，求神定，遣媒行聘。

吉日送迎，男女相敬，择日求安，送女迎媳。亲家翁亲家母相敬，依礼往来。（以上同上书第 83 页）

15. 杂多婚姻：人择婚姻，家舍杂多，无大小礼，男女乐，喜安居，不晓事义，贪财物。故婚姻不能杂裔，迷失本性。所谓砖石难成玉也。

心常相敬：世间亲戚中，姻亲不相敬者无。诗中云："若爱谁不爱婚姻，若恨谁不恨敌人"。（以上同上书第 84 页）

16. 依因缘合：男女结夫妇者，先古之定仪，依天、地、日月、阴阳之和合成就，独力不成。

治家行外：夫妇同住，女天男地者，妇治家事，男主外事，里外合，故夫妻相依也。

妇智敬夫：夫妇常相敬。诗中云"妇慧丈夫敬，夫智妻承命。"

家室威仪：夫妇和合，则家门兴旺，家室圆满也。诗中云："兴家靠贤妇，退敌凭健马"。

才齐言瑞：夫妇使父母齐等，性和同，养子情大，为配婚姻。

妇人骨清：夫妇寿不齐，丈夫先亡，妇后居，养育子女，心明骨清，一世不近污色。诗中云："妇人骨清捧金盆"。

智妇解文：往昔，一官人因所遣，往边地为军主。后，其妻通文字，为夫制一氅，于氅书告夫诗句："君行于途勤问讯，奉公尽忠莫懈怠。妾今居家奉父母，仅守妇节箴家安宁"（以上同上书第 85—86 页）

17. 外丑内聪：女人要才艺内听，如仅具外美，多招灾祟。诗中云："男智察妇行，愚人重外表。"（同上书第 88 页）

18. 同姓不婚：人有同胞，子有嫡庶。易姓婚配。同姓者，不能婚配。诗中云："同姓辈份分远近，亲疏礼仪"。（同上书第 92 页）

19. 同姓婚失误：人愚笨无智，莫知根本，同姓结婚，心自痴迷，因德害

义，有违孝仪。诗中云："婿轻佻坏姓名，大姓明智有婚仪"（同上书第 93 页）

20. 数驱权势不择妻，到处娱乐牧或饮。

亲家头有羊毛袋，腹侧酥油挂木叉。

吃干米时要加水，守寡妇人更往说。

恋慕不得地程远，急速不得逐日来。（以上出《西夏谚语——新集锦成对谚语》，第 8 页）

等待妆奁女已老，往做专功遂苦死。

21. 凌锦不美婚姻美，剑戟不利眷属坚。

大喉主中口爱味，贱女人中夫择妻。（以上同上书第 9 页）

22. 净女不净寡时显，志男无志说话显。

沙路消失置黑丸，婚姻争执怨媒人。（以上同上书第 10 页）

23. 男子赘婿山上箭，女子嫁去河底空。（同上书第 11 页）

24. （勒没）天婿，婚仪盛茂，天女民妇，族威增高。（同上书第 13 页）

25. 天上诱飞鸟，举饵落手上；父母杖妻子，躲避而出走。（同上书第 15 页）

26. 抚马十价，商一举，价降下；女住母家，一过门，乃出嫁。（同上书第 16 页）

27. 畜马十价，骑者劣，脊折断绝，名未出，女人千价，有主贫，箭舌杖齿，杂谋妒。（同上书第 19 页）

28. 勇（连连），美姻连。（同上书第 21 页）

29. 天热去照日，亲眷加亲眷。（同上书第 22 页）

30. 族相爱室已近，交相爱乃连姻。（同上书第 24 页）

31. 针耳中穿进线，婚室中坐新娘。

禄贱，对官事忠，妇丑，对丈夫贞。

红鹰鸣叫下贱，媳妇逃跑丑恶。（以上同上书第 25 页）

32. 国主吉凶先看臣僚，打听巧女先看媳妇。（《西夏诗文全编》，第 108 页）

33. 遇白鹤，疑说亲。（同上书第 132 页）

34. 机巧相遇造巧情，良人相遇为良□。（同上书第 133 页）

35. 平和巧母生珠女，捆绑强媳不致堕于坑（同上书第 137 页）

36. 夫妇二种月凹凸，妻寿良劣月与日；夫妇长短助明察，妻面不平巧顺随。

本源见到夫妇顺，族之与妻不可记；本源聚集不兼贡，夫妇聚集不同胎。志在族独娶媳，志在妻生儿子。（以上同上书第 139 页）

37. 诸人娶妻子，后与他人行淫乱而怀有杂子女者，不许取状寻问。已产出而为父母所杀时，为母所杀与杀己子罪相同，为父所杀则杀一人徒六年，自二人以上一律徒八年。无心失误动手而杀时，杀一人徒五年，自二人以上一律六年。（《天盛改旧新定律令》卷八"烧杀伤门"，第 296 页）

38. 诸人设计引诱藏匿人妻时，依所定罪判断。二人相悦而匿者，男女一律徒三年，引诱者徒六个月；诸人与人妻行淫，以女人不愿，密谋持抢时，徒四年。女人能举报而不举报，心悦愿住者，徒三年。稍稍压制不使举报，则引诱者一律二年。诸人与人妻行淫，及虽未淫而男人行为计谋，女人不愿，而强持其处侵凌为妻子时，徒八年。女人能举报而心悦不报时，徒一年，不能报则罪不治。引诱者三年。（同上书卷八"夺妻门"，第 298 页）

39. 前述人妻心悦不悦皆设密谋诱持时，若抢财物时以强力夺其妇人，则承以强盗不执武器法。心悦而持者，则承以偷盗法造意主从罪。其妇人夺丈夫之节亲人畜物，则依盗亲法判断。又设计引诱妇人，强以雇佣他处以取工价者，以第六卷军头监私使军庶人法计工价，与枉法贪赃罪法及奴仆盗头监之物是否知觉、盗他人之罪等相当。

诸人合力取人妻者，庶人当绞杀，胁从引诱者徒五年。若女人心愿而取，曰"我为计谋"者，徒十二年。若夺妻者亲手伤杀其丈夫及追赶者、引导报信人时，依强盗伤杀人法判断。（同上书第 299 页）

40. 虽不属明确宗亲，然而为各远节行非礼以及同姓婚姻。同姓结婚之媒人传语者之罪，比结婚者之罪，当减二年为一年，婚姻当改过。

西名自五子以上觅名姓已变，取后姓，允许为婚。西名五子以下依节变姓者，依取用前姓施行，不许为婚，违律时与同姓为婚一样判断。

诸人已为婚后，男父母能给婚价而不给，曰"吾不愿娶媳"，则当罚所予前价，婚姻当改过，女父母当另嫁女。实无力予价，则三年婚当往出劳力，期满，当予之妻子。若女父母曰"我反悔"，男父母亦曰"愿放媳"，则依所用前价数偿还。双方情愿，当许退婚，男父母不愿，则不许退婚。（以上同上书卷八"为婚门"，第 306 页）

41. 女年十三以上始得为婚，当计日，三年期间予价迎送皆当了毕。若食用毕婚价，逾期不予媳时，女父母徒一年。（同上书第 306—307 页）

42. 其三年期间女父母中所主持者、索媳者、户长及亲婿等，若官方依法远遣他国不同司院任职，诸司分析，值父母之丧期、染疾病等，不许以此废婚。废婚者需何年月日时，官示日期中变除，重为期限满三年，逾期限之外则改过。男父母三年期间未迎媳，罪错自负，当罚婚价。若女年少有为婚者，未长成时勿使提前完婚，至年十三，迎送法与前述相同。

诸人为婚子女年少者，原先主家，当给予缚带，则食价不当予。迎娶之日近时，一年期间食价了毕，迎媳。

诸人已为婚，女自年十三上始，三年期间主人曰"已予价"，女父母彼此推诿，欲不予媳，未问取价事，逾期一年，勿算超期。当依女价数取，媳及嫁妆等依法陪送。

诸妇人已至夫主家下，丈夫亡故者，小大孤父不许监管，若监管时徒二年。寡妇行三年孝礼期满，有公婆则不许随意出。若公婆情愿放，有欲赎出者，则有无子女一律当听赎出。无公婆，则愿住即住，愿往乐处即往，夫主之畜物勿取。若公婆孤父等寡妇欲住不令住及欲往乐处不放、妇人自意取畜物等，一律有官罚马一，庶人十三杖。（以上同上书第 307 页）

43. 诸妇人住父母家下，婿已住，生子女，丈夫亡故时，有公婆时不许随意往，当送公婆。未生子女则行三年孝礼，期满，然后女父母得以随意嫁与人为婚。

诸人出妻子法，妇人有七种恶中与人行淫一种，则父母及丈夫等共议不议一律允许出，不许反告。此外：一，不生子女；二，不侍奉公婆；三，有主多言；四，盗窃；五，妒忌；六，恶疾。有此六种错，丈夫及公婆等共议出之，则可往乐处。父母不知，丈夫出之，予凭据，若曰"当出"，剪头，遣往所愿处，及丈夫不知而父母出之等，六个月期间谁未知者反告诉讼，则不须往乐处。父母出之则罪不治，丈夫出之而未问父母之意，则有官罚马一，庶人十三杖。其中出言未取而剪其头，则不许随意往出，因无理剪头，徒一年。无父母，告期已逾，然后不许丈夫反告诉讼，违律时有官罚马一，庶人十三杖。彼有六种错，然一者能行孝礼于公婆，二者娶时贫苦低微后富贵威上，三者迎娶时送者迎人根断而无住处，三种所不出及无罪错妇人等，妻丈夫有出妇之心，女父母亦曰"我赎出"，则当出，□当还回。女父母不欲赎，丈夫曰"出妻子媳等"，则当罚聘价，退还嫁妆，随其愿往。父母不知不愿，则反告诉讼程序、期限与前述相同。

亲父母可嫁，祖父母、伯叔、姨、兄弟嫂等其他节亲不许嫁。若无亲父母，则祖父母及同居庶母、女之同母兄弟、嫂娣及亲伯叔、姨等共议所愿处为婚。若不共议而嫁时，六个月期间可上告，当接状寻问。祖父母、伯叔、姨等嫁女者罪不治，兄弟嫂娣嫁则有官罚马一，庶人十三杖。因未共议，婚姻当改过。

诸人索妻、媳，传媒者不问父母时，父母六个月期间告，则当改过。因不宜婚姻，□子徒一年，成婚则徒六个月，媒人徒三个月，未知则罪不治。不许逾期告状及他人举报。违律告状、接状者，有官罚马一，庶人十三杖。问讯中父母皆同意及无父母等，则当许为婚。（以上同上书第308页）

44.诸人为敌人俘获者之妻子，有子女则十年，无子女则五年，未迎娶而住父母处则三年以待丈夫。逾期不来归，则有公婆者许与不许随意出，依各

自实行。若无公婆而欲往随意处，则当告而往随意处。（以上同上书第309页）

45.诸人为婚时已予应允，酒食已饮者，嫁资未转传则不算换为婚。嫁资多少已取，则取多少一律算实在为婚。其中为婚非乐意，则不许彼此强令食婚酒食，予大小聘资。若违律时，一百日期间告状当问。不愿为婚语是实，则非法强制者有官罚马一，庶人十三杖。所取嫁资如数归还，婚姻改过。逾期不许取状寻问。（同上书第309—310页）

46.官私人男女相谋□□诸处逃避□□妻处等所生子女皆随母往，当予妇人属者，不许随父往。若不予时，有官罚马一，庶人十三杖，人当予。

婚姻是实，变而不婚曰"我已为婚"谋计等，一律比一女嫁二处罪加一等，徒四年。

诸人女在未嫁，父母不允，不许随意抢亲速受礼。违律而父、兄弟告时，抢亲受礼者有官罚马一，庶人十三杖。女人情愿则笞三十，不情愿则不治，归还父母，依愿嫁之。若已侵凌妇人则徒六个月，隐匿于其地者徒一年。父、兄弟不告，不许他人举报。违律告状取状者，一律有官罚马一，庶人十三杖。（以上同上书第310页）

47.诸人为婚迎媳，然后曰"我未得嫁妆"者，一年期间可告。女有父母，则前婚价所取当如数予之，女父母无力，则当以前所取价二分之一为婚价，另一分为嫁妆而予之。其中无力则不须予嫁妆，不情愿者，不许强令按价给屋舍、地畴、使军、奴仆等。其中已取二十缗以下实价嫁女者，当为女价，不许因嫁妆诉讼。违律时，原先所办不予，及因二十缗以下予价之嫁妆诉讼告状等，有官罚马一，庶人十三杖。

诸人予为婚价次第：殿上坐节亲主、宰相等以自共与其下人等为婚者，予价一律至三百种以内，其中骆驼、马、衣服外，金豹、虎皮等勿超百五十种；节亲主以下臣僚等以自共与诸民庶等为婚，嫁女索妇时，一律予价二百种以内，其中骆驼、马、衣服外，金豹、虎皮等勿超百种；自盈能等头领以下至民庶为婚，嫁女索妇等，予价一律一百种以内，其中骆驼、马、衣服外，金豹、虎皮等勿超二十种；为嫁妆次第：一钱当予实价二钱以内，不许滥超其数。一年期间予者，告则罪不治，所予超数当退还。倘若违律，追告不还及逾期告状寻问者等，一律有官罚马一，庶人十三杖。（以上同上书第 311 页）

50. 为婚价予三百种之嫁妆中盖帐三具，二百种盖二具，一百种盖一具。无力亦允许不盖，不许比之增盖。为婚嫁妆盖帐者，三具、二具盖七十木以及六十木以内，不许超出木数。诸人为婚，有送女嫁妆中送服饰及奉客时，服饰等一律予价三百种送七十服，予价二百种送五十服，予价一百种送十服以内。无力允许不服，不许比之超服及衣服全予。前述为婚中，取腹股婚服、索妇食、帐末食、客人来往食、烤房食等时，传转物者，勿计入嫁妆。

诸人为婚中，予价及回婚姻时帐木累计超盖、服饰等前述已明以外，不许比之超出服、盖。若违律时，所超嫁妆追告退还，承罪与所定相同。

诸人有女，已送主家下，而后留有婚价尾数，一年期间皆当取。不予时可上告催促，不予者有官罚马一，庶人十三杖。逾期不许取状寻问。（以上同上书第 312 页）

51. 诸人贪婚价，一女嫁二处时，未嫁往先有主处，婿亦未来，而另嫁送后有主家下及婿来，徒三年。未送，婿亦未来，则徒一年。嫁往先有主处及婿已住然后另嫁者，已送未送后有主处、婿来未来，于前述各各罪状上加一等。其一女嫁二处者之父母、伯叔、姨、兄弟、嫂娣等议嫁者中，户主主持者一人当承罪，其余相嫁罪不治。若无共议而嫁人，则主持不主持一律嫁者承之。后娶者、媒人等知觉是他人妻，则娶者比嫁女者之各各罪状减一等，媒人依次减二等。不知，罪不治。妻当予先有主，所予价如数退还。有后有主处生子女者，当留之。若先有主不需妻子，则取先所予价，妻当归后娶者。（以上同上书第 312—313 页）

52. 诸人已予为婚承诺，已饮酒食而未取价者，虽不算变婚，然而为婚者曰“女父母已食酒食而负诺词”，因此以妄言不合随意抢女者，无论情愿与否而强抢之，依抢匿人妻等之各各罪状法判断。婚姻是实，价多少已取而遗尾数时，妻丈夫有主等不议而强抢女，则徒一年。其中他人未取贿，因情面有意令抢女者，依抢女者从犯论。若已为婚而取半价，告曰"未曾取婚价，不合抢之"，只关□□时，依变婚法判断。

诸人丈夫曰"我遣"，已予承诺，已饮酒食，而价未取，凭据未转，则催促遣委。若他人取诺词、饮酒食而谎言随意夺妻者，无论情愿与否而强抢之，与抢匿人妻等罪状相同。若出妻已予赎价之半，或已赐出妻凭据，赎价日限已定而未取时抢妻者，有官罚马一，庶人十三杖。他人有意令抢者，以抢妻者之从犯论。若出妻者或已取赎价，或已为凭据时曰"未为凭据，未取赎价"，只关争辩时，同样判断。（以上同上书第 313 页）

53.诸人已为婚，婿未往，或男死或女死等，一律当罚有主婚价，女当嫁情愿处。

有妻子媳等人情愿出之，则女父母可赎。若女父母可赎而未能赎，他人曰可赎，则妇人及女父母等情愿赎当许，不情愿则不许。若违律时，有官罚马一，庶人十三杖。（以上同上书第 314 页）

54.诸人之妻子与他人通而生杂子者，不许袭丈夫之抄、官、军，勿得畜谷宝物，依次板□注册。（以上同上书卷十"官军敕门"，第 354 页）

55.诸人所属使军不问头监，不取契据，不许将子女、媳、姑、姐妹妇人等自行卖与他人。若违律卖时，当比偷盗钱财罪减一等。买者知则科以从犯法，不知罪勿治。若卖者未提卖语，买者造意曰买之，增价而买之，则判断与卖者同，其中已卖妇人所生之子女当一律还属者。前所予钱价，卖者能自予则当自予，不能则当罚买者。为买卖中介者，知则徒六个月，不知罪勿治。

使军未问所属头监，不取契据，不许送女、姐妹、姑等与诸人为婚，违律为婚时徒四年，妇人所生之子女当一律还属者。前已予价，为婚之使军能自予则当自予，不能则当罚主人。

前述往使军已问所属头监，乐意给予契据，则允许将子女、媳、姑、姐妹妇人等卖与他人，及与诸人为婚。

官人自身乐意，当允许将姑、姐妹、女等与使军为婚。

诸人使转院时，为中间语、写文书者等知其受贿，贿多少，一律是官人则当比有罪人之从犯依次减二等，是使军则比从犯依次减一等，未知罪勿治。

诸人不许谓见佛神明光以迷惑家门，亦不许说有将降恩之语。倘若违律时，言重有疑患，则应处何罪当奏报实行，若言轻无疑患则徒一年。有屡屡不停言之者，应处何罪及应不应迁转住地等，视其言状，依时节奏报实行。（同上书卷十二"无理注销诈言门"，第417—418页）

（七）宗教信仰

1. 三年一聚会，杀牛羊以祭天。（《隋书》卷八三《党项传》，第1845页）

2. 三年一聚会，杀牛羊以祭天。（《北史》卷九六《党项传》，第3192页）

3. 三年一相聚，杀牛羊以祭天。（《旧唐书》卷一九八《党项传》，第5291页）

4. 凡出兵先卜，有四：一炙勃焦，以艾灼羊脾骨；二擗算，擗竹于地以求数，若揲蓍然；三咒羊，其夜牵羊，焚香祷之，又焚谷火于野，次晨屠羊，肠胃通则吉，羊心有血则败；四矢击弦，听其声，知胜负及敌至之期。（《辽史》卷一一五《西夏传》，第1523页）

5. 病者不用医药，召巫者送鬼，西夏语以巫为"厮"也；或迁他室，谓之"闪病"。（同上书第1523—1524页）

6. 若获人马，射之，号曰杀鬼招魂。或射草缚人。出军用单日，避晦日。（同上书第1524页）

7. 明年，出侵回鹘，恒星昼见，德明惧而还。（《宋史》卷四八五《夏国传上》，第13990页）

8. 常携野战歌、太乙金鉴诀。（同上书第13993页）

9. 遣潘七布、昌里马乞点兵集蓬子山，自诣西凉府祠神。（同上书第13995页）

10.遂以十月十一日郊坛备礼，为 世祖始文本武兴法建礼仁孝皇帝，国称大夏，年号天授礼法延祚。（同上书第 13996 页）

11.出战率用双日，避晦日，赍粮不过一旬。弓，皮弦；矢，沙柳竿。恶雨雪。昼举烟扬尘，夜篝火以为候。不耻奔遁，败三日，辄复至其处，捉人马射之，号曰"杀鬼招魂"，或缚草人埋于地，众射而还。

笃信机鬼，尚诅祝，每出兵则先卜。卜有四：一、以艾灼羊脾骨以求兆，名"炙勃焦"；二、擗竹于地，若揲蓍以求数，谓之"擗算"；三、夜以羊焚香祝之，又焚谷火布静处，晨屠羊，视其肠胃通则兵无阻，心有血则不利；四、以矢击弓弦，审其声，知敌至之期与兵交之胜负，及六畜之灾祥、五谷之凶稔。（以上同上书卷四八六《夏国传下》，第 14029 页）

12.赵德明帅所部出侵回鹘。常星昼见，德明惧而还。（《续资治通鉴长编》卷七二，真宗大中祥符二年十二月癸卯条，第 1646 页）

13.春正月癸卯，元昊请遣人供佛五台山，乞令使臣引护，并给馆券，从之。（同上书卷一二一，仁宗宝元元年正月癸卯条，第 2849 页）

14.（曩霄）凡七娶……五曰野利氏……生三子，曰宁明，喜方术，从道士路修篁学辟谷，气忤而死。"（同上书卷一六二，仁宗庆历八年正月辛未条，第 3901 页）。

15.西戎用羊卜，谓之"跋焦"，卜师谓之"厮乩"。以艾灼羊髀骨，视其兆，谓之"死跋焦"。其法，兆之上为神明，近脊处为坐位，坐位者主位也，近傍处为客位。盖西戎之俗，所居正寝常留中一间，以奉鬼神，不敢居之，谓之神明，主人乃坐其傍，以此占主客胜负。又有先咒粟以食羊，羊食其粟，则自摇其首，乃杀羊视其五藏，谓之"生跋焦"。其言极有验，委细之事皆能言之，生跋焦土人尤神之。（《梦溪笔谈》卷十八，第 176 页）

16.由此业力，三界流转，远离三涂，四向四果，资粮加行，十地菩萨，等觉妙觉，法报□□，自受用佛，十他受用，三类化□，证圣果已，昔因行愿，千变□□，八万四千，演说法门，于迷□□，指示寂知，菩提涅槃，令交获则，六趣轮回，苦报无量，争如自悔，修行观心，得达圣道。(《番汉合时掌中珠》，《俄藏黑水城文献》第 10 册，第 18—19 页)

17. 天乾，皇天，昊天，旻天，上天，九霄，一清，虚空。(同上书第 21 页)

18. 天一贵神、天官贵神。(同上书第 22 页)

19. 十二星宫，乾坎艮震，巽离坤兑。(同上书第 24 页)

20. 地坤，一浊，大地，十地。(同上书第 25 页)

21. 或做佛法、修盖寺舍、诸佛菩萨、天神地祇、璎珞数珠、幢幡花鬘、轩冕、磬钟、铙钹、铜鼓、净瓶、法鼓、海螺、金刚杵、铃、供养烧香、檀香、乳香、安息香、草香、沉香、涂香、入定诵咒、行道求修、或做活业。(同上书第 29 页)

22. 由此业力，三界流转。(同上书第 36 页)

23. 耕牛筐吹，碓硙使仆槌。和尚诵经契，斋毕待布施。道士祷星神，唱名示边隅。筵上乐人呼，丧葬巫客侍。

索借贷归还，给予实接受。诉状陈告故，情愿令卜筮。(以上出聂鸿音、史金波《西夏文本〈碎金〉研究》，《宁夏大学学报(社会科学版)》1995 年第 2 期)

24. 昊天：世间主宰。

天尊：福遍凡世。

天穹：蔽覆凡间。

白霄：诸宝本源。

合一性安：上清为天，常安不毁者，合真性。

天属阳：一切日星，光净寰宇，阳气下降，阴气和合，尽成诸物。

世间为大：世界间，天、地、君、礼四种大中，天为始。

东高西低：日、月、星辰运转者，西落也。

天道开合：春夏诸物齐放，秋冬诸物熟藏。

天道恒劳：始已行，遍常转。诸子生长，勿有衰竭。

天行有信：四季轮回，诸物自成。（以上出《圣立义海研究》，第50页）

25.知玄析理：天君不盲命，为定寿命也。（同上书第50—51页）

26.现相于天：若吉凶相出时，君之行仪定相合，曰"现"也。

善恶分明：天若人做恶行，则使遭祸殃。做善行，则获福祐也。

世界丰稔：天慈，使风雨依节降。

天行难测：户窗观天，不见天体。愚民莫能察天之行。

常生德心：天慈，以正行育下，施恩也。

施恩不计：天依孝育众生，故使成诸宝，不计恩功。（同上书第51页）

27.北极黑帝：北神助水，冬季供分。

御寇行猎：十月时，天降霜，使蒲草尽枯死，君依顺于天，率军行猎也。

国昌天赏：君依德、智、孝奉天。一切草果不种自成，十月收。国人谓丰年也。（同上书第54页）

28.年末腊日：国属金，土日，君出射猎，备诸食。星影升。准备供奉天神，赏赐官宰风药。（同上书第55页）

29.五台净宫：众神、菩萨生化、寺显合禅修经，民庶依归处也。寺庙野兽，见人不骇。

圣峰恒时：六十贤神以居，供养甘露味雨，君之神龛显灵守护。

神迹在谷：神峰南方仙人在山谷居住，神行远山，足迹则在石上也。

神化德山：玉体神化身，佛则显，乃民庶之求福处也。

沙州神山：山刻佛像，寺庙、众神居处多有。

神泉中流：河水神力，截黑山腰。平、青二条水西在山，多利有名，略说所好。

[壁旺]秀山：栽种种树，亦有果树。鹿、□居。接[石门]边，有大像佛殿，民庶供养。

山有神宰：山有诸宝、金、银植树，药毒，神护成就也。（以上同上书第58—60页）

30. 依天地德：人者，上荫蔽于天德，下坚依于地藏。

鬼神守护：寻觅德行，善神守护，莫得损害。

头形如天：头形圆，如天，五常性气能行，明达有慧。故六道中，人近天际也。

足相地维：足者，维地隅，故与人坚依。四功中天地恩功广大，养育身命，一切吃穿，依地成就。

心性善恶：人修善行，则世间得正名，后世达乐道。行恶行，则现世人皆憎，后世受贫苦也。（以上同上书第 62 页）

31. 上和佛法：上与诸佛、圣贤品行性气顺和。

修有善法：多念圣文，常敬善法，出语有典，行处无恶，念念寂静，做作谓德。

莫为恶行：皆去众生之恶害，依慈莫为也。

上次品人：仁人，与世界中圣近边，乃上品。孝性气者，与菩萨性气合。（以上同上书第 63 页）

32. 秉持佛法：常念佛之德正心慧，敬奉三宝，诵经解义，秉持执要，代供不绝。（同上书第 65 页）

33. 莫解三宝：有佛不信，闻法不解，不敬僧众，从事奴技。（同上书第 69 页）

34. 仙者，仙人也，山中住，寿长求道者之名是。（《文海研究》，第 414 页）

35. 驱鬼者驱鬼也，送来也，驱鬼者也之亦谓也。

佛者，梵语是，番语觉之谓，指教有情者是也。（同上书第 426 页）

36. 祭祀也，烧香也，祷也，供祭地神大神之谓。（同上书第 465 页）

37. 驱鬼者，巫也，驱鬼也，驱鬼也，驱鬼也，魅也，驱鬼者也。（同上书第 545 页）

38. 金楼玉殿皇帝坐，天道云道日月行。

大象到来河沮满，日月一出国境明。

祭神有羊番地梁，想要有钱汉商场。

野立卜石念秘咒，赞雷角剑敌归伏。（以上出《西夏谚语——新集锦成对谚语》，第7页）

39.宽宽心心天祐助，急急忙忙鬼催促。

死而复生步不随，生而复死魂不留。

山谷鬼庙害日祭，牧人竹笛暇时吹。（同上书第10页）

40.设宴祭神宰羔羊，敌来驰追骑母马。

识巫行禳无不显，识事决断将不杂。（同上书第11页）

41.斜牛角，长于头，碍于目，黑鬼室，在险境，为狂灾。（同上书第14页）

42.拂拭瑞室，修盖神宫。（以上同上书第21页）

43.善禳自不禳，明灯自成影。（以上同上书第23页）

44.胃囊好，天神爱，马鞭长，鬼神畏。（以上同上书第24页）

45.九月十九暗夜下，精舍内有金浮屠，又赞又颂又歌诗，瓦殿栏舍妙羊儿，不□节略大象禄。（《西夏诗文全编》，第108页）

46.盗毁护神、天神，传御旨时不行臣礼，起轻视心，及御前、制、御旨直接唤人往，无故不来等，一律造意以剑斩，从犯无期徒刑。（《天盛改旧新定律令》卷一"大不恭门"，第127页）

47.诸人佛像、神帐、道教像、天尊、夫子庙等不准盗损灭毁。若违律时，造意徒六年，从犯徒三年。其中僧人、道士及军所属管事者损毁时，当比他人罪状增加一等。（同上书卷三"盗毁佛神地墓门"，第184页）

48.依事设职，大人数不定：卜算院、医人院（同上书卷十"司序行文门"，第369页）

49.司品中以外，提点派遣大人不过一二：巫提点、执飞禽提点。（同上书卷十"司序行文门"，第372页）

50. 等任重职中以外任轻职一类，条下所有本人有意欲寻安乐，依前所示，往任重职类中转院时，判无期、长期徒刑：臣僚、下臣、及授、艺人儿童、前内侍、阁门、帐下内侍、医人、真独诱、乡导、译回鹘语、卖者、卜算、官巫、案头、司吏、帐门末宿、御使、内宿、官防守、外内侍。（同上书卷一一"矫误门"，第385页）

51. 诸人不许行教道及蛊术，汉语等，若违律时，令学者、教师及为学者主从一律不论官，当绞杀。（同上书卷一一"矫误门"，第387页）

52. 男女有高位等，死亡七七食毕，官方应为利益时，所赐僧人、道士数依谕文所出实行，此外，不许自求僧人、道士。倘若违律而求之，报、取状者一律有官罚马一，庶人十三杖，僧人、道士勿获罪。（同上书卷一一"为僧道修寺庙门"，第410页）

53. 诸人不许谓见佛神明光以迷惑家门，亦不许说有将降恩之语。倘若违律时，言重有疑患，则应处何罪当奏报实行，若言轻无疑患则徒一年。有屡屡不停言之者，应处何罪及应不应迁转住地等，视其言状，依时节奏报实行。（同上书卷十二"无理注销诈言门"，第417—418页）

54. 神马、祭牛、神牛一种者，年年四月三日于冬夏分别时，于旧宫内天神下当送马中散茶酒。其中有突然死亡及患病等时，牧人当速告局分处派人视之。谓已死之畜有神字迹，是实情，当令视者只关，派一官巫，三司内领取三两香、一斗酒、三斤酥、原粮一斗，当往本土地上，于彼畜所产幼仔之色美好者穿耳以祭祀。生地清净，官巫归送状，其上死畜当注销。（同上书卷十九"畜患病门"，第582—583页）

55. 卯日遇亲人，辰日买卖吉，巳日□□□，午日求财顺，未日出行凶，申日万事吉，酉日与贼遇，戌日有倍利，亥日心欢喜。（史金波《〈甘肃武威发现的西夏文考释〉质疑》，《考古》1974年3期。）

56. 每思仁宗之厚德，仰凭法力以荐资。遂于二周之忌晨，命工镂板，印造斯典番汉共三万余卷，并彩绘功德三万余帧，散施国内臣民，普令见闻蒙益。所鸠胜善，伏愿仁宗圣德皇帝，抛离浊境，安住净方，早超十地之因，速满三身之果。…天庆乙卯二年九月二十日，皇太后罗氏发愿谨施。（TK12《佛说转女身经》，《俄藏黑水城文献》第 1 册第 292 页）

57. 今皇太后罗氏，恸先帝之遐升，祈觉皇而冥荐。谨于大祥之辰，所作福善，暨三年之中，通兴种种利益，俱列于后。将兹胜善，伏愿仁宗皇帝，佛光照体，驾龙轩以游净方（TK98《大方广佛华严经普贤行愿品发愿文》，《俄藏黑水城文献》第 2 册第 372 页）

58. 朕适逢本命之年，特发利生之愿。恳命国师、法师、禅师暨副判、提点、承旨、僧录、座主、众僧等，遂乃烧施结坛，摄瓶诵咒，作广大供养，放千种施食。读诵大藏等尊经，讲演上乘等妙法。亦致打截截、作忏悔、放生命、喂囚徒、饭僧、设贫诸多法事……时白高大夏国干祐十五年岁次甲辰九月十五日，奉天显道耀武宣文神谋睿智制义去邪惇睦懿恭皇帝谨施。（TK121《圣大乘三归依经》，《俄藏黑水城文献》第 3 册第 52 页）

59. 神妣皇太后周忌之辰开板印造番汉二万卷，散施臣民。请觉行国师等烧结灭恶趣中围坛仪，并拽六道，及演讲佛经，作法华会、大乘忏悔，放神幡，救生命，施贫济苦等。（TK128《佛说圣佛母般若波罗蜜多心经》《持诵圣佛母般若多心经要门》，《俄藏黑水城文献》第 3 册第 76 页）

60. 今安亮等恳斯威福，利彼存亡，届亡妣百日之辰，特命工印《普贤行愿品经》一 [万] 有八卷，绘弥陀主伴尊容七十有二帧，溥施有缘。仍肇薨逝之辰，暨于终七，恒兴佛事，广启法筵。命诸禅法师、律僧、讲主转大藏及四大部经，礼《千佛》与《梁武忏法》，演大乘忏悔，屡放神幡（TK142《大方广佛华严经普贤行愿品》，《俄藏黑水城文献》第 3 册第 233 页）

61. 朕既睹如是功效，用答转身慈母皇太后生养劬劳之恩德，于周年忌日之辰，遂陈诚愿……天盛十九年岁次丁亥五月初九日，奉天显道耀武宣文神谋睿智制义去邪惇睦懿恭皇帝谨施。（俄罗斯科学院东方文献研究所藏本 Инв.No. 2829《圣佛母般若波罗蜜多心经》）

62. 是以忠茂谨愿：利益转身慈母及有情故，于七七日设为法事并开阐斯经而外，另舍净资，请工刊印，散施千卷，劝人受持。（俄罗斯科学院东方文献研究所藏本 Инв.No. 8106《佛说父母恩重经发愿文》）

63. 臣宗寿等至诚发愿，上报圣恩，因此于先圣三七之日，速集文武臣僚，共舍净资，于护国宝塔之下，敬请禅师、提点、副使、判使、在家出家诸僧众三千余员，各自供养烧施灭除恶趣、七佛本愿、阿弥陀佛道场七日七夜，念诵番、汉、西番三藏契经各一遍，救放生命，布施神幡。（俄罗斯科学院东方文献研究所藏本 Инв.No. 8106《拔济苦难陀罗尼经》）

64. 因念先帝宾天，施福供奉大觉。谨以元年亡故之日，请工刊刻斯经，印制番一万部、汉二万部，散施臣民。又请中国大乘玄密国师并宗律国师、禅法师，做七日七夜广大法会。……天庆元年岁次甲寅九月二十日，皇太后罗氏谨施。（俄罗斯科学院东方文献研究所藏 Инв.No. 683《仁王护国般若波罗蜜多经》）

65. 敕镇夷郡境内黑水河上下所有隐显一切水土之主山神、水神、龙神、树神、土地诸神等，咸听朕命。昔贤觉圣光菩萨哀悯此河年年暴涨，漂荡人畜，故（发）大慈悲，兴建此桥，普令一切往返有情咸免徒涉之患，皆沾安济之福。斯诚利国便民之大端也。

朕昔已曾亲临此桥，嘉美贤觉兴造之功，仍罄虔恳，躬祭汝诸神等。自是之后，水患顿息，固知诸神冥歆朕意，阴加拥祐之所致也。今朕载启神虔，幸冀汝等诸多灵神，廓慈悲之心，恢济渡之德，重加神力，密运威灵，庶几水患永息，桥道久长，令此诸方有情，俱蒙利益，祐我邦家，则岂惟上契十方诸圣之心，抑亦可副朕之弘愿也。诸神鉴之。毋替朕命。（《黑水河建桥敕碑》，《中国藏西夏文献》卷 18，第 97 页）

66.……时，向西方礼佛四遍，除罪二百劫；……月七日，已座坐时，向西方礼佛四遍，除罪百四十劫；……月八日，夜中，向北方礼佛四遍，除罪百四十劫；……月五日，入夜时，向东方礼佛四遍，除罪八百劫；……月六日，入夜时，向方礼佛四遍，除罪 [千？] 八百劫；……月七日，天晓时，向方礼佛四遍，除罪万三千劫；……月八日日出时，向方礼佛十遍，除罪千三百劫；……月九日天晓时，向方礼佛九遍，除罪万三千劫；……月一日日出时，向方礼佛九遍，除罪……；……一月一日，入夜时；……弟子那殷萨那啰合窦花。（《刘师礼文》，佟建荣译，甘肃华池博物馆藏，未刊。）

（八）岁时节日

1. 无文字，但候草木以记岁时。（《隋书》卷八三《党项传》，第 1845 页）

2. 无文字，但候草木以记岁时。（《北史》卷九六《党项传》，第 3192 页）

3. 无文字，但候草木以记岁时。（《旧唐书》卷一九八《党项传》，第 5291 页）

4. 又遣阁门祗候赐冬服及颁仪天具注历。（《宋史》卷四八五《夏国传上》，第 13992 页）

5. 元昊五月五日生，国人以其日相庆贺，又以四孟朔为节。（同上书第 14000 页）

6. 诏以夏本敌国，毋复班历日。（同上书卷四八六《夏国传下》，第 14023 页）

7. 其俗旧止重冬至，自囊宵僭窃，乃更以四孟朔及其生辰相庆贺。（《隆平集》卷二〇，第 602 页）

8. 张崇贵言："准诏赐赵德明冬服及仪天历，令延州遣牙校赍往。比闻德明葺道路馆舍以俟使命，若遣牙校，似失所望。（《续资治通鉴长编》卷六七，仁宗景德四年十月庚申条，第 1502 页）

9. 十二月十四日，枢密院言：西人最重年节与寒食，兼以十二月为岁首，多是诸监军及首领会聚之时。若乘此不备之际，可以密选将佐，团结兵马，乘伺机便，出界掩击。（《宋会要辑稿》兵二八之四二；按："据王凯、彭向前《〈宋会要辑稿〉"西人最重寒食"考》（《西夏学》第十七辑）考，此处"寒食"

乃"寒衣"之误。）

10. 夜昼为年日，腊正旧新逢。（聂鸿音、史金波《西夏文本〈碎金〉研究》，《宁夏大学学报（社会科学版）》1995 年第 2 期）

11. 神众集会：七月十五目连报父母之恩，建道场供盂兰盆，神圣众僧集日是也。（按：目连，《圣立义海研究》原译作"茂陵"；盂兰盆，《圣立义海研究》原文译作"供神石"）

国家取礼：因君臣百姓孝顺报恩于父母，建盂兰盆会忏罪也。

国人收糜：八月凉时糜熟，国人收割，编黑白棘碾压，国（颂）安乐诗。

秋季中月：八月属西，国内演戏游乐，聚会，设网伺鹊、捕兽、露降。

日行移宫：日于八月至翼轸宿间，居双女星宫。（以上出《圣立义海研究》，第 52 页）

12. 寒近迎霜：八月冷时寒近，鸥鸟鸣时迎寒，露冷来也。（同上书第52—53 页）

13. 秋中时均：八月中节，日夜等限，冷热均，日月同轨，与二月同也。

雷停燕往：秋中后，天雷息声，燕子返往南海。

供养谷神：秋中碾谷时节，供养谷神"波女"。

秋季尾月：九月属戌，皇王巡国，君民行善。高寒无霜害，蒲苇结籽也。

梅花迎霜：地草美招霜。九月九日斟酒饮，民庶安乐，时？？也。

月中宣善：九月十五，神圣聚日，与禅事日，君德民孝，敬奉皇王。

牧白鹤季：十月属亥，五行属水，牧白鹤季，北方寒降。（同上书第 53 页）

14. 季初国宴：十月冬季，国宴，官宰献慧领马，国人射雕。（同上书第53—54 页）

15. 四季属显：冬季音中属"羽"，数中属六，性中属知，事中属闻，味中属咸，以神肾供祀先，虫中属介。

冬季中月：十一月属子，乃大寒时，冰益坚，舟难行。

日行移宫：日十一月至尾、箕宿，居人马星宫也。

冬中时至：冬中阴力下减，阳力下盛，阳属九，九九日过，寒减热增。

观察云色：冬中观云：云色黄则大安；青则来年多虫；白则有病亡，赤（则）有兵，黑则有水灾也。

冬季尾月：腊月属丑，冰结坚实如地。冰雪三尺。（以上同上书第54页）

16. 日行移宫：日腊月至斗、牛宿，居么竭星宫也。（同上书第54—55页）

17. 年末腊日：国属金，土日，君出射猎，备诸食。星影升。准备供奉天神，赏赐官宰风药。

辞旧迎新：腊月三十夜，狐祟俱□，辞送旧岁，迎接新年也。

季转闰月：三年内少日，损灭大时，为闰月也。（同上书第55页）

18. 神马、祭牛、神牛一种者，年年四月三日于冬夏分别时，于旧宫内天神下当送马中散茶酒，其中有突然死亡及患病等时，牧人当速告局分处派人视之。谓已死之畜有神字迹，是实情，当令视者只关，派一官巫，三司内领取三两香、一斗酒、三斤酥、原粮一斗，当往本土地上，于彼畜所产幼仔之色美好者穿耳以祭祀。生地清净，官巫归送状，其上死畜当注销。（《天盛改旧新定律令》卷十九"畜患病门"，第582—583页）

19. 正月里黑头赤面岁始安乐国开宴。

四月一日夏季来临草木稠。布施财宝国开宴，青鹃啼叫夏色浓。

七月里百谷丰盈家畜肥大国开宴。风吹草稍黄又低，正午雨降鹤鹑鸣叫乐其寿。番儿马配白木鞍，牛皮璎珞尽皆同。诸部族人寿年丰驰路宽。

八月里山坡日暖稻谷熟，良田稻谷卧畦边。人人外出周边走，番汉部族铁屏障。杂用黑稻白稻来捕鸟，逐鹿割稻三番忙不休。

九月里田头割稻穗，山丘草场依法行。百草菜蔬果实采，形形色色九月食。五谷丰盈国安乐，黄白稻麦霜未结，慧人有意积钱财。

十月里诸物入库休闲国开宴，百姓娱乐国弋射。黑风乍起鹿又鸣，风吹草低羊马惊。乌鹊交鸣绕树丛，西方自出东方去。黑白城堡均安定，国势强盛见其乐。

腊月里五九已过鱼初动，击打春牛孤鬼惊。新年将至黑头赤面国开宴。老少好似三节竹，岁首月末再相交，宅舍地头皆来同庆聚首乐悠悠。（以上出聂鸿音《关于西夏文〈月月乐诗文〉》，《固原师专学报》2002年第5期）

20.《冬至》：变泰微微复一阳，从兹万物日时长。得推河汉珠星灿，桓论天衢璧月光。帝室庆朝宾大殿，豪门贺寿拥高堂。舅姑履袜争新献，鲁史书祥耀典章。

《招抚冬至生日上》：昂星昨夜色何新？今日侯门诞伟人。喜见尘寰翔凤鸟，定知天上走麒麟。书云瑞气交相应，庆节悬孤尽举陈。鼎萧诏封非至晚，徕民更祝寿同春。

《重阳》：古来重九授衣天，槛里金铃色更鲜。玄甸安中应咏赋，北湖座上已联篇。孟嘉落帽当风下，陶令持花向户边。好去登高述古事，畅情酩酊日西偏。

《菊花》：卉木凋疏始见芳，色绿尊重占中央。金铃风触摧无响，一□霜残亦有香。不似凡包叶联气，特栽仙艳媚重阳。陶家篱下添殊景，雅称轻柔泛玉觞。

《打春》[责]作兴功始驾轮，三阳已复是佳辰。喧[人]箫[鼓]送残蜡，颂□黎民争早春。彩杖竞携官徒手，金幡咸带俗纶巾。土牛击散由斯看，触处池塘景渐新。

《元日上招抚》：向晓青君已访寅，三元四始属佳辰。山川不见□□□，[巡]馆唯瞻今岁春。首祚信归[枢]府客，和光先养抚徕臣。书□□列持椒酒，咸祝[誉髦]辅紫宸。

《人日》：人日良辰始过年，风柔正是养花天。镂金合帖色尤上，花胜当香绿鬟边。[薛]道思归成感叹，杨休侍宴著佳篇。本来此节宜殷重，何事俗流少习传？

《上元》：俗祭杨枝插户边，紫姑迎卜古来传。祗[园]□□□□□，□巷银灯万盏燃。皓月婵娟随绮绣，香尘馥郁逐车辇。□□铁铸皆无□，处处

笙歌达曙天。(以上出汤君《西夏佚名诗集再探》,《西夏学》第十二辑)

21. 岁上大小寅生暖,眼斜覆盖有□□。(《西夏诗文全编》,第 105 页)

22. 岁在子丑寅卯辰巳午未申酉戌亥。(同上书第 107 页)

23. 皇朝天盛四年岁次壬申八月望日,污道沙门释法随劝缘及记,邠州开元寺僧西安州归义刘德真雕板印文,谨就圣节日散施。(《注华严法界观门发愿文》,《俄藏黑水城文献》第 4 册,第 295 页)

(九) 伦理道德

1. 仁义忠信、五常六艺、尽皆全备、孝顺父母、六亲和合,爹爹娘娘、阿耶阿孃、阿哥阿姐、兄弟女妹、妻眷男女、阿舅外甥、叔姨姑舅、亲戚大小、性气不同。(《番汉合时掌中珠》,《俄藏黑水城文献》第 10 册第 29 页)

2. 学习圣典,立身行道,世间扬名,行行禀德,国人敬爱,万人取则(同上书第 32 页)

3. 人有高下,君子有礼,小人失道,失其道故,朝夕趋利,与人斗争,不敬尊长,恶言伤人,恃强凌弱,伤害他人(同上书第 33 页)

4. 愚蒙小人,听我之言,孝经中说,父母发身,不敢毁伤也,如此打拷,心不思惟,不晓世事,心下思惟(同上书第 34 页)

5. 凡君子者,不失于物,不累于巳,能圆能方,岂滞一边,虽然如此,世人不□。(同上书第 36 页)

6. 爹爹,娘娘,父母,兄弟,长幼,夫妇,姊妹,妻男,妻伯(《杂字》,《俄藏黑水城文献》第 6 册,第 146 页)

7. 孝顺父母:孝顺父母时,依辈不违孝仪,日夜常侍,不绝孝行。(《圣立义海研究》,第 63 页)

8. 念四恩功:心忠生处,孝父母,恭敬师长,感天地恩。

怀众庶愍:常为孝行,以慈为治。众生散命,无谓诛恶。

心忠于君:勤奉吏事,诸事侍忠,信守君业,安乐为治。

勤孝恭敬：于君孝养，果勤恭敬，恭敬慎行，常行不倦。

尊敬师尊：求取德行，寻见善法。常念师恩，不绝敬心。

尽知国礼：国家古法，小大高低，顺行诸事，尽皆知晓。（以上同上书第64页）

9. 族相和睦：意出大宗，言入亲疏，族相和睦，皆与依顺也。

王法礼仪：王礼国事，文武技艺，为孝强义，尽皆会做。

孝逆分明：孝顺父母，柔声侍奉，不为逆行，为人厌恶（以上同上书第65页）

10. 人节根情：氏节人膝，能计源起。姓宗知根，显说宣示。

聚族说序：聚人说序，亲面始言。众坐共土，不为句殊。（以上同上书第66页）

11. 羞辱父母：不敬父母，言辞顶撞，示德不解，威逼羞侮。

顺从妻妾：见妻妾色，常为顺从，溺爱孩童，知识愚钝（以上同上书第68—69页）

12. 父之慈子：父常有慈子心，育身衣食，安养意教，使学智慧，巧如他人，谓获聚道。（同上书第69页）

13. 母爱怜子：母腹怀子，常起善念，行坐安养，养子忘命，产后心喜，浣褓哺乳，日夜勤护。如爱己根。为子求安，难难自承。（同上书第69—70页）

14. 母养子平等：父母待子，皆平等爱，子之福智殊异。诗中云："对子平不平，愚智两分明。平不平，善缘行"。

强弱缘分：父母不谓孩子愚智，尽皆爱也，依此显才。诗中云："父母养子皆平等，要分强弱由天定。"

父母失子皆爱：父母待子，美者勿喜，丑者勿嫌，尽皆平等。诗中云："父母不嫌孩儿丑，穷人不弃瘦弱狗"。（以上同上书第70页）

15. 父母常爱孩子不绝：父母者，皆爱子，孩子孝顺有回报。诗中云："父母心，放子上。孩子心，放家上。"

父智母美：父母多智慧，孩子多巧智。父母多狂癫，孩子多愚俗。巧笨依缘显现。诗中云："父智子巧天下仪，父弱子怯地上规。"

子身乃父母骨肉：子乃父之白骨、母之红肉和合。子身已成，应孝顺爱身，父母骨肉莫敢毁伤也。

恩功高如天：父为生子根本，身长教导抚养。母为成身坚础，产后护养，恩功实大如天高。子应勤孝回报。

子（在）父母老（时）有喜爱：孝子于父母老、寿增长，心感喜悦。但死期将近，又感忧戚也。

孝子侍父母：黎明鸡啼，叫起穿衣，心念亲居。父母起，递衣衫，柔声问安。

勿使父母忧思：孝子行动，勿为获罪，亦莫染病患，莫使父母忧思悲念。（同上书第 71 页）

16. 行驿时求教诲：孝子远近出行时，先以父母处求指教，依父母嘱咐行。归来跪拜，察父母色，柔声问安。（同上书第 71—72 页）

17. 听从教诲：孝子承父母教诲，善行德言，学文习武，不违父母教诲，皆学习也。

老亦勿弃子礼：孝子年老，父母在则勿谓年老，仍履行子仪。

勿出邪语：孝子在父母面前，无事不悦，无事不恚，勿出恶言，勿为逆语。

勿怀异心：孝子勿违父母，勿与他人结党，食物丰盛，勿怀私欲。

父母呼子：孝子于父母呼唤时，应高声礼对，弃诵文，嘴中有食亦速吐，急趋父母处，承受教诲也。

无行不得孝名：孝子行处，勿失仪态，承对官长，勤勉忠行，虚心吏事，友朋信笃；勇战敌寇。勤勉此五种品行，不毁父母名节也。

出行常念父母：孝子出行，父母牵挂，心下常念。故子应行大路，勿行危路，遇水应坐舟，平安渡过，勿使父母忧虑。

出言思父母：孝子勿出恶言，勿沾侮父母骨肉，故勿取恶名，得孝子名也。

依仪嘻戏：孝子心喜时，勿为亡言狂戏，勿违时嘻戏，常顺父母也。

勤勉差遣：孝子在父母差遣时，勿谓艰难，亦勿逃避，勿违父母言。

敬念父母：孝子极孝为孝敬自己父母，而他人年长者，亦应尊敬，勿诟恶也。

依行得孝名：孝子长大，谦恭自爱，勿为杂言，于众勿称你我，不为此三种品行，虽日日屠牛羊侍奉父母，亦不得孝名也。

孝中极上：世间一切孝行中，孝顺父母之品行乃最上。（以上同上书第72页）

18. 应习身行：孝子身践孝行，习行孝德，则先祖父母之名不毁也。

勿坐上位：孝子在父母坐时，勿坐上座，勿议、勿穿父母衣裳，常恭心不绝也。

莫受高位：孝子在父母生时则守爵，父晋爵，亦如父高升，谦让勿继。

孝有三种：上孝乃帝之行：扬天下德名，集地上孝仪，孝德遍国中，此帝之孝也。次孝乃臣之孝：秉礼尽忠，不出恶名，因帝之赐，孝侍父母，此臣之孝，此臣之孝。尽心竭力，孝侍父母，此国人之孝也。

子勿毁身本：孝子生时，本具五根、五肢皆全。以身回报，孝侍父母，不受罪苦，一身至老，勿使父母忧虑，得孝子名。

合孝日礼：孝子父母在时，依父母之意行动，践行侍孝。父母亡则三年孝日勿断，与父母在一样行孝，故得孝名。（以上同上书第74页）

19. 父母患病时：父母患病则孝子忧戚，父母患病时，勿梳头发，勿穿新衣，勿唱戏，勿饮酒，勿设郊宴。勿发怒。依病调药，饮时孝子新手喂饮。父母饮药勿扰，犹如自己患病之忧戚也。（同上书第74—75页）

20. 手足长大：兄弟生长，如手足相助，相依相靠。诗中云"长兄为脊背，幼弟为柱脚。"

因和积财：兄弟和合，门下积食物，外贼道不通。诗中说："兄弟意合藏汉伏，父子同性马羊多"。

兄弟遵行爱礼：长兄视幼弟如己，则爱幼弟如己。幼弟视长兄如己，则敬长兄如己也。（以上同上书第77—78页）

21. 父母侧系：叔姨者，父母之侧系也。孩子上孝父母，次则孝叔姨也。

叔教诲侄：叔待侄以慈，教诲无厌，视如己子，依序疼爱教诲。（以上同上书第79页）

22. 生本同根：舅甥者，与母同根，出生一也。诗中云："甥生舅骨，铁出熔炉。"

甥尊敬舅：甥者常敬舅，诗中说："敬舅如白高，与神等。疼甥如狐狸，爱如金。"

甥应敬舅：甥礼恭敬舅。诗中云："掉到水边，勿攀舅肩。恶命临头，勿怨舅舅。"

前缘和合：姐妹乃前世因缘和合，因根亲，故此世同父母也。

共生本源：姐妹同为父母骨肉，同胞胎。人中最最亲，同命根。（以上同上书第80页）

23. 长大婚姓：兄弟长大得姓，祖地父舍续族神裔。姐妹成人，婚嫁得姓，国称神仪。（《圣立义海研究》，第80—81页）

24. 姑侄名源：姑者，父之妹。侄女，与父母亲缘同。长大各自婚嫁，寻觅异姓结亲。

兄侄之子成：姑子姐子兄侄切耳威亲结传食物。诗中云："姑子姐子寻财物，牛羊鸣叫草鸣鸣。"

异根近亲：为嫂娣者，父母异而婆家同，为兄弟妻则名嫂娣，大小相敬。

嫂娣相敬仪：嫂娣相近，践行德仪，则兄弟和睦，家室安定也。

礼敬父母无量：往昔，兄弟之妻为百姓女，弟之妻为官家女。弟妻不矜，敬嫂如婆母，兄弟和睦，家乃兴。

妯娌相敬：丈夫之姐妹为妯娌。娣夫相敬。求妯娌之泌房不惜给也。

媳依四德行：媳德和睦九亲，说话出声柔和色喜，行动常乐，皆晓妇行妇仪诸事也。（以上同上书第81页）

25. 广为诸孝顺：媳居母家，顺从父兄。已经出嫁，顺从丈夫。夫亡以后，顺从孩子。

听父母训：女居家听父训，出嫁听公爹教导。居家听母话，已嫁听婆母之教也。心记教诲。

勤侍公爹婆母：媳在黎明鸡啼即起，梳头穿衣，往公爹婆母处问安承教，准备洗脸水，悦色对教，奉茶酒，调食味。

常勤问安：媳晨起，孝侍公爹，柔声问安，恐生病患，依婆母意，恭敬施行。

勿任己意：媳于财物，勿违公平，勿起私心。对公婆如父兄一样公平，不减物品。与父兄分食，数量平等，勿私藏匿。大人面前，保持敬仪。（以上同上书第82页）

26. 妇人子多：夫妇做活治业，妇聪慧，生子数足。诗中云："妇人子全捧金盆"。

妇人生计：夫妇未养女生子，亦易生，妇计多，夫妻别婚，勿易嫂娣子，如易嫂子应如己子疼爱，不起二心。诗中云："妇人意生捧金盆"。（以上同上书第85页）

27. 人因哺长大，人生后靠哺，吸母体乳汁长大成人，经典中云："诸般恩功中母恩最为上也。"

生后哺乳：人生后，乳母抚养，尽心疼惜，浣洗襁褓，换沙抱哺，常置爱心上也。

换湿睡干：乳母者，如亲母一般，湿处自卧，干处子眠。一旦出襁褓，操心子之吃穿。

　　教示言语：乳母养子长时，教示言语。不教杂行，令学善德行也。

　　养子孝仪：子长大，施行诸种孝顺品行时，乳母与亲母同。

　　异姓为子：人无子，嗣养异姓为子，可求同胞姐妹之子为嗣，与亲子同等。

　　孝逆不同：养子不同，有孝逆之别。孝子智慧，侍奉父母，爱如亲子。逆子贰心，违拗父母，亲老别居，去除父姓。诗中云："侄长大，鑽叔头。甥为子，无法留。"（以上同上书第 90 页）

　　28. 前缘和合：亲戚乃依前缘和合，此世为亲戚，因根业为表里。

　　内主六亲：父之四亲：祖父、祖母、叔、姑。母之三亲：父、母、兄弟。自己二亲：子、妻。内主九亲。

　　依缘同根：九亲者，前世福缘和合，此世为亲戚。诗中云："同亲骨肉代相爱，独树同根莫伤害。"

　　外亲同姓：同姓排辈有序。诗中云："男爱姓，如护耳。畜奔驰，显伸展。"

　　亲家相敬：万姓于国、言、行、性同，亲家结亲，敬神设誓。诗中云："谁近谁远亲上找，地低地高都照到。"

　　世间利害亲戚劝助：人若有缘获福，全靠有好亲友相助。若遇灾祸，也有亲友化解。诗中云："世间同亲，后世同善。"（以上同上书第 92 页）

　　29. 生死孝仪：同姓有亲戚。生相敬，神仪佑助。亡后亲疏之人常行礼，穿孝服依高氏行也。

　　相互依存：贫富因行互依。诗中云："富人牲畜穷人牧，穷人衣食富人供。"（以上同上书第 93 页）

　　30. 母美艳如千白日，父智明似万红月。

　　人穷意衰手头短，马劣毛长食不甘。（以上出《西夏谚语——新集锦成对谚语》，第 7 页）

　　31. 有物不贵有智贵，无畜不贱无艺贱。

　　不孝父母恼祸多，不敬先生福智薄。

男子大智珍垂胯，妇女有子金熔化。

不学能巧谁说巧，不晓弱点何以强。

无缘离散女母子，有缘相聚男父子。（以上同上书第 8 页）

32. 黑山不高兄弟坚，青海不深姐妹净。

搭起帐篷如热何，与兄争斗有谁亲。

住千子德不相同，拘万畜色不相像。（以上同上书第 9 页）

33. 沙路断绝粪踪迹，亲旧已老朋邻稀。

拉弓弱则勿放箭，说话贱则勿开言。（以上同上书第 10 页）

34. 心不同则不为伴，意不同则不同坐。

室内住女姑表害，靠门放石砖瓦灾。

已结腹心同乳水，彼此发誓比命贵。

熟亲言刚热如日，家长声柔冷如月。（以上同上书第 11 页）

35. 自己补衲自暖和，自己亲戚自亲好。

水珠不染是体净，人身无祸是德忠。

不择良师父无智，不正所学子忘心。

无德富贵天中云，邪道聚物草头露。

不敬有智敬衣服，不爱守信爱守物。

幼子不见珍贵长子，长子一去爱惜幼子。

亲上亲甥妇坐姑上，热上热设帐向南晒。（以上同上书第 12 页）

36. 族节近亲各远未到，近友相爱自我颂扬。

叔父语柔孤男颂他，姨母头低妹女自答。（以上同上书第 13 页）

37. 亲者无好于亲父母，肉者无甜于骨上肉。

祖舅分，我骨还未曾有，娘娘分，我肠还未曾有。（以上同上书第 14 页）

38. 能养育则百子当化生，敢步行则千年当仰行。

子良如父，意不会被蛊，耳长如角，目不会被遮。

相爱子辈，一日看望十次。心厌住处，就远离亲□处。（以上同上书第

15 页）

39. 老马无用，我不欲卖，知情形，瘦羊干瘪，我不欲吃，熟人情。（同上书第 16 页）

40. 叔侄兄弟当相助，无空口助；岳母妯娌当相送，无空碗送。（同上书第 17 页）

41. 西天黑，可消除，祖公黑色不肯除。赤铜铫，破又破，岳母赤口不肯破。

男为子谋，半独半谋，当无不独说。妇给女食，半水半食，当无不加水。

宁为危境虎噬，不为沟中狐食我，宁与能人哭泣，不与贱人嬉戏我。（同上书第 18 页）

42. 父良，劣子坐父上，父死去，则掉下来。父劣，良子在父下，父死去，则出其上。

父良，良子宽父居，父去世又立父舍。父劣，劣子逐父出，父去世，又增父羞。（同上书第 19 页）

43. 劣男头上敌已降，打头捶胸一支箭，贱女帐内客来睡，咬舌抓咽一壶水。（同上书第 19—20 页）

44. 母羊赤驴生白羊，于心莫喜算示现，能父美母生贱子，见时生厌心爱惜。（同上书第 20 页）

45. 弥药狂，天地狂，善心同，为德同。

善亲胜戚，大婚重姻。

圣贤嫡亲，日月亲戚。

拂拭族耳，重整父威。（同上书第 21 页）

46. 要承父禄，先去祈福。

美、目二妹，物、心二弟。

兄弟相继，珠宝缕缕。

善，心中涕泣，美，悲泪流出。

天阴将下雨，语善好授与。

不看头看尾，不敬大敬小。（同上书第 22 页）

47. 骄慢无朋友，独饮不乐助。

山中积雪者高，人中有德者尊。

子面不等无礼，妻面不等有式。（同上书第 23 页）

48. 爱美丽不会贵，作威仪莫如德。

善养畜，入富名，善养子，众称贵。（同上书第 24 页）

49. 白霄亲舅心软，黑土爱甥声柔。

诸人不住，无礼，庙人不住，缘去。

子脚母步先后，勇禽美禽择爱（同上书第 25 页）

50. 惟思同骨细抽泣，惟想若醒则牵驹。云子思念我得止，圣主查验我心息。

□巧慧中……烂漫消减银□□金……羌匠手□□□□慧……后银……近世□□后子惊功劳暗……慧不□□才艺微小昔□□升本源国□长尾□君臣僚。（以上出《西夏诗文全编》，第 105 页）

51. 前代生死世界有无边，□女国珍石内孝敬畏。

强盛后人罚无子，算来幼子无贵贱，君子教愚变聪明。（以上同上书第 107 页）

52. 唯思圣母显见寿，唯思计我黄金神。（同上书第 108 页）

53. 无财长者资源造舍不远，贫富之本皆近旁为之。长者慧财不害财，富人愤怒恶贫穷。

无财不起，无长者，贫不生，富未明；无财既起，长者显，贫既生，富乃明。

长者多财无财管，富人畜穷人牧；无财口食长者予，穷人粮富人供。

无财倚仗长者助，贫与富互相成。

径直巽风以摧树，弱人相厌而不取。（以上同上书第 132 页）

54. 牦牛野兽不同食，畜与兽，各有食；壮年垂老皆慧心，少与老，各心忧；白冰青草寒时烧，冬与夏，各凉热。

本家育儿情一般，良莠差别天分辨；父母养子皆平等，优劣既分天显明。

蕃界汉国内有巧天，父母亲戚中无弱天。

爱族子，提其耳；马奔驰，伸其颈。

男贞不贞，并头骑马伴导比量语；巧人不增，喜病相混凶不生病根。巧人不看敌人非不混，良人不见敌人即是贞。

朋友情面不谋终，兄弟情面不争筹。（以上同上书第 133 页）

55. 兄弟合计汉蕃亲，兄弟和睦蕃汉伏；父子合计财富有，父子同性马羊多。

男人嘴甜不共行，君子粗口不相伴。

不闻口舌不善语，不听粗恶人之言。

思如丘，家家亲戚即□心；心似山，全体兄弟说不差。

父母□□□□父兄语，黑风不下，儿童居下黑风子侄立。

不问父母丘崩摧，不谋父兄皆危险。

有良心长者不索弱者食，富人不求弱者之食。（以上同上书第 134 页）

56. 知祖教子男儿心，以耳恭听未能忘。

本源父母不疑子，无财番犬看白头。父母爱子不厌丑，贫者不弃凶犬。

舅舅千世甥心孝，有畜有谋谋众多。（以上同上书第 137 页）

57. 良骐细毛不啃树，丈夫疑言不随风；骏马避鞭不吃打，巧男恶语不来风。

良骥殊途惜白头，父母避□子思念。畜思去思其祖，母藏乳忧其子。

节下亲属亲近稻，接纳羊羔说牧草。

姑妹子弟财互寻，羖䍽牛叫草合鸣。

男子不易人不识，女子不易妯娌贵。

二五聚集亿富贵，十十细分懦弱人。十子紧坐强盛，百子分家侵凌。

羌女漠男心合，亲戚近黑肉；父母亲戚相厌，仇敌心别离。

中下语四人判，大女嫁二人决。四五媳行望族工，二五联璧二五儿；九妹嫁去九族主，十弟分家十父子。

姊妹大小妙不同，联璧柔和两灵巧。大小妻不同美，同胞弟各自巧。（以上同上书第137—138页）

58. 养子女老时需，寻善友患日用。（同上书第139页）

59. 以富为荣，发贫为丑。（《番汉合时掌中珠》，《俄藏黑水城文献》第10册，第18页）

60. 拘缚之人有疾病、恶疮、孕子等，不许担保。当使住牢狱净处，遣人侍奉，有疾病、恶疮、孕子等当治之，一面分析寻问当事人。自长期徒刑以下至短期者，有疾病、恶疮、妇人孕子生产日已明，则遣人视之，妇人生产月日是否属实，当问所知，是实则当令只关，暂接担保，疾病恶疮愈，产子一个月后再当推问，若非实，为知证者未得仔细视之，有官罚马一，庶人十三杖。受贿则与枉法贪赃罪比较，从其重者判断。因误言妇人产期，则笞三十。有疾病、恶疮而实不重，允许强之。妇人非产期亦当依法推问，其中妇人非产月勿受问杖。若推问毕而已为之判断时，当令视有疾病、恶疮者及孕子妇人，言是实，则疾病既愈及妇人已产之一个月然后判断。若违律先行判断者，其致死时徒三年，落胎儿则徒二年，未致者有官罚马一，庶人十三杖。视者作伪未受贿，则与判断者相同，受贿则以枉法贪赃论，与前述罪比较，从其重者判断。（《天盛改旧新定律令》卷九"行狱杖门"，第335—336页）

（十）其他

1. 俗尚武力，无法令，各为生业，有战阵则相屯聚。无徭赋，不相往来。牧养牦牛、羊、猪以供食，不知稼穑。（《隋书》卷八三《党项传》，第1845页）

2. 俗尚武力，无法令，各为生业，有战阵则屯聚，无徭役，不相往来。养牦牛、羊、猪以供食，不知稼穑。（《北史》卷九六《党项传》，第3192页）

3.俗尚武，无法令赋役。其人多寿，年一百五六十岁。不事产业，好为盗窃，互相凌劫。尤重复仇，若仇人未得，必蓬头垢面跣足蔬食，要斩仇人而后复常。(《旧唐书》卷一九八《党项传》，第5291页)

4.尚武，其人多寿，至百五十、六十岁，不事生业，好为盗贼。(《旧五代史》卷一三八，第1845页)

5.喜报仇，有丧则不伐人，负甲叶于背识之。仇解，用鸡猪犬血和酒，贮于髑髅中飲之，乃誓曰："若复报仇，谷麦不收，男女秃癞，六畜死，蛇入帐。"有力小不能复仇者，集壮妇，享以牛羊酒食，趋仇家纵火，焚其庐舍。俗曰敌女兵不祥，辄避去。诉于官，官择舌辩气直之人为和断官，听其屈直。杀人者，纳命价钱百二十千。(《辽史》卷一一五《西夏传》，第1524页)

6.其人能寒暑饥渴，长于骑射而不能枪刀。(《隆平集》卷二〇，第603页)

7.蕃族有和断官，择气直舌辨者為之，以听讼之曲直。杀人者纳命价百二十千〔七三〕，俗喜复仇，然有凶丧者未复，负甲叶以为记，不能复者，集邻族妇人，烹牛羊，具酒食，介而趋仇家，纵火焚之。其经女兵者家不昌，故深恶焉。(同上书第1592页)

8.余仕丹徒，尝见一西夏归明官云："凡有井水饮处，即能歌柳词。"言其传之广也。(《避暑录话》卷三，第68页)

9.人寿百岁，七十者稀(《番汉合时掌中珠》，《俄藏黑水城文献》第10册第36页)

10.索借贷归还，给予实接受。诉状陈告故，情愿令卜筮。

准备对答时，指示催促？点集速予贿，注册重分别，成色虽迷惑，价钱参差明，官吏迹搜求，官册本当置。倘若有住滞，敬相守护之。(以上出聂鸿音、史金波《西夏文本〈碎金〉研究》，《宁夏大学学报（社会科学版）》1995年第2期)

11.人之四正：有孝德心，仁之正也。解善恶心，义之正也。为谦让心，礼之正也。知真实心，智之正也。人实有此四正。

身相禀直：天下地上，一切众生中，色身美。所谓：圣贤形相，与人同也。

心性善恶：人修善行，则世间得正名，后世达乐道。行恶行，则现世人皆僧，后世受贫苦也。

心王圣地：正仪则如耕，解义则如种，习行仪则如除威，采果收藏簸扬者如做人、做事、皆使成信也。人依顺五常则宝，察寿道、得德名也。

与天地合：心与天地合，行与日月同，则见天德。（以上出《圣立义海研究》，第62页）

12.言辞成句：集文法，知诸言根，出语成句，不为杂言也。

妄言不佞：亲仇同待，一礼慈悲。

邪技知违：见世间邪，皆知恶行莫为。

上次品人：仁人，与世界中圣近边，乃上品。孝性气者，与菩萨性气合。

义德常做：身依德践行，心依义为忠，三业和合，常做善事。

亲不讲情：依德义行，国人等情，不论亲疏，尽皆慈恤。

疏不为憎：依亲仪行，不讲辈疏，不为憎恨，一视同仁。（以上同上书第63页）

13.聚族说序：聚人说序，亲面始言。众坐共土，不为句殊。（同上书第66页）

14.父之教子：教男之旨，使学艺业。对女之爱，令做衣裳。

父教子礼：男十五择偶，令习文业。逾十五，迎娶妻眷，令习战斗。女年十五，媳仪准备。逾十五，出嫁婚配也。

教以刚强：父母在孩子幼时，教以刚强。自不奉才艺，何堪令学？所问有□，于诸技皆谓厌做也。（以上同上书第70页）

15.已结腹心同乳水，彼此发誓比命贵。（《西夏谚语——新集锦成对谚语》，第11页）

16.二月三月，不吃借食，十一腊月，不穿贷衣。（同上书第13—14页）

17. 经商盈利与换不去，盲人急明睡眠不利。（同上书第 14 页）

18. 姓名虽改变，我知住处，衣服俱改小，显示人高。（同上书第 15 页）

19. 还价畜匮乏，为食腕断绝。（同上书第 22 页）

20. 盗贼骗子一语，买者卖者一价。（同上书第 24 页）

21. 不造强者，羔羊衣服不整；不造约束，不能成为贵人。

赌博获肉木柱油，弈棋畜肉棋盘油。

强敌不实见骏马，私下不求爱积财；敌界驰骋实不取，本家分畜爱不持。
（以上见《西夏诗文全编》第 132—134 页）

22. 故其民多武勇而少文理。然以予观之：予家合淝，合淝之戍，一军皆夏人。人面多黎墨，善骑射，有长身至八九尺者。其性大抵质直而上义，平居相与，虽异姓如亲姻。凡有所得，虽箪食豆羹，不以自私，必召其朋友。朋友之间，有无相共，有余即以与人，无即以取诸人，亦不少以属意。百斛之粟、数千百缗之钱，可一语而致具也。岁时往来，以相劳问。少长相坐，以齿不以爵。献寿拜舞，上下之情怡然相讙。醉即相与道其乡邻亲戚，各相持涕泣以为常。予初以为此异乡相亲乃尔，及以问夏人，凡国中之俗，莫不皆然。（《送归彦温赴河西廉使序》，载《青阳先生文集》卷四，第 77—78 页）

参考文献

（一）古籍文献

（汉）司马迁：《史记》，中华书局 1982 年版。

（汉）班固：《汉书》，中华书局 1962 年版。

（南朝）范晔：《后汉书》，中华书局 1965 年版。

（北齐）魏收：《魏书》，中华书局 1997 年版。

（唐）姚思廉：《梁书》，中华书局 1973 年版。

（唐）李延寿：《北史》，中华书局 2003 年版。

（唐）魏徵等：《隋书》，中华书局 1973 年版。

（后晋）刘昫：《旧唐书》，中华书局 1975 年版。

（宋）欧阳修：《新唐书》，中华书局 1975 年版。

（宋）薛居正：《旧五代史》，中华书局 1976 年版。

（宋）欧阳修：《新五代史》，中华书局 1974 年版。

（元）脱脱：《宋史》，中华书局 1977 年版。

（元）脱脱：《辽史》，中华书局 1974 年版。

（元）脱脱：《金史》，中华书局 1975 年版。

（明）宋濂：《元史》，中华书局 1976 年版。

（宋）李焘：《续资治通鉴长编》，中华书局 2004 年版。

（宋）李心传：《建炎以来系年要录》，中华书局 1988 年版。

（宋）王偁：《东都事略》，齐鲁书社 2000 年版。

（宋）曾巩著，王瑞来校证：《隆平集校证》，中华书局 2012 年版。

（清）徐松辑：《宋会要辑稿》，上海古籍出版社 2014 年版。

（宋）宇文懋昭：《大金国志》，中华书局 2011 年版。

（宋）彭百川：《太平治迹统类》，文渊阁四库全书影印本。

（宋）李昉：《太平御览》，中华书局 2011 年版。

（宋）乐史：《太平寰宇记》，文渊阁四库全书影印本。

（宋）龚鼎臣：《东原录》，文渊阁四库全书影印本。

（宋）张方平：《乐全集》，文渊阁四库全书影印本。

（宋）王珪：《华阳集》，文渊阁四库全书影印本。

（宋）陈师道：《后山谈丛》，文渊阁四库全书影印本。

（宋）司义祖：《宋大诏令集》，中华书局 2009 年版。

（宋）吕祖谦：《宋文鉴》，中华书局 1992 年版。

（宋）江少虞：《宋朝事实类苑》，上海古籍出版社 1981 年版。

（宋）赵汝愚编：《宋朝诸臣奏议》，上海古籍出版社 1999 年版。

张维：《陇右金石录》，中国少数民族古籍集成本。

（宋）曾公亮：《武经总要》，文渊阁四库全书影印本。

（元）余阙：《青阳集》，上海书店四部丛刊本。

（宋）李远：《青唐录》，《青海地方旧志五种》本。

（宋）范仲淹：《范文正公集》，中华书局 1984 年版。

（宋）曹勋：《松隐集》，文渊阁四库全书影印本。

（宋）洪皓：《松漠纪闻》，文渊阁四库全书影印本。

（宋）欧阳修：《欧阳文忠公全集》，中国书店 1986 年版。

（宋）宋敏求：《唐大诏令集》，学林出版社 1992 年版。

（宋）王溥：《唐会要》，中华书局 1955 年版。

（唐）杜佑：《通典》，中华书局 1984 年版。

（宋）司马光：《资治通鉴》，中华书局 1956 年版。

（金）元好问编：《中州集》，中华书局 1959 年版。

（元）马端临：《文献通考》，文渊阁四库全书影印本。

（宋）沈括：《梦溪笔谈》，上海书店四部丛刊本。

（宋）李纲：《梁溪集》，文渊阁四库全书影印本。

（宋）田况：《儒林公议》，中华书局 2017 年版。

（宋）文彦博：《潞公文集》，文渊阁四库全书影印本。

（宋）司马光：《涑水记闻》，中华书局 1989 年版。

（宋）孟元老：《东京梦华录》，中华书局 2012 年版。

（宋）吴自牧：《梦粱录》，浙江人民出版社 1980 年版。

（宋）彭大雅撰、徐霆疏：《黑鞑事略》，明嘉靖二十一年抄本。

（宋）叶梦得：《避暑录话》，商务印书馆 1937 年版。

（元）马祖常：《石田文集》，中州古籍出版社 1991 年版。

（元）陶宗仪：《南村辍耕录》，中华书局 1958 年版。

（民国）喻谦：《新续高僧传四集》，北洋印书局 1923 年版。

（明）胡汝砺：《嘉靖宁夏新志》，宁夏人民出版社 1982 年版。

（清）吴广成：《西夏书事》，龚世俊等《西夏书事校证》本，甘肃文化出版社 1995 年版。（清）戴锡章：《西夏纪》，宁夏人民出版社 1988 年版。

（清）张鉴：《西夏纪事本末》，甘肃文化出版社 1998 年版。

丁傳靖辑：《宋人轶事汇编》，中华书局 2003 年版。

（二）出土文献

俄罗斯科学院东方文献研究所、中国社会科学院民族学与人类学研究所、上海古籍出版社编：《俄藏黑水城文献》，上海古籍出版社 1996—2024 年版。

宁夏大学西夏学研究中心、国家图书馆、甘肃五凉古籍整理研究中心编:《中国藏西夏文献》,甘肃人民出版社、敦煌文艺出版社 2005—2007 年版。

西北第二民族学院、上海古籍出版社、西北第二民族学院、上海古籍出版社、英国国家图书馆编:《英藏黑水城文献》,上海古籍出版社 2005—2010年版。

俄罗斯国立艾尔米塔什博物馆、西北民族大学、上海古籍出版社编:《俄藏黑水城艺术品》,上海古籍出版社 2008 年版。

沙知、吴芳思主编:《斯坦因第三次中亚考古所获汉文文献》(非佛经部分),上海辞书出版社 2005 年版。

西北第二民族学院、上海古籍出版社编:《法藏敦煌西夏文献》,上海古籍出版社 2007 年版。

俄罗斯科学出版社东方文学部、上海古籍出版社编:《俄藏敦煌文献》,上海古籍出版社 2004 年版。

夏鼐、宿白等编:《中国石窟》,中国文物出版社与日本国平凡社 1997年版。

敦煌研究院编:《中国石窟·敦煌莫高窟》,文物出版社 2011 年版。

敦煌研究院编:《中国石窟·安西榆林窟》,文物出版社 2012 年版。

中国社会科学院西夏文化研究中心、宁夏大学西夏学研究院、甘肃省古籍文献整理编译中心、内蒙古博物院等编:《西夏文物·内蒙古编》,中华书局、天津古籍出版社 2014 年版。

中国社会科学院西夏文化研究中心、宁夏大学西夏学研究院、甘肃省古籍文献整理编译中心、甘肃博物馆等编:《西夏文物·甘肃编》,中华书局、天津古籍出版社 2014 年版。

中国社会科学院西夏文化研究中心、宁夏大学西夏学研究院、甘肃省古籍文献整理编译中心、宁夏博物馆等编:《西夏文物·宁夏编》,中华书局、天津古籍出版社 2016 年版。

李范文:《西夏陵墓出土残碑粹编》，宁夏人民出版社 1984 年版。

曾晓梅、吴明冉:《羌族文献石刻集成·集释汇考》，巴蜀书社 2016 年版。

中国国家博物馆、宁夏回族自治区文化厅编:《大夏寻踪——西夏文物辑萃》，中国社会科学出版社 2004 年版。

（三）研究著作

史金波、聂鸿音、白滨:《天盛改旧新定律令》，法律出版社 2000 年版。

史金波、白滨、黄振华:《文海研究》，中国社会科学出版社 1983 年版。

陈高华、徐吉军编，史金波著《西夏风俗》（全彩插图本中国风俗通史丛书），上海文艺出版社 2017 年版。

白滨、吴峰云:《西夏文物》，文物出版社 1988 年版。

［俄］克恰诺夫、李范文、罗矛昆:《圣立义海研究》，宁夏人民出版社 1995 年版。

史金波:《西夏经济文书研究》，社会科学文献出版社 2017 年版。

史金波:《西夏文化》，吉林教育出版社 1986 年版。

史金波:《西夏社会》，上海人民出版社 2007 年版。

漆侠、乔幼梅:《辽夏金经济史》，河北大学出版社 1998 年版。

史金波:《西夏佛教史略》，宁夏人民出版社 1988 年版。

聂鸿音:《西夏诗文全编》，上海古籍出版社 2023 年版。

杜建录:《西夏经济史》，中国社会科学出版社 2002 年版。

杜建录:《党项西夏碑石整理研究》，上海古籍出版社 2015 年版。

吴天墀:《西夏史稿》，四川人民出版社 1983 年版。

白滨:《西夏史论文集》，宁夏人民出版社 1984 年版。

陈炳应:《西夏文物研究》，宁夏人民出版社 1985 年版。

杜建录、史金波:《西夏社会文书研究》，上海古籍出版社 2012 年版。

韩荫晟:《党项西夏资料汇编》，宁夏人民出版社 2000 年版。

周伟洲:《党项西夏史论》,甘肃文化出版社 2017 年版。

杜建录主编:《党项西夏文献研究》,中华书局 2011 年版。

宁夏文化厅文物处编:《西夏文史论丛》,宁夏人民出版社 1992 年版。

李蔚:《西夏史研究》,宁夏人民出版社 1989 年版。

陈炳应译:《西夏谚语》,山西人民出版社 1993 年版。

罗福颐:《西夏官印汇考》,宁夏人民出版社 1982 年版。

聂鸿音:《西夏文德行集研究》,甘肃文化出版社 2002 年版。

聂鸿音:《西夏文〈新集慈孝传〉研究》,宁夏人民出版社 2009 年版。

彭向前:《党项西夏名物汇考》,甘肃文化出版社 2017 年版。

佟建荣:《西夏姓氏辑考》,宁夏人民出版社 2013 年版。

佟建荣:《西夏姓名研究》,社会科学文献出版社 2015 年版。

惠宏、段玉泉:《西夏文献解题目录》,阳光出版社 2015 年版。

史金波:《西夏文教程》,社会科学文献出版社 2013 年版。

芮传明:《古突厥碑名研究》,上海古籍出版社 1998 年版。

陈垣:《元西域人华化考》,上海古籍出版社 2000 年版。

鲁人勇、吴忠礼、徐庄:《宁夏历史地理考》,宁夏人民出版社 1993 年版。

许成:《宁夏考古史地研究论集》宁夏人民出版社 1989 年版。

马文宽:《宁夏灵武窑》,紫禁城出版社 1988 年版。

中国社会科学院考古研究所:《宁夏灵武窑发掘报告》,中国大百科全书出版社 1995 年版。

韩茂莉:《辽金农业地理》,社会科学文献出版社 1999 年版。

牛达生:《西夏钱币研究》,宁夏人民出版社 2013 年版。

张国庆主编:《中国妇女通史·辽金西夏卷》,杭州出版社 2011 年版。

宁夏文物考古研究所编:《闽宁村西夏墓地》,科学出版社 2004 年版。

丁福保:《佛学大辞典》,文物出版社 1984 年版。

郑炳林:《敦煌地理文书汇辑校注》,甘肃人民出版社 1989 年版。

唐长孺主编:《敦煌吐鲁番文书初探》,武汉大学出版社 1983 年版。

［意］马可波罗口述,鲁斯梯谦笔录,陈开俊译:《马可波罗游记》,福建科学技术出版社 1981 年版。

［俄］戈尔巴切娃、克恰诺夫:《西夏文刊本和写本目录》,莫斯科东方学出版社 1963 年版。

［俄］捷连提耶夫·卡坦斯基著,王克孝、景永时译:《西夏书籍业》,宁夏人民出版社 2000 年版。

［俄］吉拉·费达罗芙娜·萨玛秀克:《黑水城出土 12—14 世纪佛教绘画》,国立艾尔米塔什出版社 2006 年版。

［俄］米开罗·皮欧特洛夫斯基:《丝路上消失的王国——西夏黑水城的佛教艺术》,国立历史博物馆 1996 年版。

［日］西田龙雄:《西夏语〈月月乐诗〉研究》,日本京都大学文学部研究纪要第二十五,1986 年版。

杨蕤:《西夏地理初探》,复旦大学 2005 年博士学位论文。

魏亚丽:《西夏帽式研究》,宁夏大学西夏学研究院 2014 年硕士学位论文。

后　记

编纂一部多卷本西夏通志是多年的夙愿，2001年教育部批准建设西夏学重点研究基地时，就将该任务纳入基地建设规划。只是鉴于当时资料匮乏，研究团队也比较薄弱，在上级主管部门和学界的支持下，确定先从基础资料和研究团队抓起，采取西夏文献资料整理出版、西夏文献资料专题研究和大型西夏史著作编纂的"三步走"战略，率先开展教育部基地重大项目"国内藏西夏文献整理研究"。2008年多卷本《中国藏西夏文献》出版后，开始着手《西夏通志》的编纂，起初取名《西夏国志》，后更名《西夏通志》。经过几年的准备，2015年获批国家社科基金重大项目，2017年得到滚动支持，2022年完成结项。

《西夏通志》编纂团队除史金波等前辈学者外，大多是基地培养出的学术带头人和学术骨干，他们绝大部分主持多项国家社科基金项目和部省级项目，有的承担国家社科基金重大重点项目，研究领域涉及西夏政治、经济、军事、文化、艺术、地理、文字、文献、文物等方方面面，为保质保量完成编纂任务奠定了坚实的基础。

《西夏通志》编纂过程中，得到学界的大力支持，史金波、陈育宁、聂鸿音、李华瑞、王希隆、程妮娜、孙伯君等先生或讨论提纲，或参与撰稿，或评审稿本，提出宝贵的意见。人民出版社赵圣涛编审积极组稿，并获批国家出版基金资助，使本书得以顺利出版，在此表示由衷地感谢！

杜建录

2025 年 3 月 12 日